第二十一卷

MOOK 悦读

主编／褚钰泉　　一本关于书的书　阅读趣味尽在其中

21

二十一世纪出版社
21st Century Publishing House
全国百佳出版社

图书在版编目(CIP)数据

悦读. 第二十一卷/褚钰泉主编.-南昌:二十一世纪出版社,2011.3
ISBN 978-7-5391-6327-7
Ⅰ.①悦… Ⅱ.①褚… Ⅲ.①书评-选集 Ⅳ.①G236

中国版本图书馆CIP数据核字(2011)第025836号

悦　读(第二十一卷)

主　　编　褚钰泉
责任编辑　熊　炽　张海虹
特约编辑　林　韵
美术编辑　徐　泓
出版发行　二十一世纪出版社
(江西省南昌市子安路75号　330009)
yuedumook@126.com
出 版 人　张秋林
经　　销　新华书店
印　　刷　南昌市红星印刷有限公司
版　　次　2011年3月第1版　2016年3月第2次印刷
开　　本　730mm×1092mm　1/16
印　　张　13
字　　数　290千字
书　　号　ISBN 978-7-5391-6327-7
定　　价　20.00元

如发现印装质量问题,请寄本社图书发行公司调换　0791-86524997

卷首语

编完这一卷稿件,一个个人物在我的眼前挥之不去:其中有一介平民,也有身居高位的领导人;有在延安窑洞中成长的"八路军公主",也有年已古稀仍执意一吐真言的科学家;有近百年前被刺杀的民国政府高官,也有身陷囹圄的学者;有几枚邮票改变了人生的燕京大学毕业生,也有冒死偷渡去香港后成为富翁的"逃港者"……他们彼此原来并不相干,可是,他们的故事细细读来,竟联成一串,仿佛在诉说着什么。对!这不就是历史吗?从这些命运遭际各不相同的人物身上,我们感受到了历史的轨迹。

是的,历史的长河就是由一个个人的经历汇集而成的。有些人,有些事,历经几十年、几百年,甚至上千年的大浪淘沙,依然熠熠发光。而另一些人,另一些事,尽管离开我们仅几年、几十年,却早已不为人们知晓。所以如此,原因多多。一些作者和史学工作者是有责任的。有的被故意隐瞒,有的被披上了假象。从而使人们的认知与历史真实大相径庭。掩盖或歪曲历史,也许能蒙蔽人们于一时,而最终都无法阻挡历史长河奔流向前。

值得注意的是,最近出版的《中国共产党历史》第二卷以及中央报刊发表的一些纪念历史人物的文章,纠正了过去某些以讹传讹的虚假内容,还历史以本来面目。这是很鼓舞人心的好事,只有不断去芜存菁,历史才能存真。才有信史可言。

本卷发表的《逆批龙鳞的司马迁》可以给我们一点启迪。司马迁治史敢说真话,敢批逆鳞,不为尊、亲、贤讳,保持自己的人格尊严,不畏权势,秉笔直书,才为后人留下了那部历经岁月洗礼依然闪烁光芒的《史记》。近人陈寅恪先生治史,要求在历史中求史识,其核心即尊重历史的真实,摒弃任何虚假,这似应看作传记作者或历史治学者的基本品格吧!

目 录 *Contents*

谈谈明末

◎ 李洁非

每个人一生，都有没齿难忘的经历。大约一六七〇年，已是大清子民的计六奇这样写道：

四月廿七日，予在舅氏看梨园，忽闻河间、大名、真定等处相继告陷，北都危急，犹未知陷也，舅氏乃罢宴。廿八日，予下乡，乡间乱信汹汹。廿九日下午，群徵叔云："崇祯皇帝已缢死煤山矣。"予大惊异。三十日夜，无锡合城惊恐，盖因一班市井无赖闻国变信，声言杀知县郭佳胤，抢乡绅大户。郭邑尊手执大刀，率役从百人巡行竟夜。嗣后，诸大家各出丁壮二三十人从郭令，每夜巡视，至五月初四夜止。[1]

"四月廿七日"，指的是旧历甲申年四月二十七日，置换为公历，即一六四四年六月一日。文中所叙，距其已二十余载，而计六奇落笔，恍若仍在眼前，品味其情，更似锥心沁血，新鲜殷妍，略无褪色。

之如此，盖一以创巨痛深，二与年龄有关。事发之时，作者年方二十二岁，正是英华勃发的大好年华。在这样的年龄遭逢塌天之变，其铭心刻骨，必历久如一而伴随终生。时间过去将近三十年，计六奇渐趋老境，体羸力衰，患有严重眼疾，"右目新蒙，兼有久视生花之病"，而愈如此，那种将青春惨痛记忆付诸笔墨的欲望亦愈强烈。从动手之始到书稿告竣，先后四五年光景，"目不交睫，手不停披，晨夕勿辍，寒暑无间，宾朋出入弗知，家乡米盐弗问，肆力期年，得书千纸。"[2]他曾回顾，庚戌年(1670)冬天江南特别寒冷，大雪连旬，千里数尺，无锡"一夕冻死"饥民四十七人，即如此，仍黾勉坚持写作，"呵笔疾书，未尝少废"；而辛亥年(1671)夏季，又酷热奇暑，计六奇同样不肯停笔，自限每日至少写五页("必限录五纸")，因出汗太多，为防洇湿纸页，他将六层手巾垫于肘下，书毕抬起胳膊，六层手巾已完全湿透……须知，这么历尽艰辛去写的上千页文字，对作者实无任何利益可图——因所写内容犯忌，当时根本无望付梓，日后能否存于人间亦难料定。他所以这样燃烧生命来做，只不过为了安妥自己一段挥之不去的记忆。

今天，不同年龄层的人，每自称“××一代”。作为仿照，十七世纪中叶，与计六奇年龄相近的那代中国人，未必不可以称为“甲申一代”。他们的人生和情感，与“甲申”这特殊年份牢牢粘连起来。令计六奇难以释怀，于半盲之中、将老之前，矻矻写在纸上的，归根到底便是这两个字——当然，还有来自它们的对生命的巨大撞击，以及世事虽了、心事难了的苦痛情怀。

倘若尽量简短地陈述这两个字所包含的要点，或许可以写为——

公元一六四四年（旧历甲申年，依明朝正朔为崇祯十七年），四月二十五日清晨，李自成攻陷皇城前，崇祯皇帝以发蒙面，缢死煤山。自此，紫禁城龙床上不复有朱姓之人。五月二十九日，从山海关大败而归的李自成，在紫禁城匆匆称帝，“是夜，焚宫殿西走。”[③]六月七日，满清摄政王多尔衮率大军进入北京。

某种意义上，这样的历史更迭只是家常便饭。之前千百年，大大小小搬演过不下数十次，一六四四年则不过是老戏新演而已。就像有句话总结的：几千年来的历史，无非是“一部阶级斗争史”。就此而言，明末发生的事情，与元、宋、唐、隋、晋、汉、秦之末没有什么不同。

作为二十世纪下半叶以后出生的中国人，我们有幸读过不少用这种观点写成的史著或文艺作品。或许，一度也只能接触这种读物。对于明末的了解，笔者最早从一本叫《江阴八十天》的小册子开始，那是一九五五年出版的一本通俗读物，写江阴抗清经过，小时候当故事来看，叙述颇简明，然每涉人物，必涂抹阶级色彩，暗嵌褒贬、强史以就。中学时，长篇小说《李自成》问世，同侪中一时抢手，捧读之余，除了阶级爱憎，却似无所获。晚至二十世纪九十年代初，某《南明史》出版，当时专写南明的史著还十分稀有，抱了很高热忱拜读，发现仍然不弃“阶级分析”，于若干史实继续绕着弯子，闪烁其词，文过饰非。

将几千年历史限定为“一部阶级斗争史”，无法不落入窠臼，使历史概念化、脸谱化。就受伤害程度而言，明末这一段似乎最甚。这样说，可能与笔者个人感受有关，所谓知之深、痛之切。但感情因素以外，也基于理性的审视。在我看来，明末这一段在中国历史上有诸多突出的特质：时代氛围特别复杂，头绪特别繁多，问题特别典型，保存下来、可见可用、需要解读的史料也特别丰富。

明代是一个真正位于转折点上的朝代。对于先前中华文明正统，它有集大成的意味，对于未来，又有破茧蜕变的迹象。没有哪个时代，思想比明代更正统，将中华伦理价值推向纯正的极致。同样，亦没有哪个时代，思想比明代更活跃、更激进乃至更混乱，以致学不一途、矫诬虚辩、纷然骤讼，而不得不引出黄宗羲一部煌煌巨著《明儒学案》，专事澄清，“分其宗旨，别其源流”，“听学者从而自择”④。

这一思想情形，是明朝历史处境的深刻反映。到明代晚期，政治、道德、制度无不处在大离析状态，借善恶之名殊死相争，实际上，何为善恶又恰恰混沌不清，乃各色人物层出不穷，新旧人格猛烈碰撞、穷形尽相，矛盾性、复杂性前所未见。

明末崇祯皇帝自尽处

别的不说，崇祯皇帝便是一个深陷矛盾之人，历史上大多数帝王只显示出单面性——比如“负面典型”秦始皇、“正面典型”唐太宗——与他们相比，崇祯身上的意味远为丰富。弘光时期要人之一的史可法，也是复杂的矛盾体；明代文天祥有人视为“完人”（如《小腆纪年附考》作者徐鼒），有人却为之扼腕或不以为然（批评者中，不乏像黄宗羲那样的望重之士）。即如奸恶贪鄙之马士英，观其行迹，也还未到头顶长疮、脚底流脓的地步，在他脸上，闪现过“犹豫”之色。

明末人物另一显著特色，是“反复”：昨是今非，今非明是；曾为“正人君子”，忽变为“无耻小人”，抑或相反，从人人唾弃的“无耻小人”，转求成为“正人君子”。被马士英、阮大铖揪住不放的向来以清流自命，却在甲申之变中先降于闯、再降于满的龚鼎孳等，即为前一种典型。而最有名的例子，莫过钱谦益。数年内，钱氏几经“反复”，先以“东林领袖”献媚于马士英，同流合污，复于清兵进占南京时率先迎降，可两年之后，却暗中与反清复明运动发生关系。武臣之中，李成栋也是如此。他在清兵南下时不战而降，不久制造惊世惨案“嘉定三屠”，此后为清室征平各地，剿灭抵抗，一路追击到广东，却忽然在这时，宣布“反正”，重归明朝，直至战死。像钱谦益、李成栋这种南辕北辙般的大“反复”，固然免不了有些个人小算盘的因素，却绝不足以此相解释，恐怕内心、情感或人格上的纠结，才真正说明一切。

矛盾状态，远不只见于名节有亏之辈，尤应注意那些“清正之士”，内心也往往陷于自相抵牾。例如黄宗羲，自集义军，坚持抗清，只要一线希望尚在，就不停止复明战斗；即便永历帝彻底覆灭之后，也拒不仕清，终身保持遗民身份，其于明朝可谓忠矣。然与行为相反，读其论述，每每觉得黄宗羲根本不是传统意义上的忠君者，他对君权、家天下的批判，是到那时为止中国最彻底的。以此揣之，他投身复明运动，并非为明朝而战，至少不是为某个君主而战，而是为他的国家、民族、文化认同而战。然而，他的行为客观上实际又是在保卫、挽救他已经感到严重抵触和质疑的皇权，以及注定被这权力败坏的那个人。这与其说是黄宗羲个人的矛盾，不如说是时代的矛盾。

在明末，这种情绪其实已是非常普遍的存在，并非只有黄宗羲那样的大精英、大名士所独有。细读《明季南略》，可于字里行间察觉作者计六奇对于明王朝不得不忠、实颇疑之的心曲。书中，到弘光元年四月止，对朱由崧一律称“上”，而从五月开始，亦即自清兵渡江、朱由崧出奔起，径称“弘光”，不复称“上”。古人撰史，讲究“书法”，字词之易，辞义所在。以“弘光”易“上”，是心中已将视朱由崧为君的义务放下——假如真的抱定忠君之念，计六奇对朱由崧本该一日为君、终生是君，但他一俟后者失国便不再以“上”相称。这是一种态度或评价。朱由崧在位时，作为子民计六奇自该尊他一个“上”字，然而，这绝不表示朱由崧配得上；《南略》不少地方，都流露出对朱由崧的微辞以至不屑。这是明末很多正直知识分子所共有的隐痛：虽然对君上、国事诸多不满甚至悲懑，但大义所系，国不得不爱，君不得不尊，统不得不奉，于万般无奈中眼睁睁看着社稷一点点坏下去，终至国亡。

虽然所有王朝的末年都不免朽烂，但明末似乎尤以朽烂著称。我们不曾去具体比较，明末的朽烂较之前朝，是否真的“于斯为盛”，但在笔者看来，明末朽烂所以令人印象至深，并不在于朽烂程度，而在于这种朽烂散发出一种特别的气息。

简单说，那是一种末世的气息。过去，任何一个朝代大放其朽烂气息时，我们只是知道，它快要死了——但并非真死，在它死后，马上会有一个新朝，换副皮囊，复活重生。明末却不同，它所散发出来的朽烂，不仅仅属于某个政权、某个朝代，而是来源于历史整体，是这历史整体的行将就木、难以为继。你仿佛感到，有一条路走到了头，或者，一只密闭的罐子空气已经耗尽。这次的死亡，真正无解。所谓末世，就是无解；以往的办法全部失灵，人们眼中浮现出绝望，并在各种行为上表现出来。

这是明末独有的气质，及时行乐、极端利己、贪欲无度、疯狂攫取……种种表现，带着绝望之下所特有的恐慌和茫然，诸多人与事，已无法以理性来解释。以弘光朝为例，在它存世一年间，这朝廷简直没有做成一件事，上上下下，人人像无头的苍蝇在空中飞来飞去，却完全不知自己在做什么。皇帝朱由崧成天耽溺酒乐，直到出奔之前仍“集梨园子弟杂坐酣饮”⑤；首辅马士英明知势如危卵，朝不保夕，却不可理喻地要将天下钱财敛于怀中；那些坐拥重兵的将军，仓皇南下，无所事事，为了谁能暂据扬州睚眦相向……他们貌似欲望强烈，其实却并不知所要究竟系何，只是胡乱抓些东西填补空虚。一言以蔽之：每个人所体验的，都是枯坐等死的无聊。

然而，这时代的深刻性，不只在于旧有事物的无可救药。我们从万古不废的自然界可知，生命机体腐坏，也意味着以微生物的方式转化为养料和能量，从而滋生别的新的生命。明末那种不可挽回的圮毁，在将终末感和苦闷植入人心的同时，也刺激、诱发了真正具有反叛性的思想。

前面说到明代精神的两面性。的确，以理学、八股为特征，明代思想状态有其僵死、保守的一面，就像遗存至今、森然林立的贞节牌坊所演述的那样。但是，对于明代精神的另一面——怀疑、苦闷与叛逆，谈得却很不够；对于明代知识分子的独立意识、批判性以至战斗性，谈得就更不够。

很显然，历朝历代，明代知识分子的上述表现应该说是最强的。从方孝孺到海瑞，这种类型的士大夫，其他朝代很少见到。如果说明中期以前多是作为个人气节表现出来，那么从万历末期起，就越来越显著地演进到群体的精神认同。著名的"三大案"，看似宫廷事件，实际是中国古代政治史一个分水岭；以此为导火索，知识分子集团与传统皇权的分歧终于表面化，从而触发党争和党祸。从天启年间阉党排倾、锢杀东林，到崇祯定逆案，再到弘光时马、阮当道——确言之，从一六一五年"梃击案"发，到一六四五年弘光覆灭——整整五十年，明代历史均为党争所主导。这一现象，表面看是权力争攘，深究则将发现根植于知识分子批判性的强劲提升和由此而来的新型政治诉求。在此过程中，知识分子集团不光表现出政治独立性，也明确追求这种独立性。他们矛头所向，是企图不受约束的皇权，以及所有依附于这种权力的个人或利益集团（皇族、外戚、太监、幸臣等）。

这是一个重大历史迹象。虽然党锢、党争在汉宋两代也曾发生，但此番却不可同日而语。明末党争不是简单的派系之争，也越过了"只反贪官，不反皇帝"；事实上，它是以知识分子批判性、独立性为内涵，在君主专制受质疑基础上所形成的带有重新切割社会权力和政党政治指向的萌芽。若曰不然，试看：

> 岂天地之大，于兆人万姓之中，独私其一人一姓乎？⑥

这是黄宗羲《原君》中的一句；还说：

> 今也以君为主，天下为客，凡天下之无地而得安宁者，为君也。是以其末得之也，屠毒天下之肝脑，离散天下之子女，以博我一人之产业，曾不惨然！曰："我固为子孙创业也。"其既得之也，敲剥天下之骨髓，离散天下之子女，以奉我一人之淫乐，视为当然，曰："此我产业之花息也。"然则为天下之大害者，君而已矣。⑦

如果我们意识到阐述了这一认识的人，正是在天启党祸中遭迫害致死的一位东林党人的后代（黄宗羲之父、御史黄尊素，天启六年死于狱中），或许能够从中更清楚地看到明末的精神思想脉络。

在欧洲，资产阶级的崛起，使君权、教权之外出现第三等级，最后导致民主共和。我们无意将明末的情形与之生搬硬套，却也不必因而否认，黄宗羲在中国明确提出了对君权的批判，而且是从社会权利分配不合理的全新意义和高度提出的。我们不必牵强地认为明末发生了所谓“资本主义”（它是一个如此“西方”的语词）萌芽，但我们依然认定，这种思想连同它的表述，在帝制以来的中国具有革命性。

末世，未必不是历史旧循环系统的终结，未必不是已到突破瓶颈的关口。尽管我们明知，对历史的任何假设都近乎于谵妄，但关于明末，我们还是禁不住诱惑，去设想它可能蕴藏的趋势。这种诱惑，来自那个时代独特而强烈的气息，来自其思想、道德、社会、经济上诸多异样的迹象，来自我们对中国历史的了解与判断，最后，显然也从中西历史比较那里接受了暗示……总之，我们靠嗅觉和推测就明末中国展开某种想象，私下里，我们普遍感到这样的想象理由充足，唯一的问题是无法将其作为事实来谈论。

也罢，我们就不谈事实，只谈假设。

人们不止一次在历史中发现：事实并不总是正确的，有些事实并非历史合乎逻辑的发展，而是出于某种意外。一个意外的、不符合期待的、甚至无从预见的事件突然发生了，扰乱了历史的进程，一下子使它脱离原来的轨道。这种经历，我们现代人遇到过，十七世纪中叶的汉民族似乎也遇到了。

那就是清人对中原的统治。

我曾一再思索这意味着什么。尽管今天我们会努力说服自己用当代的“历史视野”消化其中的民族冲突意味，但当时现实毕竟是，汉服衣冠被“异族”所褫夺。这当中，有两个后果无可回避：第一，外族统治势必对国中的矛盾关系、问题系列（或顺序）造成改写；第二，新统治者在文明状态上的客观落差，势必延缓、拖累、打断中国原有的文明步伐。

有关第一种后果，看看清初怎样用文字狱窒息汉人精神，用禁毁、改窜的办法消灭异己思想，便一目了然。在满清统治者来说，此乃题中之义、有益无害，完全符合他们的利益需要，不这么做没法压服反抗、巩固统治。但对中国文明进程来说却只有害处，是大斫伤，也是飞来之祸、本不必有的一劫。

至于第二种后果，历来有不少论者，对清朝诚恳学习、积极融入汉文化大加赞赏，固然，比之另一个异族统治者蒙元，清代的表现正面得多。不过理应指出，在他们这是进步、是提高，中国文明却并无进步、提高可言——实质是，为适应一个较为落后、现在却操持了统治大权的民族，中国放缓了自己的文明脚步。在先进文化面前，历史上两个使汉人完全亡国的外族，蒙元采取抵制，祚仅百年；清朝以汉为师，结果立足近三百年。它们之间，高下分明。然而两者有一点相同，即均无裨益于中原文明。自其较“好”者清朝来看，入主中原后，一切制度照搬明代，实因自身在文化上太过粗陋、没有创新能力，只能亦步亦趋地仿造与抄袭。

照明代的社会、经济、文化状态看，中

国历史此时已处在突破、转型的前夜，至少，新的问题已经提出。倘若不被打断，顺此以往，应能酝酿出某种解答。清人入主，瞬间扭转了矛盾与问题的焦点。先前中国从自身历史积攒起来的内在苦闷，被民族冲突的外在苦闷所代替或掩盖；本来，它可能作为中国历史内部的一种能量，自发探求并发现突破口，眼下却被压抑下去或转移到别处，以至于要等上二百年，由西方列强帮我们重新唤醒这种苦闷。

这是一个已经身在二十一世纪的中国人，于读史时的所思。毋庸讳言，它带着很大的猜想性。但这猜想，究竟不是凭空从笔者脑中而来，而是对扑鼻的历史气息的品咂与感应。读计六奇《北略》、《南略》、黄宗羲《弘光实录钞》、顾炎武《圣安皇帝本纪》、文秉《甲乙事案》、夏允彝《幸存录》、王夫之《永历实录》、谈迁《国榷》……心头每每盘旋一个问题：这些人，思想上均非对君主愚忠、死忠之辈，不同程度上，还是怀疑者、批判者，却无一例外在明清之际坚定选择成为"明遗民"。他们有人殊死抵抗（黄宗羲），有人追随最后一位朱姓君主直至桂中（王夫之），有人远遁入海、死于荒滗（夏允彝），有人锥心刺骨、终生走不出"甲申"记忆（计六奇）……民族隔阂无疑是原因之一，但这既不会是唯一原因，而且从这些人的精神高度（注意，其中有几位十七世纪东方顶尖的思想家和学问家）推求，恐怕亦非主要原因。我所能想到的根本解释，应是他们内心十分清楚，这一事态意味着在巨大的文明落差下中国的方方面面将大幅后退。他们拚死保护、难以割舍的，与其说是独夫民贼，不如说是中国历史和文明的延续性。

"明遗民"是大现象、大题目，人物、情节甚丰，而且其中每每可见慷慨英雄气，绝非人们从字眼上所想的抱残守缺、冥顽不灵一类气质。何时得暇，笔者颇有意以"明遗民"为题展开著述。就眼下而言，我们着重指出明末这段历史的幽晦与复杂、人性的傍徨与背反，包括社会心理或个人情感上的苦痛辛酸、虬结缠绕，并非一部"阶级斗争史"可以囊括。

中国人重新认识自己历史的时间并不长，基本从二十世纪开始。之前，既缺少一种超越的视野（对传统的摆脱与疏离），也缺少文化上的参照系（不知有世界，以为中华即天下），还缺少相应的理念和工具（对此，梁启超《中国历史研究法》所论颇精要）。以中国历史之长，这一工作又开展得如此之晚，其繁重与紧迫可想而知。即使如此，我们却仍有三四十年以上的时间，被限制在一种框架之下，使历史认识陷于简单化和概念化，欠账实在太多。

像明末这段历史，对观察全球化以前或者说自足、封闭状态下中国的社会、政治、文化、思想，可谓不可多得的剖截面，但迄今获取的认识与这段历史本身的复杂性、丰富性相比，却单薄得可怜。它先在二十世纪初排满运动中、后在抗日时期，以历史情境的相似令人触景生情，两次引起学界注意，柳亚子、朱希祖、孟森、顾颉刚、谢国桢诸先生或加以倡重，或亲自致力于材料、研究,创于筚路蓝缕,有了很好的开端。二十世纪五十年代起,思想归于一尊,同时还有各种“政策”的约束,对明末历史的探问颇感不便与艰难,渐趋平庸。举个例子,钱海岳先生穷其一生所撰,曾被柳亚子、朱希祖、顾颉刚等寄予厚望的三千五百万字巨著《南明史》百二十卷,一直静置箧中,直到新世纪的二〇〇六年(作者已过世三十八年)才由中华书局出版。像《甲申三百年祭》、《李自成》那样的著作,本来不无价值,但它们的矗立,却是作为一种警示性标志,起到排斥对于历史不同兴趣的作用。

历史是一条通道,现实由此而来;使它保持通畅的意义在于,人们将对现实所以如此,有更深入的、超出于眼前的认识。每个民族都需要细细地了解自己的历史,了解越透彻就越聪明,以使现实和未来朝较好的方向发展。

---

①计六奇:《明季南略》,中华书局,1984,第7页。

②计六奇:《明季南略》,中华书局,1984,第524页。

③徐鼒《小腆纪年附考》,中华书局,2006,第153页。

④黄宗羲:《明儒学案序》,《明儒学案》上册,中华书局,1986,第8页。

⑤徐鼒《小腆纪年附考》,中华书局,2006,第364页。

⑥黄宗羲:《明夷待访录·原君》,《黄宗羲全集》第一册,浙江古籍出版社,1985,第3页。

⑦黄宗羲:《明夷待访录·原君》,《黄宗羲全集》第一册,浙江古籍出版社,1985,第2–3页。

补白

毛泽东以“轮流坐庄”测试高岗

建国初,高岗提出中国的列宁问题解决了,斯大林问题没有解决,他要当斯大林。毛泽东知道他的这些活动,就提出“中央轮流当主席”,试着看大家赞成不赞成。一九五三年十二月,毛泽东要到杭州去,走之前在怀仁堂开了个会,就提出“轮流坐庄”问题,结果所有人都不赞成。开完会后,毛泽东上车去了杭州,高岗找到陈云,说你为什么反对“轮流坐庄”?你应该赞成啊!陈云说,这个不行嘛!你看哪一个够啊?高岗就说,你一个,我一个。陈云觉得这个问题很严重,就报告了毛泽东。高岗对邓小平也讲了,邓小平说,咳!都挂了像的嘛!你在这些像里头找么,其他人都不够资格。以后高岗就不敢找邓小平了。邓小平报告了周总理,周就跟毛说了,毛泽东非常重视,这不是要夺他的权吗!由此,毛泽东也看中了邓小平政治上的厉害。

司马迁 像

逆批龙鳞的司马迁

◎李建军

一

在中国做皇帝，无疑是一件很诱人的事情。一旦黄袍加身，便如同阿Q造反成功，“我要什么就是什么，我喜欢谁就是谁”，日子过得实在是很风光的。刘邦曾到首都咸阳当“民工”，有幸亲眼目睹秦始皇出行时威武雄壮的阵势，羡慕得不得了，喟然太息曰：“大丈夫当如此也！”即使没有见过皇帝的威势和气派，一个生活在乡村的普通老百姓，也能想象出皇帝的日子过得有多么滋润，所以，丝毫不影响他们产生心向往之的念头。“皇帝轮流坐，明年到我家”这句民间俗语，便切切实实地证明着中国人多么喜欢做“皇帝梦”：威加海内的大皇帝做不成，能做山寨里的小皇帝也是好的；金銮殿里的真皇帝做不成，能做鱼肉乡里的“土皇帝”也不错。难怪那些起于草莽的乱世英雄，一旦实现了“彼可取而代也”的目的，便把替天行道、为民谋利的庄严承诺忘得干干净净，最后都要到秦始皇那里归宗认祖，都要昂首伸眉地过一回做皇帝的瘾。两千多年来，这种叫“皇帝”的人，谬种流传，蔑代无之，古代的和现代的（如袁氏诸人），堆一块儿，足以组成一个特务团。据徐连达、朱子彦根据《历代帝王年表》等资料统计的结果，从公元前二二一年秦始皇称帝，到一九一一年清宣统皇帝逊位，在历时二千一百三十三年的时间里，中国曾经产生过二百八十多个皇帝（《中国皇帝制度》，第165页，广东教育出版社，1996年），这还不包括袁世凯等人以“总统”或别的新鲜名号行独裁之实的现代皇帝。

中国的皇帝，无论秦皇，还是汉武，无论是大清的雍正，还是项城的袁氏，其实都属于同一精神谱系，彼此之间，就像装在袋子里的土豆一样相像。他们有一样的道德和人格，自大、狡诈、猜忌、冷酷、嗜血。为了保住自己的权力，他们卧榻之侧岂容他人酣睡，杀伐异己，从不手软，一根指头便可把文臣武将打倒在地，谈笑间便可将天下百姓玩弄于股掌之上。他们无法无天，恣意妄为，好话说尽，坏事做绝。那些握有绝对权力而又滑贼任威的皇帝，实在是很可怕的怪物啊！

他们与世隔绝，闭关锁国，视异邦为蕞尔小邦，沾沾然以天朝大国自居；更喜欢愚弄百姓，“民可使由之，不可使知之”，拿人民当无知无识的群氓。他们自视甚高，自以为是不世出的天纵英才，所以，常常一意孤行，很少虚心向别人学习，因而也很难成为拥有真理的人。他们喜欢舞文弄墨，吟诗作文，或者自己动手，下笔千言，不能自休，或者命人捉刀，连篇累牍，欺世盗名。但无论自己炮制的，还是掠人之美的，大多是附庸风雅的伪诗歌和虚张声势的假文章，真正有永恒价值的好诗雄文，寥寥无几。清朝的乾隆皇帝，尤为特出，他视作诗如吐痰，一生写了四万二千二百五十多首（一说 41863 首），大多是诗味寡淡的劣作。

由于帝王对人们的生活有着巨大甚至是决定性的影响，所以，他们的心理、人格和行为方式，便很值得研究，便有了文学上的叙事价值。在莎士比亚的三十七篇戏剧中，与帝王有关的，至少有十八篇，占了相当大的比例；其中《裘力斯·恺撒》、《哈姆雷特》和《麦克白》讲述的是权力招致的谋杀和毁灭，《理查三世》的主题是谴责暴君和暴政，《亨利四世》和《亨利五世》则表达了他对理想君主的理解和人文主义的政治理念。而古罗马苏维托尼乌斯的《罗马十二帝王传》之所以流传至今，就在于它满足了人们了解暴君病态心理的好奇心，《战争与和平》之所以吸引那么多人去阅读，是因为它能帮助人们认识法国皇帝拿破仑挑起战争的动机和野心，进而认识皇权的自大而虚弱的本质。

二

文人之写皇帝，如羔羊之搏猛虎，实在是一件很危险的事情。专制帝王手里有生杀予夺的大权，可以随意往你头上扣帽子，可以随意在你屁股上打板子，甚至可以随意往你脖子上抹刀子。“清风不识字，何故乱翻书”，随便一句话，都有可能被深文周纳，都有可能被定为“沮诽”罪或“恶攻”罪，都有可能惹来杀身之祸。所以，对自己朝代的死去的帝王，人们尚且为了远祸全身而缄口不谈，至于那些仍然当路在势的“今上”，人们更是敬鬼神而远之。当然，还有更安全的办法，那就是，任何时候都要见“鬼神”而爱之，要对他感激涕零，万岁不离口，供品不离手，把他当做比天地都要大、比爹娘还要亲的大恩人。

然而，一个优秀的作家必须克服内心的恐惧，必须镇定而勇敢地面对握有绝对权力的暴君。普希金的诅咒沙皇的《自由颂》、果戈理的让尼古拉一世陷入尴尬的《钦差大臣》、托尔斯泰写给沙皇和天皇的信、曼德尔施塔姆讽刺格鲁吉亚山民的诗、雷巴科夫的《阿尔巴特街的儿女们》，都是针对不可一世的最高统治者的，都显示出一种无所畏惧的批判精神。他们用自己的作品，证明了这样一个真理：真正的作家是自由而有尊严的人，而真正的文学则是对抗强权和暴政的强大的道义力量。

其实，文学之所以重要，之所以具有无可替代的价值，就在于它是一种与平等、自由、尊严和正义有关的精神现象。所以，没有什么比谄媚金钱和权力的势利更有害于文学的了。文学与势利简直是水火不容的。文学一旦势利，就必然会不顾尊严地为权力唱赞歌，为金钱唱赞歌，为邪恶唱赞歌，就会沦为卑贱的谀词和无聊的点缀，就像吕坤在《呻吟语》中所说的那样："彼乡原者，徼名惧讥，希进求荣，辱身降志，皆所不恤，遂成举世通套。"而两千多年前西汉史学家司马迁所著《史记》之所以伟大，就在于它是一部充满道义感的著作，就在于作者在写作的时候，没有"徼名惧讥"，没有丧失最可宝贵的良知和尊严，没有让自己沦为按照固定标准如法炮制的"御用文人"。司马迁热爱自己的父亲，干父之蛊，而光大其事，有着更加远大的文化理想。他的成熟的、充满批判锋芒的写作精神，大大地高出自己时代的平均水平，远远地超出自己时代的精神边界，同世界上那些敢于批判绝对权力的作家一样伟大和勇敢，像普希金、果戈理、托尔斯泰和曼德尔施塔姆一样令人骄傲和自豪。

然而，司马迁的伟大的批判性叙事，如此具有超越性和先锋性，甚至连那些与他几乎同时代的优秀分子，都未能深刻地理解，也未能准确地评价。班固就曾在《汉书·司马迁传》中如此诬枉地评价司马迁："论大道，则先黄老而后六经；序游侠，则退处士而进奸雄；述货殖，则崇势利而羞贫贱；此其所蔽也。"(《汉书》卷六二《司马迁传》)这是对司马迁最大的误解。他没有看到司马迁文字背后的深意，没有体会到太史公的正义精神和仁爱情怀。班固的观点引发了后代学者尖锐的反驳。宋代的晁公武完全不同意他的看法："……后世爱迁者以此论为不然，谓迁特感当世之所失，愤其身之所遭，寓之于书，有所激而为此言也，非其心所谓诚然也。……其述货殖而崇势利而羞贫贱者，盖迁自伤特以贫故不能自免于刑戮。故曰'千金之子，不死于市'，非空言也。固不察其心，而骤讥之，过也。"(晁公武：《郡斋读书志》)黄履翁更是表达了对班固的不满和否定："子长负迈世之气，登龙门，探禹穴，采摭异闻，网罗往史，合三千年事，而断之于五十万言之下，措辞深，寄兴远，抑扬去取，自成一家，如天马骏足，步骤不凡，不肯稍就笼络。彼孟坚者摹规效矩，甘寄篱下，安敢望子长之风耶！"(黄履翁：《〈史记评林〉引》)在司马迁身上，我们看到了一种具有现代性质的人文精神，一种健全的人格现象——他挺身冒险，仗义执言，敢对权力说真话，甚至敢于批判那些握有绝对权力的最高统治者，同时，又宅心仁厚，同情百姓，具有尊重生命、反对暴力的人道主义情怀。

纵观千百年来的中国文学，的确很难找到几个像司马迁这样敢于通过机智的反讽来批评当朝皇帝的人。他从来没有跪着仰视那些滑贼任威、冷酷无情的最高统治者，也没有卑躬屈膝地替他们唱赞歌。不仅如此，他有时甚至带着几分厌恶和鄙夷来写那些傲慢自大的“一代天骄”和“风流人物”，正像李长之在《司马迁的人格与风格》中所指出的那样：《史记》中“最大的讽刺，是对付汉代，尤其集中在武帝。他的方法却是指秦骂汉。这个秘密，自明清以来的学者，就已经窥破了。同时，他能以褒作贬，笔下是酸辣辣的，那要完全从他的语气中读出来。”（李长之：《司马迁的人格与风格》，第220页，三联书店，1984年）而对与他同时代的“今上”刘彻，他在《封禅书》、《酷吏列传》、《佞幸列传》、《卫将军骠骑列传》、《匈奴列传》、《大宛列传》、《平准书》和《外戚世家》等地方都写到了，而且讽刺起来，也同样尖锐，同样不留情面。关于刘彻的昏愚、颟顸、残暴，司马迁多有不为尊者讳的讽刺和揭露。

三

《封禅书》起首就说：“自古受命帝王，何尝不封禅？盖有无其应而用事者矣，未有睹符瑞见而不甄乎泰山者也。”两千多年前的司马迁不可能反对“封禅”，因为，他也敬畏“天命”，视“升中告成”为庄严的事情。但是，他强调人必须先修身洁行、行善积德，而后才可上求“天命”，否则，“无其德而用事”，任何“封禅”都是徒劳无功的。秦始皇以杀伐、劳役苦天下，暴虐无度，却在泰山上“立石颂己帝德”，无奈“自作孽，不可活”，十二年后，他身死未久，而家破国灭，为天下笑。

封禅是汉武帝特别热衷的事情，他登基伊始，便“尤敬鬼神之祀”，便开始大搞封禅活动。司马迁看得分明，刘彻的封禅是别有所图的——封禅只不过是他招摇的幌子。他像秦始皇一样对生命缺乏理解，对“天命”缺乏敬畏，也像秦始皇一样，试图逆天悖理，劳民伤财，寻求可以长生的“却老”之方。所以，司马迁对汉武帝刘彻不求“德洽”，一味大兴封禅，自然是很不以为然的。

缺乏健全理智和人格的人，往往容易上当受骗，甚至胡作非为。司马迁正是借写“封禅”，来写刘彻人格上的残缺和心智上的弱点。为求长生之方，刘彻利令智昏，轻信盲从，屡为骗术拙劣的术士所欺。从长陵女子“神君”开始，先后被李少君、亳人谬忌、齐人少翁、上郡巫、胶东宫人栾大、汾阴巫锦、齐人公孙卿、越人勇之、济南人公王带以及成千上万不知名的方士所愚弄。

李少君“资好方，善为巧发奇中”。他的骗术，其实并不高明，但刘彻却“以为少君神”，直到少君病死，他仍不觉悟，“以为化去不死，而使黄锤史宽舒受其方”。而后来的上郡巫所玩的“通神”把戏，更是拙劣之至，但竟然也能把刘彻骗得昏头昏脑，使他对“神君”的话坚信不疑，“神君所言，上使人受书其言，命之曰‘画法’”，但司马迁接着就一语道破玄机：“其所语也，世俗之所知也，无绝殊者，而天子心独喜。其事，世莫知也。”这几乎等于说刘彻的心智连一个普普通通的正常人都比不上。厌恶之情与揶揄之意，溢于言表。

少君之后有少翁。后者的骗术，太过

拙劣，很快被刘彻看穿，很快被杀了头。但是，刘彻并不觉悟，事后还有些后悔，“惜其方不尽”，遗憾没有把少翁的方术都弄过来。后来，又招来了栾大这个更大的骗子。栾大“敢为大言，处之不疑”，这让刘彻非常高兴，说：“子诚能修其方，我何爱乎！”意思是，只要你搞到灵验的方术，我是不怕花钱的。刘彻拜栾大为“五利将军”，又把卫长公主嫁给他。后来，栾大“其方尽，多不雠”，刘彻又杀了他。但是，前来给刘彻贡献方术的人依然络绎不绝，“齐人之上疏言神怪奇方者以万数，然无验者”。然而，刘彻并不死心，趁着到泰山封禅的机会，再次来到东海上翘首而望，希望能看见可让自己长命百岁的神仙。

后来，刘彻在诸方士的撺掇下，到处“封禅”，“遍于五岳四渎矣”，但神人仍然渺无踪影。刘彻似乎有点烦了，“天子益厌怠方士之怪迂语矣”。然而，令人困惑的是，直到最后，他仍然痴心不改，“然羁縻不绝，冀遇其真。自此之后，方士之言神祠者弥众，然其效可睹矣”。对生命本质的无知，必然会使一个人产生不死的念头，就会使刘彻这样的皇帝做出许多匪夷所思的荒唐事，正如清代学者李晚芳所说：“武帝雄才大略，只以‘不死’二字私据胸中。以为古真有不死之人，如黄帝等，必欲觏之，冀得其秘，痴心牢结，甫挑则动，屡破仍迷。”

刘彻的贪婪不仅表现在对“长生”的妄念上，而且还表现在对物质的占有欲上。据《史记·大宛列传》记载，张骞从西域归来，告诉他大宛“有蒲陶酒，多善马。马汗血，其先天马子也”。刘彻听了异常兴奋。他对大宛的汗血马情有独钟，于是，“天子好宛马，使者相望于道”。他两次兴兵伐大宛，没有别的目的，就为了求得汗血马。第一次，刘彻“发属国六千骑及郡国恶少年数万人”，历时两年，一无所得，存活下来的士兵，“不过什一二”，也就是说，几乎全军覆灭；第二次，刘彻又派出六万人，“牛十万，马三万余匹，驴骡橐驼以万数，多赍粮，兵弩甚设。天下骚动，传相奉伐宛，凡五十余校尉”。这次战斗结束后，刘彻得其所欲，从大宛“取其善马数十匹，中马以下牡牝三千余匹”。然而，参加战斗的部队归来的时候，“军入玉门者万余人，军马千余匹”。也就是说，为了得到这数十匹“汗血马”，汉军牺牲了五万人，三万匹马，十多万头牛与驴骡橐驼。刘彻的贪婪简直到了丧心病狂的程度。而在张骞之后，“吏卒皆争上书言外国奇怪利害，求使”，刘彻自然很高兴派他们出去冒险，替自己掠取难得之货，而且，根据“求使”者夸海口的大小，来授予高低不同的官阶：“言大者予使节，言小者为副，故妄言无行之徒皆争效之。”这与他在《封禅书》里的幼稚而疯狂的表现，何其相似乃尔！

那么，刘彻为什么会变得如此狂悖不慧呢？这是因为，权力带来的自大倾向和贪生造成的非理性欲望，都很容易令人发昏。权力具有眩惑人的魔力，会使人产生一种错觉，以为自己无所不能，以为世上只有想不到的事，没有办不成的事；权力甚至会让人丧失最基本的常识和判断力，变得格外愚蠢，特别无知。权力带来傲慢，绝对权力则带来绝对傲慢，而绝对的傲慢则必然导致目空一切的自大和不可救药的愚昧。刘彻就这样做了傲慢和无知的牺牲品，成为千百年来人们的笑谈。

《封禅书》批判和讽刺汉武帝的艺术是非常高超的。司马迁以常识为根据展开叙事，以人人皆知的常情常理，来对照武帝的头脑发热和执迷不悟。正像钟惺所说的那样："写人主迂呆惑溺，全在事理明白易晓处见之。所谓'欣然'，'庶几遇之'，'羁縻不绝'，'冀遇其真'数语，是其胎骨中贪痴种子，疑城柔海，累劫难断，怪迂阿谀之徒，接踵而中之，往无不获，其原在此。篇末一语曰'然其效可睹矣'，意兴飒然，断案悚然，此一篇长文字恰好结语，却妙在含蓄，冷冷无极力收缩之迹。"一篇《封禅书》，诙谐百出，纯然是一部令人绝倒的喜剧；它又是一篇忧心烈烈的启示录，启发人们认识这样一个基本的事实：如果皇帝在心智上不成熟，在人格上不健全，又缺乏他那个时代最文明的价值观，那么，整个国家的生活将陷入可怕的混乱状况，人民将为此承受巨大的痛苦，社会将为此付出惨重的代价。

四

如果说，《封禅书》写的是汉武帝刘彻对生命真谛的无知和企图长生不死的愚妄，那么，《酷吏列传》、《外戚世家》、《匈奴列传》、《佞幸列传》和《平准书》写的则是他的冷酷和凶暴。

刘彻的冷酷和无情的确是登峰造极的，只有为数不多的几个心狠手辣、好斗成性的暴君可以与他相提并论。他喜欢那些像他一样凶暴的人。郅都、宁成、周阳由、赵禹、张汤、义纵、王温舒、尹齐、減宣和杜周十人，都是没有人性的虎狼之吏，但他们却都是"今上"刘彻赏识的人，类似"上以为能"、"上喜之也"、"益专任也"这样的话，在《酷吏列传》里，多次复现，足见罪魁元凶，在此不在彼。受到刘彻纵容的酷吏，不仅杀人如麻，剥夺了很多人的生命，而且还制造出一种恐怖的气氛，严重地降低了武帝时代的人道标准，破坏了整个社会的安全感，至今读来，犹觉血腥扑鼻，使人不寒而栗。所以，司马迁之作此传，意在"伤武帝之酷刑"，正如清代学者牛运震所说："武帝之世，烦文苛法，以严酷为治，怨愁惨伤，民几不聊生。太史公目睹其事，恻然伤之，不忍斥言君上，特借酷吏发之。一篇之中，感慨悲愤，汉廷用人之非与酷吏得报之惨，具见于此。此太史公悲世之书，所以致惓惓垂戒之至意，不独为十人立传也。"事实上，司马迁并没有给武帝留什么情面，也不存在"不忍斥言君上"的事情；他对"今上"的讽刺，明明如月，昭昭可见。

凡人皆有不忍之心。然而，汉武帝刘彻却是一个残忍得出奇的人。他的无情和冷酷，见之于他对待将帅大臣和寻常百姓的暴虐，但尤其表现在对家人的无情态度上。太子刘据，根据《资治通鉴》等史书的记载，仁恕温谨，敦重好静，然而，征和二年（公元前91年），武帝听信江充的诬陷，以“巫蛊”罪，逼得太子走投无路，最终起而反抗，被杀身亡。对与自己育有一子的钩弋夫人，他也毫不手软地杀无赦，而理由却荒唐得出奇。根据司马迁《外戚世家》的记载，刘彻决定立年仅五岁的刘弗陵为太子，但却怕弗陵年轻的母亲钩弋夫人日后乱政：

后数日，帝谴责钩弋夫人。夫人脱簪珥叩头。帝曰：“引持去，送掖庭狱！”夫人还顾，帝曰：“趣行，女不得活！”夫人死云阳宫。时暴风扬尘，百姓感伤。使者夜持棺往葬之，封识其处。

其后帝闲居，问左右曰：“人言云何？”左右对曰：“人言且立其子，何去其母乎？”帝曰：“然。是非儿曹愚人可知也。往古国家所以乱也，由主少母壮也。女主独居骄蹇，淫乱自恣，莫能禁也。女不闻吕后耶？”故诸为武帝生子者，无男女，其母无不谴死，岂可谓非贤圣哉！昭然远见，为后世计虑，故非浅闻愚儒所及也。谥为“武”，岂虚哉！

司马迁的同情，无疑在无辜的钩弋夫人一边，所以，他最后对武帝的几句“赞词”，实在含着无尽的讽意，属于典型的“文与而实不与”和“正言之而意实反者”的写法（清代的邵晋涵在《史记提要》指出司马迁叙事多本“公羊氏之法”，“论定人物，多寓文与实不与之意”。程余庆则在《史记集说序》中进一步指出：“《史记》一书，有言所及而意亦及者，有言所不及而意已及者；有正言之而意实反者，有反言之而意实正者；有言在此而意则起于彼者，言已尽而意仍缠绵而无穷者。”）他用白描的手法写了“夫人还顾”的细节——临去一盼，流露出对生命的无限留恋，和对暴君刘彻的哀哀乞求。这实在是惨绝人寰的人间悲剧。司马迁用“时暴风扬尘，百姓感伤”，表达了对刘彻的强烈谴责，正用得上“天怒人怨”这句现成话。

五

如果说，缺乏制约的权力必然会扭曲当权者的心理和人格，那么，那些握有绝对权力的人则是最大的受害者，许多帝王几乎每天都过得胆战心惊，惶恐不安。他们夜不能寐，严重地失眠；他们内分泌失调，新陈代谢的能力非常低下；他们暴饮暴食，是可怕的饕餮鬼；他们甚至有严重的性倒错倾向，或者娈童，或者有断袖之好，有的甚至有渴望被强暴的受虐狂心理。

苏维托尼乌斯的《罗马十二帝王传》就以大量的细节，披露了多位罗马皇帝的种种畸形心理和严重症候。他们大都是喜欢杀人的施虐狂、暴饮暴食的饕餮鬼、变态的淫乱狂和严重的失眠症患者。克劳狄“时时处处贪吃。有一次他在奥古斯都广场主持审判，嗅到战神庙里为萨利祭司们准备的饭菜的香味时，他离开法官席，径直朝祭司们的地方走去，在他们的餐桌旁坐下来。吃饱喝足后很快就仰面躺下睡起觉来，张着嘴巴，嘴上插上一根羽毛以助消化，睡足醒来后才离开餐桌。他每次睡眠的时间很短，通常在午夜前醒来；因此他白天主持庭训时也打瞌睡，律师有意提高嗓门才好不容易使他醒来。……他残酷、嗜血好杀的本性在大大小小的事情上都可以看出来。”（苏维托尼乌斯：《罗马十二帝王传》，第213页，商务印书馆，1995年。）

失眠是上帝对罪恶累累的暴君最常见的惩罚。暴君卡里古拉就是严重的失眠症患者。他因为失眠而痛苦不堪：“特别使他痛苦的是失眠，每夜睡眠的连续时间不超过三小时，而且睡得不实，奇怪的梦境使他惊恐万状，比如梦见一个海怪和他说话。他夜里大部分时间都睁开眼睛躺着，因此心情非常烦躁，一会儿坐起来，一会儿沿着长长的廊柱徘徊，一次又一次呼唤着黎明，盼着它的来临。”（《罗马十二帝王传》，第183页）卡里古拉睡不着觉，实在是很正常的事情，因为，睡眠是无辜的灵魂安宁的休息，人若作恶太多，就等于把自己交给了魔鬼，就等于要一刻不断地受恐惧和焦虑的折磨，就很难再享受那种甜蜜而安稳的梦境。

卡里古拉的恶，则是很多帝王内心深处都会有的恶，一种与野心和对不朽的渴望有关的恶。他盼望发生惊天动地的大事，希望自己借此而不朽：“他甚至公开表示遗憾：他那个时代不曾有任何全国性重大不幸事件。他说，奥古斯都统治时期以瓦鲁斯战败而闻名，提比略统治时期以费德那的大圆形剧场的坍塌而知名于世，可他自己的时期则由于普遍的富裕而被人们淡忘。他时常希望自己的军队被击溃或出现饥荒、瘟疫、火灾甚或地震。”（《罗马十二帝王传》，第173页）而古罗马最著名的暴君尼禄则完全是个淫乱狂：“尼禄的淫乱竟达到这种程度，几乎身边所有的人均被他玷污过。最后，他竟发明了一种游戏；他身披兽皮，从兽笼中被放出来后，攻击缚在木桩上的男人和女人的阴部。当他的兽欲被满足之后，又表演被他的获释奴多律弗路斯所征服。为此，他嫁给了多律弗路斯，就像他当初娶波斯鲁斯一样。他叫喊、痛苦，模仿一个被奸污的少女。”（《罗马十二帝王传》，第241页）

为什么要把罗马帝王们的这些甚为不雅的事象，不避絮烦之讥地胪陈如上呢？苏维托尼乌斯的指向日常生活细节的叙事策略，与太史公的《史记》，又有什么关系呢？

六

当然有关系。因为，苏维托尼乌斯和司马迁有一个共同点，那就是，他们都凭着优秀的历史学家特有的敏感，发现了日常生活细节对于了解历史人物的意义，尤其注意到了帝王们的私密生活里所潜含的政治信息和文化密码。

判断一个政治家的品质和人格，不能单单根据他的气贯长虹的宣言和口号，也不能根据那些慷慨激昂的诗词和掀天揭地的文章，而是要根据包括饮食、睡眠等在内的日常生活的细节，尤其要看他的情感生活，也就是说，看他如何处理与异性、下属的情感关系。事实上，历史的真相和本质，就潜含在那些看似琐屑的细节里，而一个伟大的历史学家和文学家只有拨开外在的假象，向内探察、开掘这些细节，才能写出有价值的作品，才能写出真实的有生命的人物。普鲁塔克在《希腊罗马名人传》中这样说："最显赫的业绩不一定总能表示人们的美德或罪行，而往往一桩小事，一句话或一个笑谈，却比成千上万人阵亡的战役，更大规模的两军对垒，或著名的围城攻战，更能清楚地显示人物的性格和趋向。"（《亚历山大传》第一节）司马迁无疑也有同样的看法。他在《封禅书》的赞语里说"具见其表里"，徐复观先生认为这句话是太史公"作史的最大目标，最大成就"，并从理论上进行了深入的分析："政治人物之生活，有公私两面。其政治社会的地位愈高，则由私生活所透露之真，愈为装扮粉饰之公生活所遮蔽。于是事有表有里，人也有表有里。事与人的真实，常在里而不在表。且表的材料，远远超过里的材料。假定一位史学家，只停顿在表的材料上，而不能由表的材料以通向里的材料，则他将是一个被权势所玩弄所驱遣，以向世人，向后代提供历史假象的人。这对史学家自己而言，是悲哀；对所发生的影响而言，是罪过。归结起来，这只能算是无赖的宣传家，而不配称为史学家。"（李维武编：《徐复观文集》，第五卷，第486页，湖北人民出版社，2002年。）

正是因为看到了"在里"的材料的价值，所以，像苏维托尼乌斯一样，司马迁便注重从生活的内部往外写，注重写细小而真实的事情，而不是宏大而虚假的事件。司马迁写了中国皇帝在日常生活中容易被人忽略的细节，尤其写了汉代的包括"今上"在内的多位皇帝的私密生活。他这样写了，却屡屡被人误解。有人说他"有好奇之过"，有人说他由于泄愤而"丑诋"汉廷太过，有人甚至干脆将他的《史记》看作心理阴暗的"谤书"。他们都忽略了这样一个事实，那就是，汉家从刘邦到刘彻的几代皇帝的包括断袖之好在内的生活细节，实在与他们的政治人格有着微妙的关系——他们的情感上的冷酷、心智上的幼稚和行为上的疯狂，都与那种病态的性心理有些关系。

从《樊郦滕灌列传》、《佞幸列传》可以看出，司马迁是何等重视从私生活的角度来写自己时代的最高统治者。他的描写无疑具有丰富的人性内容和宝贵的认知价值。司马迁写出了他们内心深处最隐秘的世界，从而给我们提供了从心理学、伦理学等角度认识汉代最高统治者和汉代政治生活的可靠资料。不仅如此，他的叙事还具有政治学意义上的启蒙性。《史记》的深入"宫闱"日常生活的叙事，真实地揭开了最高统治者的神秘面纱，扫去了笼罩在他们头上的光环，这就有助于打破我们对帝王的盲目崇拜，有助于我们把他们当作寻常的人来看待。《史记》告诉我们，自战国迄于秦汉，几乎没有一个帝王是值得我们完全信赖的，几乎没有一个人配得上人们的尊敬和赞美。他们甚至有着比常人还要严重的道德弱点和人格残缺，所以，我们绝对不能毫不设防地把自己的一切都交付给他们，否则，就会造成巨大的人道灾难，人民就会受到严重的伤害。

例如，在《樊郦滕灌列传》里，刘邦生了病，心绪甚恶，不想见人，一连十几天，躺在禁宫里，与宦官相狎亵。樊哙便排闼直入，看见"上独枕一宦者卧。哙等见上流涕曰：'始陛下与臣等起丰沛，定天下，何其壮也！今天下已定，又何惫也！且陛下病甚，大臣振恐，不见臣等计事，顾独与一宦者绝乎？且陛下独不见赵高之事乎？'高帝笑而起。"在《项羽本纪》和《樊郦滕灌列传》里，司马迁两次写到同样一个令人吃惊的细节：在被项羽追击的时候，刘邦为了自己逃命，竟然把自己的儿子和女儿丢下不管——"推堕孝惠、鲁元车下，滕公常下收载之。如是者三"。一个人，如果如此缺乏承受痛苦的意志品质，那又怎么能指望他把一个国家的希望和命运担负起来？如果他对自己的儿女，尚且如此无情，怎么能指望他以仁慈之心善待他人？

如果说汉代的皇帝普遍薄情寡义的话，那么，武帝刘彻恐怕是他们中间问题最严重的人。在汉代的历代帝王中，武帝的宫闱生活尤其混乱，对正常的行政生活的破坏也最为严重。据《佞幸列传》记载，他先后宠幸过邓通、韩嫣、李延年等"佞幸"之臣。刘彻高兴的时候，赐给邓通铜山，使他"得自铸钱"；韩嫣"官至上大夫，赏赐拟于邓通"；李延年则佩"二千石印，号协声律。与上卧起，甚贵幸，埒如韩嫣也"。等到刘彻兴尽爱弛，则邓通被立案侦查，最后"竟不得名一钱，寄死人家"，韩嫣被"赐死"，李延年昆弟则被"禽诛"。读这些文字，令人油然而生发出这样的感慨：把国家和人民的命运交给刘彻这样的人，真是可怕——他们是多么无情，多么容易堕落，多么不值得信任啊！

七

虽然汉武帝像秦始皇一样暴虐和昏聩，然而，自古以来，就有人对他大唱赞歌，说他有雄才大略，北伐匈奴，南诛两越，东灭朝鲜，西征大宛，功绩卓著；说他懂得用人，所以，在他的时代，人才济济，各显其能。然而，这些轻飘飘的赞词，其实全然是靠不住的，全然没有看到他的好战激化了民族矛盾，给人民带来极大的痛苦和无尽的灾难，正像司马迁在《平准书》中所说的那样："兵连而不解，天下苦其劳，而干戈日滋。行者赍，居者送，中外骚扰而相奉，百姓抏弊以巧法，财赂衰耗而不赡。"那些歌颂刘彻的人，也没有看到他因为冷酷和褊狭，扼杀了多少人才，甚至剥夺了多少杰出人物的生命，例如，李广一家，三代名将，却都毁于刘彻之手：李广不被赏识，未尽其能，兵败自杀；李敢又被霍去病射杀，刘彻却为"方贵幸"的霍去病遮掩罪行，编了"鹿触杀之"的谎言；李陵之败降，刘彻亦难逃其责——若不是他出于私心，偏护李广利，屈抑李陵，结局断断然不会如此。甚至魏其侯与武安侯因睚眦之怨而两败俱伤，刘彻也要承担主要责任——他在“廷辩”时的低能表现和首鼠两端，正是造成这一悲剧的根本原因。如此者多矣，岂能一一。

关于刘彻，唐人马周作过一针见血的评价：“孝武帝虽穷奢极欲，而承文景遗德，故人心不动。向使高祖之后，即有武帝，天下必不能全。”（《旧唐书》卷七四《马周传》）对这样浅薄无德的“今上”，司马迁自然是不满意的，甚至是鄙夷的，因为，他在《五帝本纪》里，完整地表述了自己评价伟大君主的标准，如尧帝，“其仁如天，其知如神。就之如日，望之如云。富而不骄，贵而不舒。……能明驯德，以亲九族。九族既睦，便章百姓。百姓昭明，和合万国。”而汉武帝离尧帝的境界，实在是太远了。李长之说，“汉武帝在许多点上，似乎是司马迁的敌人，抑且是司马迁所瞧不起，而玩弄于狡猾的笔墨之上的人”（李长之：《司马迁的人格与风格》，第18页）。他说对了。司马迁的确是含着极大的失望和不满来写汉武帝的。他不仅写出了刘彻道德和心智上的残缺，而且还揭示出了中国所有暴君的本质。难怪清代的杨琪光读了《外戚世家》，要如此赞美司马迁的写作勇气：“读此篇，汉宫闱不堪数矣。《史》、《汉》皆为直笔之，皆若无为忌讳，汉法虽严，其如彼何哉！班氏从后书之，犹可无畏；史公竟指摘并世事，直哉！铁笔如山，难为动摇矣。”（杨琪光：《汉史求是》卷九《外戚世家》）

敢向权力说真话，敢批皇帝之逆鳞，司马迁的无所畏惧的伟大叙事，仿佛高高的航标灯，历两千多年而不灭，成为引领中国文学写作的伟大力量。司马迁的永恒的光荣，就来自于这种正直而勇敢的良史精神和文学精神。从人格气度和人文精神上看，司马迁完全可以说是一个生活在古代的现代知识分子，甚至可以说是一个生活在中国的世界知识分子——他的博大的人道情怀，他的伟大的文化抱负，他的深邃的历史眼光，他的坚定的求真热情，他的成熟的理性精神，他的不羁的自由意志，他的傲岸的独立人格，他的豪迈的侠骨义胆，即使在二十一世纪的今天，依然是令人高山仰止的伟大典范。

写作《史记》的司马迁，正像黄履翁所说的那样，始终“如天马骏足，步骤不凡，不肯稍就笼络”。一个作家如果只想轻轻松松地写作，只想写一些媚悦时代和市场的作品，那就无话可说；如果他还有更大的抱负，还想写出有正义感、有生命力的作品，那他就应该像司马迁那样“不肯稍就笼络”——即使没有他敢批皇帝逆鳞的勇气，至少也要在权力面前保持基本的人格尊严，或者，至少不能低三下四地对暴君“心怀感激”，更不能卑躬屈膝地对他大唱赞歌。至于错把他乡当故乡，将“大秦帝国”当做“高端文明”的样板，或者，把“大清帝国”当做道德隆盛的典范，那就简直近乎文化犯罪，因为，这，不仅意味着对真相的可怕无知，而且意味着对良心的严重背叛。

2011年2月7日，再改于北京平西府

聂华桐：为学术而学术

◎姜 晓 采访　张静芳 整理

聂华桐，一九三五年生于武汉。童年颠沛流离，十三岁时随家人迁至台湾。一九五七年从台湾大学物理系毕业，考入哈佛大学。一九六六年获博士学位，即被杨振宁相中，进入纽约州立大学石溪分校从事理论物理研究，此后两人合作共事长达三十余年。一九九七年，清华大学高等研究中心成立，在杨振宁、王大中的邀请下，六十二岁的聂华桐辞去纽约州立大学、香港科技大学的教职，只身来到北京，出任清华高等研究中心主任。

"你们先找到清华大礼堂，我们楼就在大礼堂的西南方向，我在门口等你们！"

电话中传来一个年轻而亲切的声音，很难将此与一位七十多岁的著名物理学家联系在一起。不一会，见到清瘦的聂华桐先生，站在一座红砖小楼的黄铜大门前，笑容温和。聂先生主持的清华大学高等研究中心，就位于这座有着近百年历史的三层小楼中。

这是二〇〇八年六月二十二日，就在这座小楼里，聂华桐先生接受了我的访谈——

姜　晓（以下简称姜）：您从纽约到香港，帮助筹组香港科大，又从香港到北京组织建立清华高等研究中心，虽然您在自我介绍中从来都是一笔带过，但我知道这个过程很不容易。这么些年，您心里是怎么想的？请不要一句话回答我，讲讲您内心的想法，一句话的回答我已经知道了。

(笑)

聂华桐（以下简称聂）：我是怎么说的？

姜："为中国做点事情。"

聂：老套了是吧？(笑)但那是真的。假如回到国内能做一点事情，当然是很好的。假如我们这个研究中心最后能成为在世界上站得住的一个学术机构，那也算真正做了一点事情。

姜：您在这里做的其实是"开荒牛"的工作，这比进入一个成熟的机构要辛苦得多，而且您毕竟到了这个年龄，重新开始"创业"，您是怎么想的，一点思想斗争都没有吗？

聂：好像没有唉。(笑)很自然的。

姜：我知道香港大学的薪水跟内地的差距有多大，我也知道您在香港的退休金有多高；而且，您已是祖父辈的人了，可这十几年只您一个人在这里……

聂：钱基本上够用就好了，生活很简单，自己都可料理。

姜：过了六十，重做"开荒牛"，尤其是此时此地，是不是更多的需要理想和勇气。

聂：过了六十岁，觉得人生已经很短了，何必在乎那么一点钱呢？年轻的时候也许不这样想，现在年纪大了，至少在这一点上可以洒脱一些。我现在就是尽量去做一些自己还能做的、自己喜欢做的事情，最后能做成什么样子，我也管不了。

姜：难度很大？

聂：我当然会尽量去做。但是我感觉，中国现在整个学术文化是不对劲的，这跟中国的历史文化有关系，跟现在中国的国情当然也有关系，太功利。为什么中国的科学始终不发达，我想是有很深的原因的。中国人做学问，不是为了做学问而做学问，总有一个现实的目的，一个功利的目的。我不是说功利一定不好，可它有它的局限性。我感觉，中国传统做学问和希腊传统做学问的精神是不一样的。

姜：是怎样的不同？

聂：其实这个问题我也一直在思考当中，我对中国的了解恐怕也是不够的。回国后，有时候翻一些书，比如看看冯友兰、张岱年的书，对中国哲学至少比以前了解多一些了。我感觉中国的传统哲学跟西方做科学的精神是很不相合的，比如中国人说"天人合一"，自然和人是合一的，把"人"投射到"自然"里去，而不是把两者分开、为了研究自然而研究自然。还有"真善合一"，中国传统认为善的才是真的，可其实"善"是社会性的，是人为的。中国人不注重知识论，重了悟、顿悟。所有这些就反映出，从深层次来讲，中国人对科学的态度跟西方人不同。这是第一。

第二，中国儒家是很入世、很现实的，做所有事情都要对人有用处，对社会有用处。我不是说它不好，它对中国社会的发展起了很大的作用，但它不适合追求学问，尤其是科学研究。

另外，中国传统把科学和技术也混在一起。其实，科学和技术从精神上来讲完全是两回事，理念完全不一样。科学追求的是对自然，包括对人的探索，至于这些认识有没有现实作用，科学是不管的。你看那些得诺贝尔奖的科学成果，对社会、对人类有什么实际用处呢？大多数都不是当时直接有用的。

姜：有对人类发展没有用的吗？

聂：多数恐怕是偶然的。在科学研究的范畴内，很多学问可能对人类有用，也可能对人类毫无用处，即使后来有用，也是偶然的。杨振宁和李政道发现宇称不守恒，对人类有用处吗？五十几年了，至少到现在还没有。

姜：如果这样的话，科学有意义吗？

聂：那你说，做诗有什么意义？画画又有什么意义？了解自然界本身就是意义啊。

姜：我还是觉得从长远来说那些是有意义的。

聂：你看，连你也这么想……即使没有实用意义，科学也应该研究啊，这是做学术的最本质的东西。

姜：但我确实是那么想的，因为我们就是在批判"为学术而学术"的氛围中成长起来的。

聂：一些世界一流的大学，比如哈佛大学、芝加哥大学，是没有工学院的。它们标榜追求知识，而不是追求应用。但如果我们返回去看古希腊的话，它实际上也走了极端，凡是有功利目标的，他们都认为不是学术。

姜：那么应用科学呢？

聂：应用科学有实用目的，是为了对人有用处，当然非常重要，只是和纯粹科学的精神不一样。中国人真的很聪明，因为很实际，将来在技术方面一定没有问题，但是对于科学，我并不乐观，因为认为它没有用。其实艺术跟科学有相似之处。我很喜欢吴冠中的画，也喜欢他的散文和小品。他也讲到，以前艺术要有主题，要为社会服务，但现在他画画的心境跟做科学是一样的，就是为了艺术而艺术，不是为了有用而艺术。真正伟大的科学家，像牛顿、爱因斯坦，也一定是这样的。

中国现在确实越来越富有，但是要真正上升到另外一个层次，一定要有一流的大学、一流的人才，这还需要很长时间。中国现在需要有一批真正为求知识而上学、而做学问的人。现在不知道有多少人想做比尔·盖茨，我碰到不少孩子都在犹豫：是要去做科学家，还是去做比尔·盖茨？其实这很滑稽，比尔·盖茨不是任何人都能做的，也不是能培养出来的，那是在一种环境里面自然地冒出来的。

姜：现在中国也还是有一些人，一心一意、甘愿清贫地在做学问。

聂：你讲这话的时候就已经认为这是一种付出了，这就不行，你懂我的意思吧？有些人根本不在意这个，他是自然地进去了。

姜：是。痴迷地进入，那就是他的幸福世界。

聂：这就是个人的价值观吧。有些人觉得做学问很快活，不见得瞧得起那些有钱的人。如果相当多的聪明人有这种心态就好了。

姜：这是一种没有算计不求功利的

境界。

聂:我们中心成立的那一年,清华开设了一个基础科学班,进来的同学都非常优秀。现在第一届已经毕业好几年了,其中有一个同学到我们研究中心来了,做得非常好。上次我问他,基科班第一届六十个人,现在有多少人还在继续做学术性的工作?他想了想说,大概有百分之十吧。也就是说,只有不到十个人还在做学术性工作,其他人都赚钱去了。当然,如果这些人在其他行业做得很好,那也是贡献。

姜:真正做学问的确实很少。

聂:第二届基科班有两位同学后来到我们中心做研究生,两个人都非常优秀,去年博士毕业后马上就被国外的大学抢去了,一个去了斯坦福,另一个去了麻省理工。我们现在找人很不容易。基本上六十岁以上的我们就不考虑了,人到一定年纪后,特别是在物理学领域,基本上都是只能做老问题,很难做到新的领域去,所以我们最想找的是四十几岁的人。在这个领域,国际上做得好的也就只有几个人,而且我们还一定要找华裔,非华裔不现实,不可能长期在这边工作。这几个人当中有好几位表示愿意回国,而且回国的话就一定到我们中心来,可是因为家庭等缘故一时都不能回来,这是可以理解的。所以我们现在想再往下找,找更年轻的,像我刚才提到的去国外的那两位,真的很好,到处都在抢他们。到斯坦福去的那位,可能是那一行里最近二十年出来的最好的年轻学者,我们希望能把他请回来做教授,但是他已经被斯坦福留下来任教了,虽然很可惜,但我们还是很高兴,从中国培养出来的博士研究生,能在美国一流大学任教,物理学界他是第一人。

姜:你们如果能把这些人请回来,科研条件应该是跟国外一样吧?

聂:我刚才讲的这几位都不是北京人,也不是上海人,都来自比较偏远的地方,这些人反而能静下心来做学问,北京、上海的学生总体来说比较浮躁。另外呢,这些在国外念过书、工作过一段时间的学者,除了专业上的长处之外,他们在做学术的心态上,在好与坏的判断上,和长期待在国内的人确实不太一样。

姜:这个心态很重要。

聂:如果真正为了钱,是不会进学术界的。美国学术界的工资,在我们这儿看好像很高,但在那个社会来讲一点都不高。做教授顶多一年十几万,特别优秀的当然二三十万也有,但极少。你如果去干别的行当,做律师,做医生,或者到华尔街去,比这挣钱多得多,所以很多人会往那些方向走。可是真正选择到学校做学问的人,他们一定不是为了钱。

姜:我在中国也接触到一些学者,住在小小的房子里,埋头做学问,什么都不考虑。但是现在的学术界、教育界,这样的人已经太稀有了。

聂:不过我自己感觉到,这十年变化还是挺大的。比如我刚才讲的"为学术而学术",十年前在清华是不可能被接受的。当时清华校内的一个刊物《新清华》来采

聂华桐在工作　李 旭 摄影

访我，我说清华要变成一流学校还要二三十年，她说这话能不能不讲，否则学校不好跟教育部要钱。但是现在，我觉得整个清华对学术的态度跟十年前有很大的改变。许多校领导们都去国外的一流大学看过，温总理他们也在关注为什么中国出不了一流大学，许多人都在思考这个问题，大学里面的情形也慢慢在变。所以我想，我们这个为学术而学术的中心如果真正能在中国办好起来，还是一件很好的事情。

姜：你们中心的基本理念就是“为学术而学术”？方向目标是什么？

聂：我们希望把这个中心办成一个中国的“普林斯顿高等研究院”，做一流学术工作，建立一流的学术传统，在世界上的学术界占一席之地。

姜：您在这边除了负责整个中心的运作以外，自己还做研究吗？

聂：如果有感兴趣的题目也会继续去做，但年纪大了，有自知之明，我现在最主要的工作还是物色人，再就是树立一个学术传统。到目前为止，原有的研究员都没有留下来，三位转到物理系去做教授了，还有到人民大学、北师大的，一共出去了七八个。

姜：不留的概念就是您认为他们……

聂：中心的设想是少数固定性的成员、多数流动性的研究人员，对固定性的成员，要求是比较高的。这也是普林斯顿高等研究院的做法。

姜：不留其实比招人更难。

聂：对，你说得完全对。不过学校还是很支持我们，比如有人就告到校长那里去了，校长不理睬，由中心自己决定。

姜：除了找人，是不是还得找钱？

聂：钱也得要找啊。主要是靠杨振宁先生，杨先生前前后后从外面募到了差不多一千万美元，现在这一千万美元都摆在外面做投资，应该会增长的。这笔钱就是我们中心最大的保障了，比如那时候请姚期智来，我们就跟他说，能给他在普林斯顿一样的薪水。那之前，我们跟校方并没有打过招呼。因为我们不靠政府的钱，不靠清华的钱，我们有基金会，有那笔钱，所以在这方面我们是比较自由的，比较容易请到最好的学者。姚期智到清华来了之后，结果还是由学校设法解决了薪水的问题。

姜：现在好像复旦等大学也在成立高等研究院。

聂：其实最重要的还是看怎么做，比如香港大学前几年也成立了高等研究院，我那边很多朋友跟我谈起这个事。像朱经武他们办的高等研究院,跟我们的想法完全不一样。

姜:他们是怎么做的?

聂:他们找过一些社会上很有名气的人,比如李开复、张亚勤。

姜:你们找的是做学问的人,比如姚期智。姚期智本来是招博士研究生的,他后来为什么决定去教本科呢?

聂:是这样的,他原来在普林斯顿大学教书嘛,当然那边也有中国去的留学生。在中国,计算机学科最好的是清华的计算机系,但是他发现,到他那里去念研究生的清华计算机系的本科生,很多最基本、最重要的东西刚开始都不知道。当然这边的学生真的是非常聪明,所以他觉得要从本科生开始培养起。

姜:为了打下更好的基础。

聂:这个其实是很费力的。他开一个本科生班,从二年级开始每年选三十个人,他自己也教,也从国外请了些其他老师来教,教的很多是原来这边没有的课程,但恰恰又是最基础的课程。这边就是为了应用,做一些马上有用的事情,里面的学问不去研究。现在校领导们恐怕也都慢慢认识到我好多年前讲过的,中国大学的理科——文科你们更有发言权——理科虽然不如国外,但还可以去找这个差距,比如人家也许是一流,我们这边是三流;但是工科跟国外根本没办法比啊。

姜:差得那么远?

聂:研究的内容和对象就不一样。

姜:是思路不一样,还是课程设置不一样?

聂:这边还停留在工程的具体应用阶段,而不是在研究学问,工科里面也有基础性的学问。

姜:所以您一再强调基础科学研究,就是为了要解决这个问题,使我们的研究水平扎扎实实地从基础做起?

聂:所谓基础并不见得是从一二三开始,而是指对一个学科最深层次的、最重要的一些道理的理解。

姜:那还是课程设置的问题啊,他们都不知道什么是这个学科最重要的东西?

聂:恐怕他们知道,但第一他们顾不及……

姜:什么叫顾不及?

聂:大家都争着做项目去了。现在工科的人最主要的就是争取项目啊,有了项目才有资金、房子,你才能提成啊。能争取到大项目就可以很富有,现在清华校园里也有很多开宝马的。

姜:现在很多研究生都管自己的导师叫"老板"。

聂:对啊,学生成了打工仔了,为"老板"做项目。

姜:如果把最基础、最深层次的问题纳入课程设置当中,是不是就能解决一些问题?

聂:但是还有一个问题,就是这些人不一定教得了。如果你一天到晚关注的不是学术,怎么教得了呢?而且这个问题也不是一两个校长就能解决的,还得靠学科内的人来掌握。所以讲来讲去,其实就是中国缺少一个学术传统。任何一所好的大学,都是经过很多年的累积、转变,慢慢演进过来的。

姜:所以您一直强调要树立一个学术传统。可是老清华、西南联大这些都很好啊。

聂:我知道,可是完全断掉了。像西南联大,在那么清贫的环境下,它还是有追求学术的精神,有那么一种风气,一种人文精神。但是现在,大多数人都在为钱在挣扎。

姜:这就不是一个学校的问题了,而是整个社会的风气。

聂:我们是不是把话题扯得太远了?(笑)你不是要谈"活法"吗?这样讲下去的话,我们恐怕就"活"不了啦。

姜:哈哈……不过所谓"活法",也是一个人生观、价值观的问题。您一生所做的事业,您的有所取、有所舍,基本上就是贯彻您刚才谈到的这种价值观,包括对学术的态度,而且这些问题对现在的中国来说太重要了,大家也都在讨论。

聂:比如你现在做的中国文化论坛。

姜:对,我们也有关注和讨论。

聂:我参加了第一届论坛嘛,其实我对那个主调是不太赞成的,如果纯粹只是返回中国传统的人文精神,对中国现在这个社会的发展来说是不够的。

姜:单纯的返回当然不行,传统还需要有一个创造性的转化,这是林毓生的观点,我觉得有道理。但什么是东方传统文化的核心价值,以及如何转化,都是值得讨论并应为大家关注的问题。

聂:在西方文化的背后,宗教是一个很重要的因素,它告诉那个社会什么是好的,什么是善的,什么是对的,这起了很大的作用。

而儒家更注重稳定,更功利,更现实。基督教是相信有一个上帝的,那代表自然,人是恶的,都有原罪,所以世上的人要互相监督。

姜:所以要有法律,而儒家是讲"性本善",什么都可以协调、商量,所以中国的法制从来都是不严格的。

聂:美国这个社会确实有它的长处。在二十世纪八十年代,日本的技术掌握得很好,很多东西它可以比美国做得更好,而且更廉价,有一阵子美国对日本恐慌得不得了。可是后来,很多新的东西都是从美国出来的,而且也不是从传统的大公司出来的,都是从小家小户开始,突然冒出来的,靠的就是不断创新。在中国现有的制度下,创新真的很难,尤其是国营企业。如果做事情只考虑怎么样保险,怎么样能马上看到效益、产值,那就不可能有创新,也就不可能有长远的发展。

不过我还是觉得,中国现在能走到这一步真是很不容易。我以前在国外的时候,碰到来美国念书的同学,就跟他们讲,将来中国一定会起来的,你们其实不一定要长期留在美国,回去会有很多机会。但我还是没想到中国会发展得这么快,从财富的累积和建设的速度来讲,这一二十年完全超乎我的想象。

姜：但是这么快速的发展，带来的问题也很多。尤其一个社会如一切以钱为中心，什么都可以用钱买来，那会很可怕。

聂：速度还不是关键，即使速度慢一点，问题也不见得会少，我觉得还是人文价值取向的问题，这就牵涉到整个社会的方方面面了。

姜：首先，可能还是人文教育的缺失，你认为这些问题该如何改进？

聂：说实话，我不知道怎么解决，可能只有慢慢去调整。人文教育的问题，我想这还不完全是大学、中学或小学的问题，家庭其实更重要，父母对孩子的影响是最大的。要想社会慢慢转变，首先每个家庭都要有转变，假如父母很功利、很糟糕，孩子怎么可能好呢？在这方面，我想你们，尤其是媒体，能发挥的力量还是很大的，要使整个社会的价值观慢慢改变。而我们这边呢，我上次跟你说过，其实就像一座孤岛，我也不去管外面的纷扰，应该怎么做就怎么做。

姜：坚守为学术而学术。我相信社会的进步和改变，需要像您这样，每个人从自己做起。总的体制、教育、社会价值的改变，也需要每个人去坚守和推动。谢谢您的坚持和贡献。

补白

十五年后的“回信”

经常有人在微博上给郑渊洁留言：“我小时候给你写过信。”因为看到太多这样的留言，郑渊洁专门到放读者来信的房子里去看这些信，百感交集，就想通过微博找出几位当年写过信的小读者。郑渊洁在微博中写道：“一九九五年六月十五日，我收到湖南省湘潭市雨湖区云塘小学六(1)班章懿哲同学的来信。这封信同我收到的所有十余万封读者来信一样，被我珍藏到今天。现在我随机抽出这封信，请大家通过转发帮助我找到他。希望奇迹出现。‘围脖’无所不能。”微博发出仅六分钟，网友便搜索出深圳某报社有一位名叫章懿哲的编辑。随后，又有网友找到了章懿哲的电话。在网友的牵线搭桥下，章懿哲和郑渊洁很快在微博上确认了身份。

章懿哲小时候给郑渊洁不止一次写过信，但从来没有收到过回信。没想到十五年之后，“回信”却以这种特殊的方式来临了。郑渊洁也没想到，随意拿出一封十五年前的读者来信，在博友的帮助下竟然不到一个小时就找到了，让他不得不感叹微博力量的强大。

话说西门大官人

◎陈东有

《金瓶梅词话》中的第一号角色西门庆——书中常称“西门大官人”，是个名声很不好的人物。以前常被批为“流氓、恶霸、市侩”，等等，后来由研究者立起另一评价为“中国十六七世纪的新兴资产者”。前批是从道德角度，后评是从社会经济角度，因而曾经争议过一阵子。近来听说有某地为当地招商引资、发展经济，苦于名声不响，又实在找不到“名闻遐迩”者，于是力争西门庆的“籍贯”“地望”，好让这位当年小说中的“大官人”为“家乡”招财进宝，至于道德的好坏就管不了那么多了。对西门庆的这些批判和评价，反映出不同层次的看法，不同的时代的观点。

“西门大官人”其实是中国文化现象中一个既有特殊意义(个性)、又有一般意义(共性)的人物，无论人们怎样去评价《金瓶梅词话》的创作特色，是现实主义的，还是自然主义的，都旨在说明作品和西门庆这个人物具有很深刻的真实性和很广泛的现实性。西门庆从继承父业做生药买卖开始，由于极善经营又勾通官员，巴结权贵，在地方上颇有名气与霸气，加上意外升官得职，而且做的是地方上极具权势的“从五品”、“五品”“提刑”长官，所以官场亨通，商场受益，官商互动，权利双收。他风流倜傥，极善博得妇女的好感，家中一妻五妾，又占仆妇丫环，常去妓院窠子，约与二十几位妇女有性关系。他还有一伙“兄弟”，常在一起吃喝嫖赌。西门庆的一生三十多年，虽有一些坎坷，但总的来说一路顺利，春风得意。若不是自己纵欲过极，西门庆一生会做更大的生意、更高的官员。纵欲使他过早地结束自己的生命，他在自己的人生如日中天之时倒在为自己挖好的坟墓里。

在欧洲的经济社会发展过程中，资产阶级承当了封建社会的掘墓人角色。中国社会没有这样的过程。如果说西门庆是一种新兴的资产者，那我们可以发现，他与中国传统王权相处得十分和谐。他在自己的财富消费和积累过程中，为了解决王权对自己的威慑，常用大量的财富去巴结官员和利用官员，至于仕途本不是他的主动作为，而是意外收获。当官之后，也从未去想过要更高的官位和更多的权力，甚至在政治上很不成熟，竟然走漏官场信息，让主子们好不尴尬，更不要说会组织什么力量来壮大自己的政治力量，哪天将皇帝老儿取而代之。他真正想要做并努力去做好的就是现有的身份和蔡京的“干儿子”。这“干儿子”太形象地表现出明中晚期新兴资产者与传统王权的关系了。“干儿子”用厚礼孝敬“干老子”，“干老子”对“干儿子”非常关照，相处就是一家子。如果西门庆不是自己纵欲而死，他会在王权专制的统治下过得很好，会有更大的发展。西门庆并没有牺牲在新兴资产者与王权斗争的过程中，这是缺憾；而是死在自己纵欲的床上，这是必然。无独有偶，与《金瓶梅词话》成书时间差不多，明末小说家江盈科有一篇寓言小说，后来被马南邨（邓拓）先生用进他的《燕山夜话》中，取题为“一个鸡蛋的家当”：有一市民，十分贫穷，朝不谋夕。有一天，他拾得一个鸡蛋，高兴地告诉他的妻子：“我有家当了。”妻子问家当何在。他拿起鸡蛋给她看，说道：“我拿这个鸡蛋，趁邻居的母鸡孵小鸡时放进去，等到小鸡出来，从中挑一只小母鸡。小母鸡可以生蛋，一个月就有十五只小鸡。两年之内，鸡又生鸡，可得鸡三百，拿到市场上换得到十两银子。我用这十两银子买五头小母牛，母牛生小牛，三年可得二十五头牛。牛又生牛，再过三年，是一百五十头牛，可卖三百两银子。我又用这笔钱去放债，三年之内可收回五百两银子。”此人越说越得意，竟顺口说出富起来后打算娶一房妾。这下激起妻子的“怫然大怒，以手击鸡卵，碎之”。这位极善盘算的市民可称得上精明的从商者。他坚持了以钱生钱的原则，而且尽可能地以投机取巧和自己的勤奋来实现自己的理想。不过，他的理想是为了自己享受不该有的欲望，结果实现不了。这就不仅把当时从商者致富的终极目标暴露无遗，更是把当时资产者的精神世界揭示得淋漓尽致，此市民与西门庆的所思、所欲、所作、所为如出一辙。从商者、资产者以追求个人无穷欲望作为自己行为的最高目标，结果却以悲剧告终。

《金瓶梅词话》的作者面对着的世界不仅是一个由于传统理性压抑而扭曲了人性的现实，更是一个由于经济发展而膨胀了的欲望发泄的现实，传统的伦理秩序受到了冲击，传统的道德规范正在失去曾有过的约束人心、人行的巨大力量。小说中有大量的道德说教，特别是以西门庆为

《金瓶梅》插图

批判对象的道德说教，这些说教当然具有当时的时代特征，是通俗的、大众的，也有一些是落后的、消极的。所谓的时代特征，就是作者的道德说教既不可能以宋代理学作为标准，也不可能照搬明代官方理学的文本，采用的是民众层次的理学、民间宗教和人们所能接受的关于生命和欲望之间关系的辩证说法，反贪酒、贪色、贪财、使气以节欲，节欲以保身，以达到生命与欲望的和谐。这些道德说教，特别是以西门庆作为现身说法的道德说教，大都又是以中国哲学的传统命题作为自己的基础。所以，我们看到，《金瓶梅词话》中的道德说教思想基础中的哲学命题作为一种经历了长时期积累的文化思考，对今天仍不失其重要的启迪价值。《金瓶梅词话》成为传世杰作，不仅在于它对中国十六、十七世纪社会世情作了真实的反映，不仅在于它对当时新兴的资产者作了十分真实的描写，也在于它以小说的方式讨论了一种对人自身来说具有普遍意义的哲学难题，在于它对这个难题的解释具有一种超越时空的普遍意义。它的说教目的不仅在于维系或弥补或重建被经济社会冲击了的传统伦理道德体系，也在于关注人，关注人自身的命运。所以，这部作品才会具有超越时空的美学魅力和哲学内涵。

人与自然之间关系和谐地发展，是人类社会永恒的哲学命题。人与自然的和谐，不仅是人与动物世界、植物世界，与山地河流、海洋极地之间符合自然规律的共生共存，也是社会的人与自然的人、精神的人与欲望的人之间合乎规律的生存与发展。人本身就有自然属性，人就是自然中的一员，无论是谁，都不可能生就一副可以承受任何欲望摧残的金刚之身，人的肉体的形成、成长、死亡，是自然的规律。人不仅生命有涯，而且肉体的承受力也有限。人的欲望则是意识活动，不仅无涯，而且会不断膨胀。以有限的自然生命之体去追逐无限的欲望追求，必然超越肉体承受的极限导致肉体的崩溃。若要阻止这种崩溃，就必须把无限的欲望追求限制为有限的欲望实现。人应该通过自己的理智控制自己超越自然之体承受限度的欲求行为，实现良好的健康生存。

生命与欲望之间关系的合理性，就是合乎自然规律性，尤其是在一种束缚人的自由发展、完全扼杀人的自然欲求的时代行将结束，而新的伦理道德尚未成熟之时，人的欲望在财富与权力的支持下，很有可能而且在某些人身上会无忌无惮地喷涌出来，人与自然和谐的命题就更为重要，肯定人的生活欲求与自然生命的和谐就具有了现实的意义。四百年前的明代社会，不可能有我们今天这样对人与自然和谐发展深刻的认识，但是人自身对欲望节制的思想却已经有了上千年的历史。《金瓶梅词话》道德说教提出来的问题和对人们的告诫，正是在阐释自然的人与社会的人之间应有的和谐关系，尽管书中的节欲观带有浓厚的传统道德色彩，但节欲并不是禁欲，道德说教不等于扼杀人的天性。我们不否认明清时期以官方理学为武器的道德说教对人的生存与发展的束缚，具有压抑人性解放和个性发展的弊病，但是针对一个在金钱、权力和肉欲的支配下人可以失去理性的时代，不能把人应有的自我约束和社会应有的理性都看作是“封建的枷锁”。

批西门庆毒害人命、占人妻女、腐蚀官吏、贪财枉法，还是属于表层次的道德批判，深层次的批判在于他的自毁，他那难以抑制的纵欲在破坏社会伦理的同时，也在消耗他自己。他要求胡僧给他那百十粒春药丸颇具象征意义，如同他以肉体生命为赌注的筹码，也如同他的肉体所能承受的限量，以纵欲来消耗自己生命限量的赌博，每一次肉体与精神的快感实质上都是损耗与失败，用去一粒春药，就是失去一个筹码，减去一个定量，春药用得越快，失去也就越快，最后必然药尽命丧。从王六儿家回来，纵欲已极、酒醉已深的西门庆被人送进潘金莲的房间，实际上就是被送进了道德裁判所。潘金莲为了满足自己饥渴的性欲，不顾一切，竟然把剩下的几粒药丸像倒豆子一样灌进西门庆嘴里，就是给他作了死刑终审。作者为了强调人体承受能力的有限性，也是为了起到道德说教的作用，对西门庆临死时的惨状作了突出的渲染，十分令人恐惧，这是全书十分重要的情节。有意思的是，潘金莲是西门庆“偷”来的，是西门庆的“宠妇”之一，也是小说道德说教批判的重点对象。然而，潘金莲又是西门庆纵欲而亡的 “死刑”执行者，西门庆最后“被纵欲”的潘金莲房间

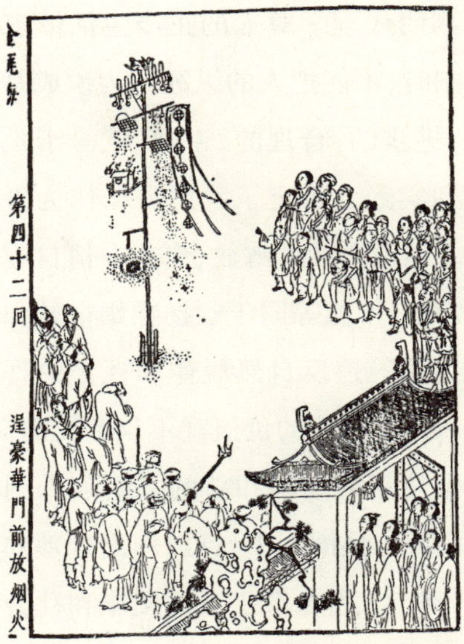

《金瓶梅》插图

也就成了“道德裁判所”了。看起来挺滑稽幽默，实质上很严肃深刻，西门大官人是自己葬送了自己。

我们在这里讨论的并不是西门庆之死是不是恶报和这种恶报是革命还是保守，是进步还是退步，也不是西门庆得的是什么病，而是认识并肯定西门庆的死对生命与欲望关系作出的合理的解释。这种解释在“封建社会”和“封建社会”前前后后，在西门庆、东门庆、南门庆、北门庆身上都是合乎事物普遍规律性的，也就具有了普遍和积极意义。

把《金瓶梅词话》对西门庆形象塑造的意义再向前引伸一步：强调享受生活的权利，是现代观念，以此观念去批判中世纪西方的禁欲主义和东方的以维系天命纲常为目的的明代禁欲理学是对的、进步的。但即使在现代社会，享受生活的权利也并不等于无节制的纵欲。恰恰相反，享受生活更重在对生命的珍视。因此，我们

在批判明代理学对人的正当生活欲求无情遏制时，不能把人的纵欲行为说成是积极的、进步的、合理的，否则，就等于是从理论到实践上否定了我们自己作为人的价值。强调个性的解放，褒扬爱情自由和婚姻幸福，不能等同于颂扬嫖娼宿妓和一夫多妻等等违反自然规律和社会伦理的行为，否则，悖论的价值观不仅毫无意义，而且会使新的文学和新的文明陷入到一个新的否定怪圈之中，难以作出合理的解释，不利于人自身合乎自然规律和社会规律的发展。

再进一步说，权力、金钱、地位、势力都不能成为所有者无限制地去追逐或放纵自己欲望的权利和条件，否则，这些本来应该有益于社会的东西就会异化成毁灭纵欲者自身同时也祸害社会的毒药和利剑。拥有权力、金钱、地位和势力者，应该清醒地意识到这些东西是怎么来的，应该清醒地意识到这些东西既可能成为有利于自己的条件也可能对自己造成伤害，应该有更自觉的自制力，为此也就应该有更为崇高的信仰和精神追求。从因果报应来说，西门庆，还有所有同样下场的同类人物，他们的悲剧是必然的，是报应。但从社会发展来说，他们的结局让人遗憾，是一种历史力量的毁灭。也许西门庆在这块土地上生下来就是一个欲种，他所有的信仰除了金钱和女色，没有别的，他自己的经历让他信服金钱是最有力量的东西，权力、地位、势力也是从金钱中来。在他所遇到的王侯高官中，没有不被他的金钱所征服的；在他所要做的事情中，没有金钱不能摆平的；在他所占有的女人中，大多数都是与金钱有关，少数则是为了别的目的，而这些目的的实现，又非金钱不可。对金钱和女色的这种追逐、放纵，结果把自己也异化了，连用金钱做善事也变成了这种善事可以让自己更大胆地纵欲，竟然敢说出"咱闻那佛祖西天，也止不过要黄金铺地；阴司十殿，也要些楮镪营求。咱只消尽这家私广为善事，就使强奸了嫦娥，和奸了织女，拐了许飞琼，盗了西王母的女儿，也不减我泼天富贵"。所以西门庆这类的新兴资产者们信仰不了宗教，也没有崇高的精神追求。没有了宗教信仰，也没有崇高的精神追求，剩下的只是赤裸裸的金钱欲望和毫无节制的女色追求，中年而夭，也就是一种必然了。如此的新兴资产者当然担当不了推动历史前进的使命。

指责《金瓶梅词话》中的西门庆没有多大的意义，而批判他的意义在于他对今天的我们有很大的意义。

2011年1月28日

（此文是作者为所著《金瓶梅/西门大官人》一书所写序言。本书发表时作者作了删改）

灰娃，“八路军公主”的故事

◎朱鸿召

十二岁参加革命，八年延安生活把她塑造成一个纯真的革命理想主义者。

二十二岁进北京，后革命时代极度的心理焦虑，使她两次精神分裂。

五十二岁之前，诗歌挽救了她的生命；六十二岁之后，她用生命拯救了中国诗歌。风姿独具的诗歌创作，升华了生命，超越了革命，作为一个革命理想主义者的三次蜕变，使她的出现成为二十世纪中国文学史上继“郭沫若现象”、“何其芳现象”后，又一值得关注的“灰娃现象”。

参加革命，从“灰娃”到“八路军公主”

延安，对于灰娃来说，那是一段曾经天堂般的岁月。

一九三九年初，春寒料峭，十二岁的赵翠娥由早已参加革命队伍的姐姐、表姐安排，从西安来到中共中央青年工作委员会（简称“中央青委”）领导的安吴堡战时青年训练班（简称“安吴青训班”）儿童连，经过短暂训练后，进入延安，先后在泽东青年干部学校儿童班、西北青年救国联合会总剧团（简称“西青救总剧团”）附属少年剧团、青年艺术剧院附设儿童艺术学园、陕甘宁晋绥联防军政治部宣传队（简称“联政宣传队”），过着完全集体化的学习生活。革命队伍像个大家庭，生活供给制，衣食无忧，她充满着好奇、憧憬与幻想，觉得革命理想在感召着自己，于是也依照惯例，羞羞涩涩又大模大样地为自己改名为“理召”。从此埋下了一颗革命理想主义的种子。

接受革命理想，信奉革命理想，献身革命理想，相信革命可以改变一切，革命可以创造一切，是谓革命理想主义者。

十二岁的理召，身材瘦小，最小号的

军装穿在身上，仍然是上衣过膝。学校和剧院里的大哥哥大姐姐们看她这么一副可怜可爱的样子，用亲切的陕北话称她为“灰娃”。“这个名字流传西部，其亲切、微妙的涵意，标准国语很难说透。我试谈谈：灰，直意是一种颜色，转意为暗、苦、涩。‘灰娃’，苦命的、令人怜惜、疼爱的小孩。爱称、昵称。有那种意味儿，对被呼者没尽到责任而致使其命运坎坷清苦，一种歉疚味儿的痛惜之情。”直到晚年她依然眷恋着这个带有陕北乡土气息和革命大家庭融融暖意的名字，并引以为自己诗歌作品的署名。

与灰娃这个名字相共生的，是一份火热的集体温情、崇高的革命理想和浪漫的艺术情怀。

单位食堂里的大师傅是一位老红军，牙齿都脱落了，工作一丝不苟，严肃认真。锅底里剩下的小米锅巴，烤干，积攒起来，他自己舍不得吃，留着给灰娃等几个孩子们打尖。在几个孩子当中，瘦弱乖巧的灰娃是最受宠爱的一个。通常是在半下午的时候，老红军爷爷对走过身边的灰娃说，你到厨房看看砧板上面有什么。天真的她兴冲冲地跑过去，发现一爿瓦罐下盖着的是一块红薯或南瓜。灰娃的饭量并不大，一阵惊喜，满心感激之后，她与别的孩子们共同分享了革命大家庭的集体温情。

我初到延安，很多事都不懂，完全换了一套词汇，只是想我们要干一件非常好的、大的事情，我们要作出牺牲，这件事情才能做成功。

我拼命地学习，读初级的政治经济学、共产主义理论，想只要牺牲我们，将来的人生活就好。……我想我好好劳动，美好的那天就能早早到来。每一天醒来，我就觉得对不起党，美好的日子怎么还不来，是我劳动不好。每年都选我作“模范儿童”。

革命理想像灿烂的云霞，在一个童心萌动的孩子面前许诺了通向美好未来的光辉前景。“我还不会思考，觉得每天像过节，兴致很高。直至到了延安之后的好多年，我的状态一直如此。周围大同志爱着我、护着我，一任我这样自由快乐地成长着。”她悉心学习延安话语，真诚接受革命理想。眼前的窑洞与中国的明天，世界的未来息息相关，命运与共。

二战时期整个反法西斯战争的进展情况，在延安都会有强烈反响。为了配合世界范围反法西斯行动，延安的文艺工作者及全体军民经常开大会并且还以活报形式及时反映形势的变化，教育和动员大家，集中意志和步调，以争取胜利。例如在欧洲开辟第二战场，盟军在诺曼底登陆，非洲战况，察里津艰巨的胜利，彼得堡艰难的抵抗，攻克柏林，易北河会师以及同盟国首脑各次会议等等，文艺人都及时编排话剧、尤其是活报剧，迅速反映出这些情况。我们儿童艺术学园的孩子们不但参加这些工作，我们还画了两张地图，一张世界地图，一张中国地图，做了许多小红旗、小黑旗，每天根据战况，移动两种旗子，红旗代表同盟国（中、苏、英、美等国），黑旗代表轴心国（德、日、意等国）。插在地图上的这些红、黑小旗子，使我们对战况一目了然，对反法西斯正义战争的胜利信心坚定不移，也有决心克服种种困难艰险，准备做出牺牲。

物质生活的贫困，不但没有遏止人们的革命热情，反而更加激发起人们的革命理想，用崇高战胜贫困，用浪漫书写豪情。

一九三九年春寒刚过，延安大生产运动就轰轰烈烈地开展起来。比开荒种地的生产劳动更能鼓舞士气、激动人心的，是漫山遍野的劳动歌声。塞克作词，冼星海作曲，由《二月里来》、《酸枣刺》等脍炙人口的歌曲组成的《生产大合唱》，把大生产运动整个儿演绎成了一场以黄土高原为舞台的群众性歌舞运动！开荒种地成为舞蹈，劳动号子变为歌唱，在这片中华民族代代栖息的黄土地上，人们仿佛又感受到了原始公社时代"击石拊石，百兽率舞"的浪漫情景。

在位于文化沟北坡的少年剧团和随后改制的儿童艺术学园生活学习的孩子们，除专职教师外，还经常请来鲁迅艺术学院（简称"鲁艺"）、中华全国文艺界抗敌协会延安分会（简称"文抗"）的专家学者艺术家们来讲授国文、音乐、美术、戏剧、英语、形体训练等课程，也邀请有关领导作政治形势报告。古今中外，人类文明的精华，世界艺术的前卫，都在他们面前尽情展现。这些离开父母，只身来到延安，投身革命队伍的孩子们，与一般干部子弟不同，他们很小的年龄就参加革命，作为幼小的革命者要参加军训、学习、下乡、劳动、宣传、演出等等一系列力所能及的革命活动，被锻炼成能歌善舞的小精灵，人见人爱的红色艺术小明星。

一九四一年十月十九日，少年剧团首演儿童剧《公主旅行记》。胡沙编剧，程云导演，灰娃扮演公主，轻盈活泼、天真烂漫的舞台形象，给人们留下深刻印象。从此，灰娃又获得另外一个美誉："八路军公主"！

当时的延安聚集了中国文化艺术界的一代精英们，延安整风运动之前，是他们共同营造了一个时尚前卫、理想浪漫、高亢热情的革命理想主义的艺术情境。"物质贫困，但精神振奋，又绝对罗曼蒂克；山沟又土又封闭，但文化绝对前卫。这种气氛，古今中外，只有延安。"灰娃记忆里印象最深的是，有很长一段时间，每个星期天的早晨，她们三个孩子还贪睡在文化沟北坡最顶一层最边一个半拉子窑洞里，朦胧中有各种美丽悦耳的鸟鸣声透过粗糙的窑洞门窗传进来，接着又是一阵敲门声。窑门打开，窑洞里一阵欢呼，三个蓬头垢面的小女孩拥抱着窑洞外汹涌而来的阳光和一位穿着麻毡披风的歌唱家，玫瑰色的星期天开始了。这位曾与冼星海、塞克、张仃一起被称为延安鲁艺"四大怪人"之一的杜矢甲，人称阿甲，心无城府，天真浪漫，堪称中国当时最好的男低音歌唱家，总是穿着张仃用麻毡为他设计的披风，从鲁艺所在地的桥儿沟步行十几里来到文化沟，学着各种鸟鸣声，唱着西洋歌剧的曲子，带着灰娃们到延安四周的沟壑山林里，度过野花芬芳的星期天。

还有距离文化沟北坡不远的蓝家坪，是“文抗”所在地。住在这里的作家、诗人、艺术家们，经常把灰娃们接过去。在萧军主持，张仃设计，被艾青称之为“延安摩登”的作家俱乐部里，灰娃们唱歌，演童话剧，跳假面舞，观赏外国现代名画复制品，印象派、野兽派、立体派等等，一应俱全，应有尽有，再听艾青、李又然介绍法国风尚和巴黎艺术家的生活工作情况，萧军用俄语演唱《五月的夜》，张仃演小品《罗密欧与朱丽叶》……有几次月光舞会，人们把白色的被套拆下来，披在肩上裹在身上，仿佛古希腊的英雄们降临黄土地上，延河岸边。

哦　天真烂漫的灵魂 / 记得吗　大风之夜 / 商旅的驼铃在谷底 / 悠悠扬扬　雨点儿草丛上淅沥 / 我们银子般的童音 / 顺着蛮荒山坡　与高原雷声 / 争相滚动

我们也曾　驾着月光 / 游荡河岸上乘着流萤 / 从清凉山蓝家坪 / 兴冲冲奔赴那 / 质朴热烈的晚会歌唱 / 每每赢得暴雨般的 / 掌声满堂

这是一段天堂般的岁月，灰娃的身体发育很晚，灰娃的心灵茁壮成长。“在革命的大家庭里，脱离开了小家庭，生活在集体中，不谙世事。加上我的智力、身体发育迟缓，整体想着些有趣的事，滑冰、游泳、种菜、纺纱、唱歌，到处看看、走走……开会、下乡扫盲、行军、练兵、排练这些事情，对于我都大有兴味。这样，一天天一年年地过下去，每天都有如节日一般快乐。”她在那个时代的艺术良知和民族精英们的呵护怜惜下，避开了物质生活的肉欲享乐，幸免于政治斗争的残酷厮杀，得以沉湎于精神世界的心灵遐想，从而成长为一个纯真的革命理想主义者。

从灰娃到“公主”，她经历了一个革命理想主义者的精神蜕变。

拒绝革命，“我唯有对人类绝望”

一个纯真的革命理想主义者，相信中国革命是世界无产阶级革命的一部分，此次革命是人类最后的斗争，一切美好的生活都将由此诞生。这样纯真的革命理想主义者，在精神气质上必然是人性的，优雅的，纯洁的。“延安的人都是热血青年，心里明澈，理想高远，精神充实，所以气度非凡。”秉持这份纯真的革命理想主义者的精神气质，一九四六年随革命队伍走出延安的灰娃，芳华十九岁，逐渐显示出惊人的美丽，出落成一副俊秀标致的飒爽英姿。

遗憾的是，这份气质，这份美丽，不但没有给她带来幸福，反而遭致向死而生的人生磨难。

延安整风运动前知识分子们理解的革命理想主义，与整风运动后呈现在他们面前的革命理想主义，是有很大出入的。早在整风运动中，中央社会部派驻儿童艺术学园指导整风运动的整风干部，诱导大家坦白特务联络组织。灰娃听别人坦白说路上借火抽烟是传递暗号，自己懵懵懂懂地报告，有一次在山上别人摸过她的头，不知道是否是特务找她联络。整风干部看她瘦弱灰暗的样子，不相信这样的孩子是特务，也就放她一马，让她过关了。但她敏感的心灵有过困惑，为什么鲁艺、文抗那么多老师，多有学问，多有才情，都是好人，却都挨整？“杜矢甲活不下去了，他只有以死求解脱。一天他跳了井，谁知那是一口枯井。他想死而不得，被人弄上来，继续批斗。还说他这是以死向党示威，以死抗拒‘抢救失足者’运动。”还有萧军，气得不吃公粮，带着一家老小跑到乡下去自谋生路。难道这些领导所主张的革命理想主义，是反对文明，仇视人性，拒绝美丽的吗？整风审干抢救运动中，就有整风干部拍着桌子，振振有辞道：长得这么漂亮，她不当特务谁当特务？！好在当时的灰娃还很灰暗，幸运的是抢救运动随即被制止，更大规模的生产运动铺天盖地地掀动起来，抗战胜利，欢欣鼓舞，喜庆的欢乐容不得人们去深刻思索延安天堂之外的空间。

所以，走出延安，今生今世留在她生命记忆里的延安，依然是美好的：

那里是西部高原，自然环境严酷，物质贫乏，战时军事生活，也有短暂的人为风暴。然而许多人抛弃温暖富裕的家庭生活，为追求实现理想去到那里。每当思绪重返那段岁月，友爱、无私、理想、高尚、信念，童年美好回忆总是温暖的活在心头。成人们时时说我“光长个儿不长心”，每天喊我“灰娃”的亲切唤声里，我被呵护、被教导、培育，日复一日成长。一天，人们把我一直梳着的妹妹发式的刘海给梳上去，用我在山坡上捡到的一根天蓝色布条，给我系了一个结，他们说蝴蝶在我头上飞。说我长大了。毕竟，照耀我成长的是理想之梦的光辉，不是别的。我在理想的梦境中成长，全然没有料到长大成人后我会同它如此疏离，就像在荒原里遇到一头无可理喻的怪物。

1942年，阳光下，窑洞前，延安儿童艺术学园的孩子们在上音乐课，黄歌任指挥（前排背向），二排右二是灰娃。

一九四九年进入北京，二十二岁的灰娃发现北京是个大社会，而延安像个大家庭。她不能接受这样的事实，革命胜利了，有的人掌握了政权就急速膨胀起个人的贪欲，高潮迭起的政治运动中有太多的禁忌和约束，以及不受制约监督的政权组织里滋生出的官僚习气。她不能理解这样的悖论，革命胜利了，那个美好的日子不但仍然没有到来，反而社会现实距离革命理想越来越远。加之，她年轻的丈夫不幸牺牲在朝鲜战场。她觉得在城市这个陌生的环境里，完全没有精神的依靠和情感的归依，找不到属于自己的生活感觉。

她的青春是美丽的，她的生活却是灰色的。

忧愁，压抑，遭冷眼，受刁难，精神的压力越来越大。而自尊优雅的气质，美貌俊秀的禀性，又使得她倾向于精神的内省和封闭，烈火在心灵深处燃烧。

难道我成了 / 遗迹残骸 / 斜依野风经年 / 头顶旧梦婆娑 悄然地 / 心中莲开莲又落……

心灵秉承的纯洁美好和生命成长环境的天然野趣，与眼前的现实格格不入。是现实变得太快，还是我因循守旧，顽固不化？是理想欺骗了我，还是有人捉弄了理想？

风暴闪电奔过了群山 / 午夜正摇曳瓦砾、谜 / 一片红罂花的记忆。

现实的政治风暴挟持着恐怖的闪电，像黑云一样逼压下来，诗人彻夜难眠，生活的秩序全部被搅乱了，精神的信仰也被全部撕裂了——难道我生命记忆里那曾经灿烂鲜艳的革命理想，像罂粟，迷人，却饱含毒素？精神理想的大厦轰然倾覆了，一代人的心灵跌落在残砖碎瓦之间，命运的哑谜，谁能点破？谁敢点破？

在这个世界上，最可怕的不是毒蛇猛兽，而是思想，是揭示一个时代社会最本质最真实的心灵感悟，思想火花。它会点燃熊熊的烈火，或烧毁一个世界，或旷日持久地烤炙一个鲜活生命。不幸而又万幸的是，灰娃作为一个纯真的革命理想主义者，在革命胜利后的岁月里，因为忠实厮守心中的理想，希望按照心中理想的方式生活，而被急遽变化着的现实社会威逼、践踏、抛弃。

延安人绝大多数都为崇高的社会理想而活而死，人与人之间关系单纯、透明、友爱，价值观念高尚，道德水准很高，人生境界高。北京许多人为了表现自己革命性强，采用的手段是压倒别人、贬低别人、损人利己，不善、算计、势利、谄媚，人生境界卑微，思想深处名、位、利三字挂帅，缺乏坦诚，还好像人和人不平等似的。到北京以前，我从来没有见过这样的表情。我从幼小时起，就没有有话不敢说的时候。到北京后我感受到这些，心里厌烦，感觉好像不敢说话似的。

苦闷之初，她还曾依然像孩子般率真地找到当年的司令员，要求回延安去。司令员说，形势发展了，取得全国的胜利，只有从延安到北京，从杨家岭到中南海，哪有倒回去的呢？她陈述自己的理由是，“北京这里人的脸不行”,“这儿人们的表情我不习惯”。司令员不解,你注意人家的脸做什么?你身体弱,安心治疗休养。她坚决要回延安,司令员只能吓唬她:明天中央有人到延安,把你带过去好了,但延安窑洞都空了,革命队伍都离开了,分散到全国各地,山里有狼,你回去喂狼吗?!

她被吓住了,只能生活在别人的城市里,病倒了,精神分裂。

妈妈 在这 / 寂灭的静的圆心我 / 听自己心碎裂

嗓子 / 又痛又哑都只为着 / 热血童心受了欺骗凌辱 / 紫的泪纷纷碎了

有谁能相信 / 孩子们正仰起脸笑指天空 / “霓虹!”“爆竹!” / 连一个句子还没讲完就 / 鲜血 / 从明洁嘹亮的太阳穴 / 喷射

她的诗歌里有一系列童心破灭的意象,正是她当时的心灵写照。她的生命被革命队伍里善良的人们宠爱着,她的灵魂被精英知识分子们秉承的革命理想主义宠爱着。从灰娃到“公主”、少妇,她的身体成长着,她的心灵还保存着那份烂漫与天真。与她共同生活多年的张仃先生说:“她一直是儿童状态,一直没成熟。一些写诗的人高峰是青年时期,后来就不行了,或者年轻轻就死掉了。她是晚熟,五六十岁写诗,到七十多岁还处于儿童状态。”这种儿童状态是心灵状态,在她的心灵深处保存着一颗纯真的革命理想主义的种子。她以此观照生活世界,矛盾、对立、冲突、伤害,由此而生。

一九四九年后,她因病一度离开北京到南京治疗,情况好转,入北京大学俄文系学习,毕业后到某编译社工作。日常生活中的她是低调的,但心灵深处革命理想主义的格调始终没有降低。她无法遏止自己的精神思想,无法斩断自己的生命情缘。随着政治气候的日渐干裂火爆,一九六六年她旧病复发,再度精神分裂。

风雷 云水 / 据说缘起一则谶语 / 眼见那些妄通法者一夜间又 / 通体蹿出了另样枝条 / 这前后永逝不再寸寸流光竟 / 只为充耳的万花千树 / 竞相吆喝一争嵯峨或调门尖刻 / 或不露声色八面闯进来 / 我司梦的花冠遭此摧折 / 严重缺氧拼命呼吸 / 嘶哑声困在狭窄囚室 / 在颅腔四壁冲撞 // 能再递我一挺轻机枪吗?

可又不知瞄准什么 要不就 / 透露眉许谶语谜底给我 / 即使宿命 也该让人弄懂怎样 / 言说如何行走什么表情才算 / 暂时做稳奴隶的准则 / 太费猜测令人气绝再说了 / 这关乎对作为类的人我绝望 / 关乎活 还是死……

1942年,灰娃(三排右二)和勇敢顽强,天真活泼的延安儿童艺术学园的孩子们。

1992年春节，灰娃在延安寻找到了五十年前住过的窑洞，已成了漂泊的山民的栖身处。

在她的生活中，工作单位里的政治运动积极分子们，对她说话、走路、穿衣服等几乎一切都看不惯。开会时有人提议："难道我们把灰娃的这股子劲儿，就没办法治一治吗？"所谓灰娃身上的"这股子劲"，就是以整风运动前延安知识分子所理解的革命理想主义塑造出的精神气质。灰娃因为身材弱小灰暗，曾经躲过延安整风审干抢救运动这一劫；又因为身体虚弱，精神分裂，而躲过了一九五〇年代的知识分子改造运动。到一九六〇年代，她终于被已经改造了的周围同事们捉住。

可是，灰娃拒绝了，以更加严重的精神分裂症彻底拒绝革命政治运动对她的人生改造，誓死捍卫自己的心灵世界和生命形态。

她在死亡的边缘上行走，病，是一堵墙，疯狂的政治运动被阻挡在身体的墙外，病而未死，所有的政治运动又都转变内化成她个人心灵的热带风暴。

从信奉革命到拒绝革命，灰娃经历了一个革命理想主义者的第二次精神蜕变。

超越革命，"革命的目的究竟是什么"？

任何时代社会把自己的最大真实通过思想的方式交付给了某个心灵，这个生命就将为此历经磨难，肝肠寸断，甚至粉身碎骨，香销玉殒。这种最真实的生命形诸逻辑思辩，是思想哲学；形诸文采篇章，是诗歌文学；形诸笔墨音符，是艺术杰作。灰娃选择了分行排列的文字，成就她旷世奇葩的诗歌艺术。

病中的灰娃幻听、幻觉、幻生、幻死，大约从一九七二年开始，她几乎处于完全无意识状态地在纸上乱画乱写。写下的字句，等到清醒时阅读，她自己吓坏了，赶紧撕碎，扔到抽水马桶里冲走。远在湖南的甥女来京护理她，悄悄地把这些文字留下，藏到乡间，二十余年过后，成为灰娃诗歌最初被保存下来的篇章。

她自己并不觉得这是诗歌创作，只觉得这样写画，心里舒畅多了，仿佛为忧郁的心灵找到了一个可以呼吸的孔隙。幸运的是，她得到张仃先生的及时肯定和鼓励，认为这是一个"美的出口"，她那一颗敏于感受的心灵已经酝酿储藏了太多美的情丝意絮，笔墨通血管，流淌凝固出来的字句就是诗。

一九七九年前后她大量创作，虽然没

有向社会公开，但她骨子里已经是个纯粹的诗人。这一年她五十二岁。

没有谁/敢/擦拭我的眼泪//它那印痕/也/灼热烫人

这是一尊只可玉碎，不可瓦全的诗人自我塑像。尊严，人的尊严，是须臾不可缺失的。以她的身份，如果放弃了这最后的底线，有的是权利的狂欢，物欲的富足。可是，她坚守了底线，誓死捍卫了做人的底线。这是怎样艰难的选择呀，因为在奴才面前做人，付出的代价是凌辱，甚至粉身碎骨；在奴隶面前做人，付出的代价则是惨遭冷漠，奉为牺牲，乃至无限担当。一个曾经单薄瘦弱的灰娃，一袭被誉为“公主”的美丽身躯，在那样暴戾残忍的时代里，要维护自己做人的尊严，将忍受何其荼毒的苦痛。不要玫瑰，不要同情，只要尊严，没有谁敢擦拭我的泪，因为这是我做人的尊严！

为了人的尊严，诗歌中，灰娃为自己预支一场“朴素高贵的葬礼”，准备以肉体的死亡来抗拒精神的凌辱。

我再不担心与你们/遭遇陷身那/无法捉摸猜也猜不透的战阵/我算是解脱了//再不能折磨我/令你们得到些许欢乐/我虽然带着往日的创痛/可现在你们还怎么启动//你们反逻辑的锯齿/倒刮我的神经还怎么/捅一块烧红的铁往我心里/这一切行将结束。

当现实社会只容许奴才得志与奴隶苟活时，灰娃选择的是以死抗争——

拒绝革命名义下的一切奴性，不能做人，那就宁愿为鬼魂，也要维护自己心灵的纯洁，思想的自由，精神的独立！

突破生死大限，她获得精神生命的极大解脱。拒绝呼革命口号，拒绝说革命话语，拒绝革命领袖的思想理论，拒绝革命运动的价值标准、道德体系、行为规范。“我”在肉体上以病、以预支死亡而逃逸，从革命者演变为被革命者，再幻化变成缺席者，“我”以赤裸裸的鬼魂精神，与那个被“我”彻底绝望了的世界抗争。

我撒手尘寰那些因我降生/忤犯了的言词表情都变为装饰……想起我挂了重彩的心它/一面颤抖一面鲜血直流//如今它已停止了跳动世人再不能/看它遭严刑而有丝毫满足//生而不幸我领教过毒箭的分量/背对悬崖我独自苦战……从峭壁迸溅散发野草泥土气息/带着魔法力量，我发誓//走入黄泉定以热血祭奠如火的亡魂/来生我只跟鬼怪结缘

灰娃诗歌里的鬼魂世界，是被现实政治运动挤压变形了的人性精神空间。这样的鬼魂，最没有奴性，最富有反抗性，是剥离了人形的人性，是美好人性遭受磨难而不屈的升华，可亲可爱，可歌可颂。特立独行的武则天，秉公撰史的司马迁，都是值得敬仰的民族英雄。还有那湘西天子山嶙峋怪异的方柱石笋、狰狞轩昂的巨石险

峰，在她看来更是“一曲石头的交响”，一派“苍茫，天堂气象”：

峰峦叠嶂势不可挡 / 层层波涛起伏咆哮 / 骑兵军团奋进回旋 // 造化脱了缰主神大发雷霆 / 地下埋藏仇恨愤怒苦痛 / 从幽深的阴影从坚硬的石缝 // 倒悬着纠葛着疯长 / 杂树野藤人类陌生，它们体内 / 苦汁秘密酝酿秘密流淌 // 放胆繁衍蔓延 / 龙蛇虎豹自由出入 / 酒神迷醉野性燃烧 // 总孕育风雷冰雹 / 孕育神的故事鬼的爱情 / 淡青浓白涌动在幽谷野岭……

强悍的笔力，狂野的意象，虬劲的节奏，跌宕的旋律，把誓死不屈的精神，抗拒凌辱的鬼雄气魄，表达得淋漓尽致。这里隐藏着一个部落的血泪史，这里彰示着一个民族的精气神，在这片土地上曾经生活着如此这般坚强刚毅的性灵。石是凝固的诗！但是，唯有她的心灵感受到了这血泪苦汁凝固成诗的过程！呵，这是怎样的大爱与大恨，任性地爱，任性地恨！只有在撕肝裂肺的爱与恨当中，她那高贵纯洁的诗情才得以酣畅舒展任情任性的生命！我们没有上帝，我们只有先辈抗争的灵魂，不屈的精神。正是这些拒绝凌辱，抗争宿命的精神，才为我们民族的血脉注入了人性的火种，未被奴性彻底麻痹的激情。正是这宗精神血脉，孕育着子孙，哺育着子孙，激励着子孙，生生不息，代代相传，敢破敢立，破而立，立而破，用血泪和苦汁在山河大地上书写着峥嵘的历史和传奇。

在用鬼魂抗拒奴性的同时，灰娃诗歌艺术架构的时间维度，以过去拒绝现在，斩断未来，达到拒绝革命，审问革命，超越革命的审美精神层次。

“革命的目的究竟是什么？”“革命”虽然都有美好的承诺，但是，“他们为什么要毁灭亿万民众数代人辛劳的、艰难智慧的结晶——人类正常秩序以及造化神奇的美、人类心血的文明创造？不是由于战乱，不是天灾，不是神力鬼怪，是拥有权力的人！”这种胡作非为的政治权力，既背叛了当初延安知识分子所理解的革命理想主义，也断然不可能对美好未来承担责任。“我觉得中国人悲惨又滑稽。看不见前途，专制依旧。我心灰意冷，至今，我的病好了也是百分之九十。”

野土多鬼魂，故乡多往事。《野土九章》里灰娃的艺术情思飞回到童年岁月，翻检参加革命队伍，成为一个革命理想主义者之前的生命形态。

楸树、楝树青葱绿叶编织清夜的 / 梦，幽幽月色中抖颤着飘落繁花。 // 椿树、梧桐倦于整夜眨眼，高擎 / 碧绿华盖随夜风凉意悠然飞动。// 合欢枝叶高张，托举着粉红云霞，/ 好似新娘披着月光戴着婚纱，从水面 / 端详自己的娇丽，却不妨，一阵风 / 潇潇洒洒摇乱了身影。

午间的村庄有那样的霎那。/ 忽然间无声无息。静谧弥漫，青绿葱茏。

灰娃，一九二七年出生于陕西临潼。父亲是个中学教师，在她十岁时就去世了。母亲家族血统里有匈奴的血脉，亲属中多有高鼻梁深眼睑的俊男靓女。母亲身体不好，她四岁就被送进学校读书，是国文和音乐课老师的宠儿，作文被推荐发表在西安的《儿童报》上。她童年的梦想是长大当个音乐家，很穷，连蜡烛都买不起，在月光下作曲。她少年参加革命时忘记了故乡，中年拒绝革命后才眷念故乡。此番她故乡的气质“又温馨又凄伤”，因为这不是田园诗人的痴情歌吟，而是一个纯真的革命理想主义者在断然拒绝革命后的精神寻觅。

“人人都说自己故土好，可我的故乡真真叫人心放不下。”故乡生活有大美存焉而不言，有大音稀声而不喧，这是“我”生命的源头，也是养育中华文明的皇天后土。日常人伦，岁时节庆，婚丧嫁娶，饮食衣着，超越革命的话语界限，诗人发现：

我们民族古老文化的源头 / 我们原始的祖先 / 你把怎样优秀怎样庄严的秘密 / 传给了你的后裔 / 你以怎样智慧怎样神奇的创造 / 令万方惊异兴叹 / 你璀璨的光华 / 照彻我的思想我的梦魂 / 深邃、馨香、万古悠悠的暖流 / 在我心上浮动……

革命的现实已经证明，革命只能解决政权的更替，革命不可能毕其功于一役，将所有社会问题都一揽子解决。无论是革命、建设，还是改革、开放，都是手段，而不是目的。只有文明的赓续，生活的安康，人性的彰扬，才是我们永远追寻的理想。

灰娃肖像（张仃 画）

革命风暴过后，在被鲜血灌溉过的现实废墟上，最容易疯长的是欲望的荆棘。这是她所始料不及，也是最不愿意看到的现实。“灰娃为了躲闪和逃避当下现实的空洞，在意识深处将一生中的三个阶段——过去、现在、未来——的连续性切断，而且把现在和未来扔出了生命。”她站在灵性的高处，审视自己、时代、革命、社会历史所走过的路程。她的心病没有痊愈，拒绝革命后，凭借什么来超越革命，还没有明确的答案。

时常我盯着苍天深处 / 一带水域渡口众多影像 / 与鬼魂相仿　有我的前身 / 立

在上帝面前 真想 / 到心弦崩裂地方凭吊一场 / 没有人知道我 孤孤单单 / 为苍茫太空痛哭 敢问 / 这地方笑或不笑可是自愿? / 我能由我本人活着吗? / 能否去那开阔地洒泪? 那里 / 鸽子、琴都已憔悴 再问 / 能掬一捧泉水解渴吗? 准许 / 滚铁环在一片光海奔跑? 又 / 哪里去听寂静听听松风鸟鸣? / 怎样去剪一片月裁一段云来? / 那是谁 他一人从云中 / 高吼信天游泣不成声 // 谁在守护天上的大门?

这首写于新世纪之初的诗,堪称为刚刚过去的半个世纪中国文化刻勒的墓志铭。这里有一个世纪的疼痛,伤口却在她的心中!此岸已被糟蹋,谁能保证彼岸世界的纯洁呢?风暴虽然过后,我有冤魂不可招,因为现在的世界,并非我灵魂的乐土呵!?

从决绝革命到超越革命,灰娃正在经历着一个革命理想主义者的第三次蜕变。

处于精神蜕变中的她,还有无限的迷茫和痛苦。她也曾迷惑疑问,一生清纯有什么用?我说,生命中曾经有清纯的源头,纵然大浪淘沙,奔流至海,那浊浪中有不灭的清纯梦!

只有清纯的梦,才有人性尊严的诗。

因为有了灰娃的诗,我们"领略到贫乏的年代里的富庶";因为有了灰娃这样的诗人,我们相信二十世纪中国文化的精神血脉还没有完全断绝,草蛇灰迹,薪尽火传。

2003 年 9 月 初稿

2010 年 12 月 修订

补 白

政治斗争艺术化

郝怀明在《炎黄春秋》上发表《"文革"初的中宣部》一文,介绍"文革"刚开始时,中宣部的风风雨雨。在这篇文章中,引录了毛泽东对政治斗争的一段谈话:

毛泽东在林彪事件后曾在中南海游泳池向江青面授真经,他说:"我们这个党,是藏龙卧虎之处。要在这个党里站得住脚,要靠资历和权力,还要靠手段和艺术。我从来是把政治斗争艺术化的。如果什么事情都让人摸透了,你就会输的。那还有屁的政治。"

茅盾曾劝阻姚雪垠上书毛泽东

◎钟桂松

茅 盾(1896~1981)

上个世纪七十年代，毛泽东曾为姚雪垠的长篇小说《李自成》创作作了批示，这一批示引起中央领导和出版社的重视，姚雪垠也因此得到一个宽松的写作环境，从而使长篇小说《李自成》得以顺利出版。

其实，当年姚雪垠的成功也包含了茅盾给他的支持和帮助。据不完全统计，从一九七四年到一九八〇年的几年间，茅盾给姚雪垠写了三十多封信，其中在一九七四年七月到一九七五年十月之间，茅盾专门为《李自成》的写作给姚雪垠写了十四封信，两年中实际通信时间十五个月，平均每个月差不多一封信，茅盾当时这些信大多是读过姚雪垠的第一卷、第二卷以及大量的写作提纲之后写的，涉及小说创作的方方面面。比如茅盾在一九七五年六月十八日给姚雪垠的信中，附上自己的对每个章节的读后感，点评十分精到，关于《商洛壮歌》单元，茅盾评价其"大起大落，波澜壮阔，有波谲云诡之妙；而节奏变化，时而金戈铁马，雷震霆击，时而凤管鹍弦，光风霁月；紧张杀伐之际，又常插入抒情短曲，虽着墨甚少而摇曳多姿。开头两章为此后十一章之惊涛骇浪文字徐徐展开全貌，有山雨欲来风满楼之势。最后两章则为结束本单元，开拓以下单元，行文如曼歌缓舞，余韵绕梁，耐人寻味。"读后指出姚雪垠这一单元写作之不足，同样体现茅盾文学大师风范，如"第一章大段对话很多，这些对话有的说明情况，有的回叙过去，文气因此松弛，读之有沉闷之感……"类似的精彩点评，在与姚雪垠讨论《李自成》创作艺术时比比皆是，让人读来亲切自然又感觉鞭辟入里。据《李自成》的责任编辑江晓天先生回忆，当时他是根据姚雪垠的要求，将已出版的《李自成》第一卷上、下两册寄给茅盾的，后来茅盾看过以后"连续写了几封长信，对第一卷全书作了深入细致的艺术分析，给予很高的评价。"过了一段时间，姚雪垠又告诉江晓天先生，茅盾答应看第二卷尚未出版的打印稿，于是江晓天又将第二卷书稿寄给茅盾，江晓天回忆

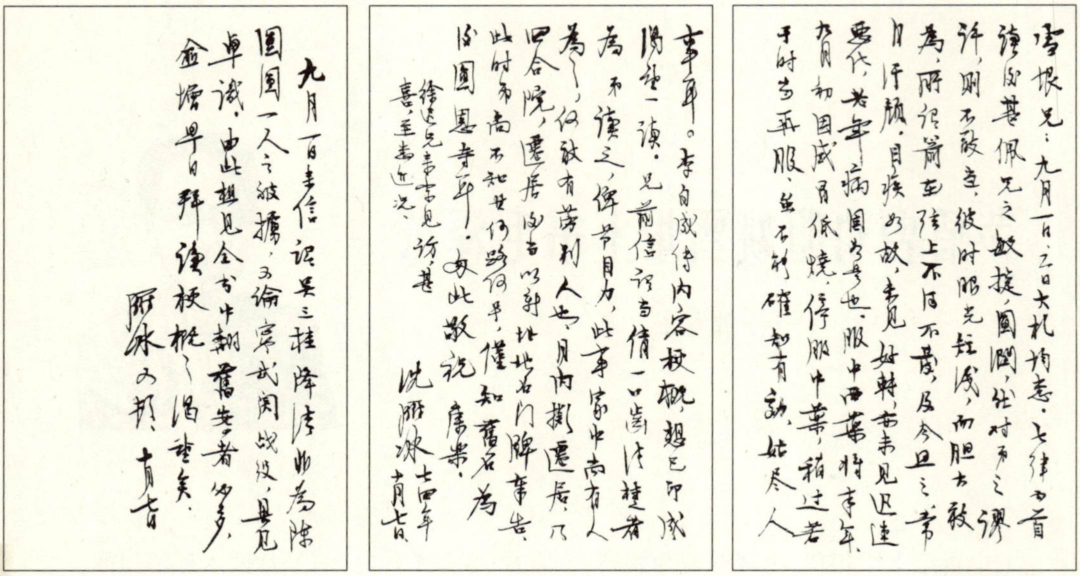
雪垠兄：九月一日、二日大札均悉。七律五首读后甚佩兄之敏捷，[illegible]对弟之谬许，则不敢当。彼时眼光短浅，而胆大敢为，所谓[illegible]，及今思之常自汗颜。目疾如故，未见好转，亦未见迅速恶化，老年病固如是也。服中西药将半年，九月初因感冒低烧，停服中药，稍过若干时当再服，然不能确知有效，姑尽人事耳。《李自成》修内容梗概，想已印成，赐望一读。兄前信谓当请一二同志精楷者为读之，俾节目力，此事家中尚有人为之，似不致有劳别人也。月内搬迁居，乃四合院，迁居后当以新址地名门牌奉告，此时尚不知其何路何号，仅知旧名为后圆恩寺耳。即此敬祝
康乐
沈雁冰 七四年十月七日
徐迟兄来京曾见访，甚喜，并悉近况。

九月一日来信谓吴三桂降清由为陈圆圆一人之被掳，又论宁武关战役，具见卓识。由此想见全书中翻旧案者必多，企望早日拜读梗概之[illegible]矣。
雁冰又启 十月七日

茅盾致姚雪垠信手迹

说，“《李自成》二卷初稿近八十万字。茅公一气读了两遍，还同时读了老姚抄写的七八万字关于《（李自成）全书内容概要》。这对于八十高龄、身体不好，眼睛患老年性黄斑盘病，一目尺外不见五指，一目视力为零点三的老人来说，更是超乎寻常、令人吃惊、深受感动的！”江晓天的回忆是事实，当时茅盾为姚雪垠的长篇小说《李自成》确实满腔热情地倾注了不少心血，与姚雪垠讨论小说时常常深入细致淋漓尽致地发挥茅盾自己的创作经验，不光谈自己的意见，读到激动之处甚至自己操刀写上一段，比如，在高夫人这个形象的塑造上，茅盾为小说加了这样一段：

南边，隔着两座小山，顺风传来了一阵阵的万众喧腾，人喊马嘶的浪潮。高夫人听着微微笑了笑，她知道这是麻涧方面的义军和老百姓正在加高寨墙，多挖陷阱，布置其他各种障碍，已经干了个通宵了。

高夫人正听得出神，忽然从近村传来锵锵的锣声，苍哑的叫喊声。接着，远远又是一阵锣声喊声，正是从麻涧那里来的。高夫人想起昨天闯王传令，今早各山寨和村落都得鸣锣晓喻：官军进犯，决难得逞，众百姓务须各安生业，莫信谣言，严防奸细。高夫人眼看着盘石上燃烧的火堆币纸，耳听着远远近近的锣声人声，心里暗暗说：

“大战快开始了罢！”

茅盾在上面这一段文字下面画了一条横线，写了一个说明：“这是我不自揣，代拟改写的一段。目的在于避免平铺直叙，删削不必要的字句。雁注”。一九七五年六月十八日给姚雪垠的信连同对每个小说单元的意见建议总共长达万字以上。在姚雪垠困难时，茅盾不仅给以温暖和鼓励，而且直接像老师一样对姚雪垠的小说

提出建议甚至亲自动手修改，让姚雪垠感到无比温暖。所以，《李自成》的成功，茅盾功不可没。

但是，在社会不知向何处去的“文革”年代里，《李自成》的写作关键在作者姚雪垠自己，不过能不能出版这部优秀的长篇小说，无论是姚雪垠还是茅盾都是无法保证。连当时的出版社编辑江晓天心中也没有数，因为，当时中国青年出版社还没有复业。他回忆说，“《李自成》二卷初稿虽已写完，从一九七三年六月开始，老姚采取‘流水’作业的办法，即分期分批把初稿寄来，我看后提出修改意见寄还，他再改改，即使再请茅公看过修改后，相当时间内也难以出版。老姚已近古稀，为《李自成》出书的事十分焦急。我开始考虑：如何能使‘中青’早日复业，《李自成》二卷稿尽快出书，只有一个办法：由他上书毛主席恳请支持。这么做，政治上有很大的风险。”江晓天有这个想法不久，即一九七五年九月二十八日，他给姚雪垠写了一封信，信中向姚雪垠建议：“可以给主席写封信，报告《李》稿的写作情况和你的愿望。”还说，“所传主席对一卷说的话，虽尚待了解确切，但看来是有这回事，说明伟大领袖对《李自成》一书是关心的。”姚雪垠收到江晓天的信的第二天，即十月七日，就给茅盾写了一封长信，抄录了江晓天的来信部分内容，特别是江晓天建议他向毛主席写信的建议的一段话。姚雪垠特别告诉茅盾：“晓天同志一向考虑问题比较细致。这封信是九月二十八日写的，到十月四日才付邮，可见写好后又继续考虑几天。关于主席看过第一卷，是一九六六年八月上旬王任重给武汉市委第一书记宋侃夫同志（现为湖北省委书记）打电话说的。当时王任重为中南局代第一书记兼中央文革小组副组长，从北京打长途电话给宋侃夫，告他说毛主席看过了《李自成》第一卷，传达主席的指示大意：虽然有些问题，但应

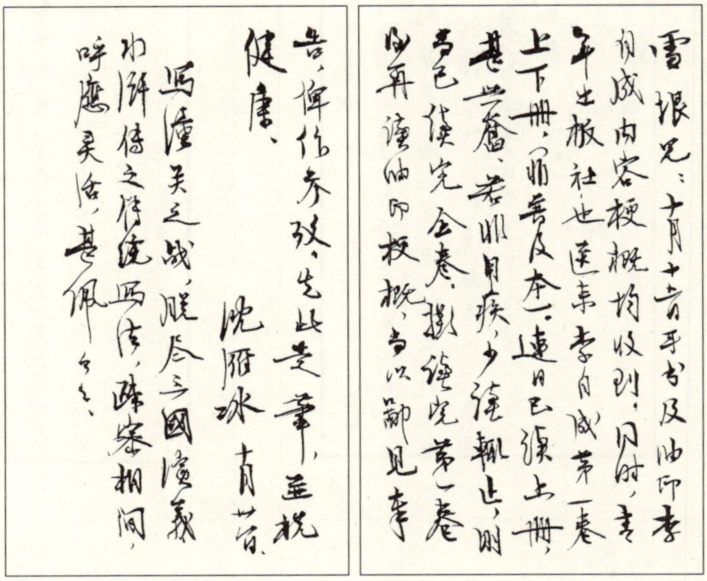
雪垠兄：十月十六日手书及油印李自成内容梗概均收到。同时，青年出版社也送来李自成第一卷上下册（8开本）。近日已读上册，甚为喜悦。若非目疾，少读辄止，则早已读完全卷。拟读完第一卷后再读油印梗概，当以鄙见奉告，俾作参考。先此走笔，並祝健康。沈雁冰 十月廿六日

写潼关之战，胜于三国演义、水浒传之传统写法，疏密相间，呼应灵活，甚佩甚佩。

茅盾致姚雪垠信手迹

该让作者继续写下去，将全书写完。详细的话，我不清楚。另外只知道市委领导接到王任重的长途电话后就秘密通知工作队设法对我采取保护，所以经过一九六六年八九月间的'扫四旧'，到处烧书，以及一九六七、一九六八年的'大乱'，我的书、文稿、多年积累的读书卡片和笔记未受丝毫损失。我也不像文艺界多数知名人士所受冲击猛烈，从一九七二年夏天开始我能够坐在家中重理旧业，也就是市委有关领导同意我专心致志地续写《李自成》，与王任重所传达的话颇有关系。这都使我不能不终生感谢毛主席，感激党。"

姚雪垠自述前几年的往事，猜想自己的经历与毛主席有评价不无关系，但是事实是否如此，现在已经尘封不可考了。但根据王任重后来即一九七八年四月二十日给姚雪垠的信中是这样说的："一九六六年八月中旬的一天下午，毛主席主持召开中央政治局常委会（扩大），我们文革小组的人都列席参加。主席对我说：'你告诉武汉市委，对姚雪垠要予以保护。他写的《李自成》写得不错，让他继续写下去'。"当然，这是后来的说法。当时姚雪垠在这封给茅盾的信中，自述以后回到正题，告诉茅盾，"关于江晓天同志的建议，我正在慎重考虑。有无必要，何时写信，如何能到达主席手中，如何措词，都要仔细斟酌，务求妥当。另外，我也作第二步设想，即万一中青不能复业，或明年复业完全改变作风，《李自成》不得不交给别处出版。诚如江来信所云：出版晚两年问题不大，但应该早点排印出来，多听听工农兵和各方面的意见。因此是否转移出版社，明年春天要作最后决定。转到别的出版社，这是最后不得已的一着，眼下只作个打算而已。以上

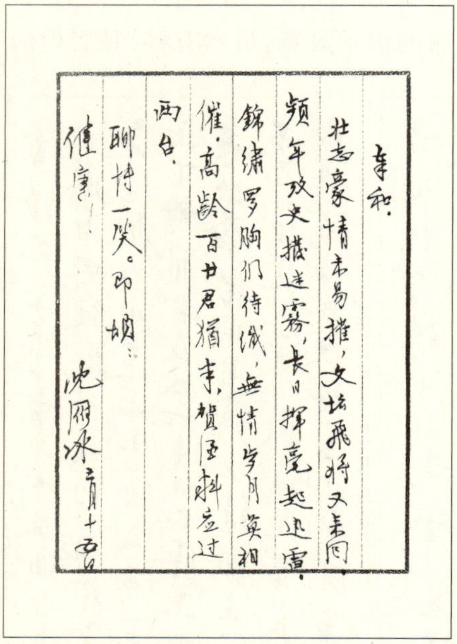
奉和：
壮志豪情未易摧，文坛飞将又来回。
频年攻史拨迷雾，长日挥毫起迅雷。
锦绣罗胸仍待织，无情岁月莫相催。
高龄百廿君犹幸，[illegible]应过
两台。
聊博一笑。即颂
健康！
沈雁冰 六月十五日

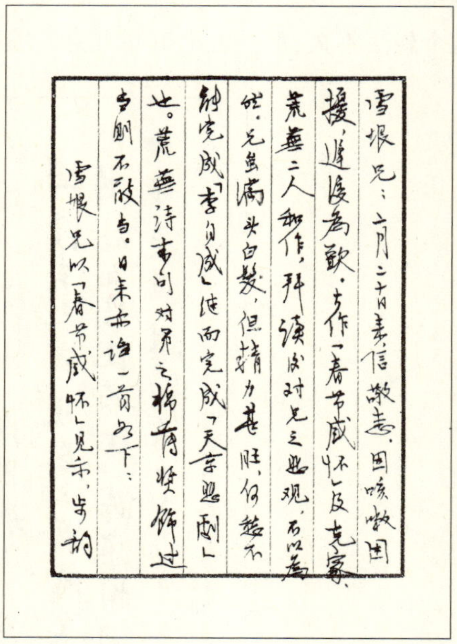
雪垠兄：六月二十日来信敬悉，因咳嗽困扰，迟复为歉。大作「春节感怀」及克家、荒芜二人和作，拜读后对兄之悲观，不以为然。兄虽满头白发，但精力甚旺，何愁不能完成「李自成」，继而完成「天京悲剧」也。荒芜诗[illegible]过[illegible]。日来亦诌一首如下：
雪垠兄以「春节感怀」见示，步韵

茅盾致姚雪垠信手迹

所考虑的问题，都不打算使别人知道，因为我将您作老师看待，又深知您对这部书特别关心，所以我愿意让您随时多知道一些关于此书的情况。”

姚雪垠在十月七日给茅盾写出这封信以后就开始着手考虑给毛主席写信问题，而恰恰在这个时候茅盾生病住进北京医院，他是十月二日住院，所以姚雪垠的十月七日来信茅盾是在医院里收到的，等到茅盾出院已经是快二十号左右了。因此，给姚雪垠写回信是在十月二十三日了，茅盾在信中告诉姚雪垠，“在医院里接到你十月七日的来信。最近出院……但仍很虚弱，整日卧床……”茅盾在信中先对《李自成》出版问题谈了自己的看法：“武汉地区想已秋高气爽，正宜写作，但读十月七日来信，知道《李自成》的出版问题，尚无把握。青年出版社是否复业，复业后方针如何，这些问题，正如来信所说，都在未定之天，我在京中所了解的也跟你差不多。我以为你现在暂时不管这些问题如何解决，集中精力，先完成三卷、四卷以致第五卷的初稿。世事的变化，未可逆料，也许二三年后出版社要出版你这本书了，而你有现成的初稿在手头，那时一齐交出，岂不更好(我所说的出版社并不仅仅指青年出版社)。”接着，茅盾谈过修改第二卷的想法之后，又说：“曹雪芹写《红楼梦》，大概写成一百二十回的初稿，然后再琢磨前八十回，可惜后四十回初稿遗失了。《李自成》规模比《红楼梦》大得多，你年纪也不小了，倘使只有前二卷的定稿，而没有后三卷的初稿，那真是一大憾事！我相信你至少还可以活十年，如果明年能完成全书的初稿，以后再逐卷琢磨推敲，最后定稿，算它再花二年时间吧，那时候挟此奇货，

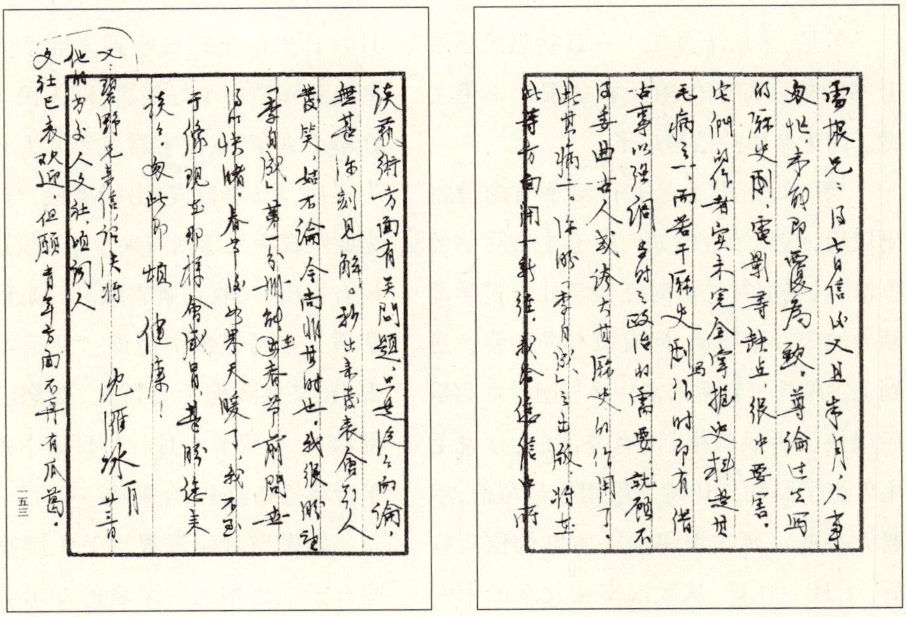

茅盾致姚雪垠信手迹

以求出版，我想大家是要抢的。现在你只完成了二卷，出版社当然没有那样的先见和魄力敢包下你这五大卷的大书来。”然后茅盾在信中谈到江晓天建议向主席报告的事，茅盾十分明确地表达自己的意见，说，“来信说江晓天同志建议你写个报告给主席，我以为此事不宜贸然为之，将来你全稿写成(即使是初稿)而没有出版社敢接受的时候，那时再诉诸主席，情况就不同了。鄙见如此，是否有当，请你斟酌。至于你打算把第二卷先印征求意见本，主要是请工农兵提意见，如暂时不可能，我看也不要紧。总之努力在最短时间完成全书初稿为重要。”茅盾在这封信里的意思十分明确，希望姚雪垠能够集中精力完成《李自成》五卷全书，至于向毛主席写信，“不宜贸然为之”；至于请工农兵给《李自成》提意见，“如暂时不可能，我看也不要紧。”

但是，茅盾十月二十三日劝阻姚雪垠上书的信，却未能阻止姚雪垠上书毛主席。因为茅盾的信写迟了。

当时姚雪垠十月七日给茅盾的信寄出以后，就开始考虑如何给毛主席写信的事情，姚雪垠首先给时任哲学社会科学部领导的宋一平写信，问有没有办法将信送到毛主席手里？后来宋一平与胡乔木商量后很快告诉姚雪垠，说有办法的，并说毛主席患了眼病，让姚雪垠用毛笔写信，字要大一些。姚雪垠将给毛主席的信写好后，十月十九日，从武汉寄往北京的宋一平，宋一平收到姚雪垠给毛主席的信后，立刻交给胡乔木，由胡乔木写个报告附上姚雪垠给毛主席的信，一起送给毛主席。胡乔木报告所署时间是十月二十三日，也就是茅盾给姚雪垠写信劝阻上书的时间。毛主席在病中看到这封信和胡乔木的报告后，用粗铅笔在胡乔木的报告天头空白处写下了这样一个批示：“印发政治局各同志。我同意他写李自成小说二卷、三卷至五卷。毛泽东 十一月二日。”但是姚雪垠对毛主席的这个批示直到十一月七日上午才知道，他在上一天即十一月六日写给茅盾的信中还没有提及，对茅盾来信劝阻也不回应，因为此时给毛主席写信已经既成事实；十一月七日听到毛主席对自己的信有批示以后，姚雪垠立刻给茅盾报告这个好消息，“想您定会感到激动、快活。”不过，茅盾知道毛主席对姚雪垠上书的批示似乎和姚雪垠知道的时间差不多，他在十一月九日给姚雪垠回信时就说，“十一月六日来信于昨日收到。恰于前日（七日），我知道一个好消息，即人民文学出版社奉中央指示，派韦君宜等二人将于今日飞汉口，就《李自成》出版事宜，与兄商谈。为此我真为兄感到高兴。”但是，这封信还没有寄出，又收到姚雪垠七日来信，于是，茅盾又在另外纸上写道：“此信写好未及寄出，又接到您七日短扎，知您已知主席批示，……我于十月廿三日信中曾戏言出版社将抢夺此书，今果然……”

如果当时姚雪垠给毛主席写信晚写些日子，恐怕当时茅盾的劝阻会起到影响。但是，历史就是这样。

郑介初：方寸之间，百年沧桑

——燕京传奇之一

◎范家材

笔者有一位老同学，是沪江大学附中的同学，又是燕京大学的同学；在热血贲张的年代，相继入团参军；历史吊诡，又先后蒙难，忝列右派；"摘帽"以后，各自另辟天空。桑榆唱晚之际，荆室委世，彼此沦为鳏夫。这些年来，我去香港，必去拜望，他来上海，促膝长谈，念人忆事，不尽欲言。回首世事沧桑，百感交集，所幸青山依旧在，慷慨往事俱付笑谈中。这次应邀写些燕京的人与事，当然首选是他：燕京的一位传奇人物，郑介初，笔名'哲夫'。

一

郑介初十五岁时一跃成为名人。这要从邮票说起。

邮票同其他艺术品一样，遵循"物以稀为贵"的规律，最珍贵的邮票是一种稀有的变体邮票。那是指邮票在印制过程中，由于某种原因，造成邮票在图像、文字、配色等方面与发行部门公布的资料有明显差异的邮票。差异小的是小变体，差异大的为大变体。

一九四一年，中华民国邮政发行了一套以孙中山先生头像为主图的邮票。全套十六枚。雕刻版。面值分为分、角、元三种，从半分到二十元。中心图案为孙中山先生头像，边框上刊中华民国国徽，下列"中华民国邮政"六字。由于通货膨胀，四年以后，最低的本埠平信邮资为二十元，二元面值的邮票已失去发行价值，因此，到一九四五年，该套邮票即行停售。这批邮票作为集邮品，按面值搭配一卷一卷地在邮政窗口处理。

这套邮票印刷精美，但二元面值的孙中山头像却有一版印倒了，这是双色套印引起的。边框蓝色，中心图案孙中山像黑色，分两次印刷，第一次先印边框，第二次套印孙中山像。套印时，操作失误，纸版反置了，就产生了孙中山像倒印的大变体珍邮。这套邮票是由纽约钞票发行公司承印的，史称"纽约倒"。（见附图）

一九四五年四月，涉猎集邮不久的重庆立人中学初中学生郑介初，路过东川邮政管理局储奇门邮局，挤入人群，用家里给的一点零用钱买下了一卷邮票。回家后意外发现一大张五十枚面值二元邮票上的孙中山头像倒印了。惊诧之余，随即探询清楚，那是一九四一年发行的纽约版孙中山头像邮票。郑介初知道自己无意中购到了珍邮，该怎么处理呢？围绕着该变体邮票演绎了一连串精彩的故事。

他当时不知这些邮票值多少钱，就找到重庆邮商艾元俊请教。艾元俊断定是不可多得的大变体，就拿出几本民国纪念邮票和全套大龙、小龙、慈禧寿辰等珍贵邮品向郑介初交换两个四方连、八个单枚共十六枚纽约版孙中山像二元中心倒印票。在未交换之前，郑介初将整版五十枚倒印邮票拿到南泉照相馆拍了一张照片。这张照片后来刊于陈志川先生主编的《国粹邮刊》一九五〇年四月出版的第五卷第一期上。一九四五年底，重庆集邮研究会举办邮展，艾元俊展示了一个纽约版孙中山像二元中心倒印四方连，震动了全国集邮界。东川邮政局得知这竟是由自己的集邮组售出，立即在全局清库盘查，可是却再也没有发现一枚。美国钞票公司获悉后，登报公告，愿以高价收购流传在外的五十枚倒印邮票，不果。因此，郑介初买到的就是存世的一整版民国珍邮“纽约版贰圆中心倒印”，这在世界邮票史上是绝无仅有的。郑介初因而闻名海内外。大批集邮者、邮商、新闻记者，络绎不绝从各地找上门来，要求采访报导，或交换购买珍邮。

这里必须介绍郑介初的家庭背景。他的父亲郑栋林，出生苏州、入赘宁波，上世纪三十年代，与同乡人卢绪章一起到上海谋生，工作之余，参加上海总商会组织的商业补习夜校，学习文化与英文。一九三二年，卢绪章、郑栋林与其他三人以仅有的一点微薄积蓄，在一个亭子间门口挂出“广大华行”的招牌，经营西药邮购业务，合伙资金为法币三百元。他们聪明勤劳，适应市场，到一九三五年，已经发展成初具规模的商行。一九三七年十月，卢绪章等参加中共刘晓书记在沪领导的革命活动，加入了中国共产党，广大华行就此成为地下党的一个据点。一九四〇年，广大华行的业务重心，迁移到西南大后方，各地建立分行。一九四二年卢绪章任总经理、郑栋林任协理，经理，副总经理。

当时，中共白区工作执行十六字方针：“隐蔽精干、长期埋伏、积蓄力量、以待时机。”以八路军办事处、新华日报社等公开单位为第一线，原各省、市地下党组织为第二线，再建立绝密性质的第三线机构。万一形势突变，第一线被迫撤退，第二线遭到打击瘫痪时，第三线仍能扎根白区发挥战斗作用。广大华行就是属于第三线的机构，由周恩来与南方局直接领导。

从一九三五年到一九四九年十几年间，这一由五位小人物创办的小商号发展成为当时中国的一大企业集团(conglomerate)，分公司遍布京津沪穗以及各大省会，甚至境外的香港，印度、缅甸和美国纽约等地。除经营老本行的西药外，还经营出入口贸易、运输、保险等众多领域，下辖广大药房、民安保险公司、民孚企业公司、民益运输公司……此外还与国民党元老陈果夫等合办上海中心制药厂和台湾七星纺织用品制造厂等。

广大华行的字纸篓里，就有了业务函电所用的各种邮票。郑介初对此萌发了兴趣。他把废弃的信封放在面盆里，泡剥五彩缤纷的邮票，从而开始了他集邮的第一阶段。但现在郑栋林突然发现自己必需保持低调的寓所，却因其子中彩“纽约倒”，而突然门庭若市！

郑栋林断然叫停一切邮票交换活动，让介初把所剩的三十四枚“纽约倒”全部交给父亲。四个月后，日本投降，抗战胜利。一九四六年初郑介初全家从重庆回到上海，乃父将这些珍邮放在一个信封内，密存外滩一号广大华行的保险柜内。原以为万无一失。却不料一朝遇窃。大惊之下，赶往库房，果不其然，保险箱撬开敞露，黄金美钞，洗劫一空，文件杂物，狼藉一地。郑栋林俯身细细检视，最后竟然发现他的信封被窃贼弃若敝屣，丢在一隅，打开一看，珍邮俱在，完好无损！那可真是大惊之余，喜出望外。经过这次险情，一九四七年至一九四八年，郑栋林就委托邮商吴乐园毫不声张地售出了十余枚“纽约倒”。

回过来说郑介初本人。一九四六年，他全家自渝抵沪，一九四八年又随同广大华行迁居香港，但留他一人在上海沪江大学附中读书。他一边上学，一边兴味盎然地集邮。每逢纪念邮票预订，他总是成百套地订购，低面值的加盖票，更是成捆地买，从中搜集到不少变体票。四川中路成记邮票社的周末邮票拍卖，郑介初从不错过。一九四八年，许多华北、东北的集邮者经上海去台湾，香港。他们在上海拍卖颇有价值的邮品，郑介初买了不少。家中自香港寄给他的生活费，大多用以购买邮票。

一九四八年，乃父偕同卢绪章率广大华行迁抵香港，参与组织大批民主人士乘船北上，经大连到解放区，准备参加新政治协商会议。一九四九年建国后，卢绪章历任第一届对外贸易公司总经理，外贸部副部长，第一任旅游总局局长。广大华行在国统区进行隐蔽工作的经历，曾被拍成电影《与魔鬼打交道的人》。

一九四九年，郑氏全家相聚天津。介初考入燕京大学新闻系，去北京时，留在天津老家的积累邮品，有大小十二箱之多，这些集邮心血，标志着郑介初的第一阶段集邮，已经斐然有成了。一九五二年，当时负笈北京的郑介初回家度假，郑栋林因其子即将毕业分配，就取出一枚“纽约倒”交给郑介初收藏。所剩二十余枚由其父夹在一本《政治经济学》的教科书中，插在书架上，后来带去香港。回到香港后，他与王宽诚等筹备建立中国工艺品公司，一九五九年四月，中艺公司成立，郑栋林任总经理。一九六六年并入香港商界最具影响力的华润公司。

郑介初一九五一年作为燕京大学土改队一员到广西参加革命实践，一九五二年入团，一九五三年入党，同年参军。抗美援朝结束后，分配在华东军政委员会工作，一九五七年被选派为新华社驻外记者；不料，出国前夕，“反右”运动开始了。一九五八年，身为“反右”五人领导小组成员的郑介初，在引蛇出洞的“交心”运动中，轻信虚言承诺，竟被填补本单位右派比例的空额，以致错划右派(1979 年“改正”)！一九六一年下放宁夏银川，在当地的展览馆、文化馆任摄影员，“文革”中受到冲击。他在自己卧室的土墙上挖了一个小洞，将这枚珍邮用油纸包好，放入洞中，又将洞封好，墙面挂上毛主席像。这样才安全保存下来。

郑栋林也曾赠送给卢绪章一枚“纽约倒”，但此票在“文革”中失落。“文革”中，波劫重重，郑介初本人留存天津的十二箱珍贵邮品，也因多次抄家而荡然无存，他的第一阶段集邮就此画上句号。

一九七七年初获准返回香港，照顾病父。离开宁夏，藏在腰带中带回香港的唯一邮品，就是那枚历经“文革”、费尽周折才幸免于难的“纽约倒”。乃父郑栋林于一九八二年因心脏病不治谢世。带版号“三十二”的“纽约倒”十方连于一九九二年九月三十日在香港佳士得公司拍卖，成交价为一百二十一万港元。当时，郑介初在现场默默祷告：但愿落入华人之手。所幸，购得者果真是一位台湾集邮家，今日市值可能达到新台币三千万元左右。

但是，这十方连“纽约倒”珍邮的出售，并不是郑介初传奇的终结，恰恰相反，是他品位升华的第二阶段集邮的开始，是他方寸天地的更富戏剧性的转折。

二

郑介初一九七六年定居香港，先是忙于生计，不遑他顾，同时对周天寒彻的抄家，心有余悸；对集邮收藏，心灰意懒了。他投身旅游业和进出口贸易，历任港九顾绣百货商会副会长、港九五金进出口商会会长等职，成了一位港商。不料，商务倥偬之际，命运之神又来敲门了。

改革开放之初，香港举办了一次中国邮品展。郑介初去看了，发现有些展品曾经被他收藏过，而今归属他人了，不免黯然神伤。这些感情的波澜，被他的夫人高哲看在眼里。因为她当年在天津老家看到过他的邮集，知道他不能忘情集邮。作为第一当事人，他重温巧购五十枚“纽约倒”珍品的细节、隐藏内心几十年的感情汹涌起伏之时，燕京校友、香港《新晚报》总编辑赵泽隆约他写稿，他就写了以集邮为主题的散文。发表后，好评如潮。接踵而来的命运之神，就是四十年前燕京大学新闻系的同学、香港《良友画报》社长伍福强，约他每期写一篇《邮海漫话》。这约稿顿时唤醒了他青少年时代起就魂牵梦萦的集邮情结。想到自己曾经拥有和失去的一切，收藏的呼唤，再度缠绕心间，挥之不去。为了给这份著名刊物的专栏撰稿，他又寻寻觅觅，重拾旧好，恢复集邮了。从此，进入了郑介初传奇的 2.0 升级版本。

集邮讲究主题。他第二阶段收藏的主

题是什么？

有一天，他被一张一九〇二年二月二十四日由天津寄往法兰克福的战地明信片吸引了目光。按照国际惯例，从一个主权国家寄出的邮件只贴本国邮票。但是，这张明信片除了贴有大清蟠龙一分邮票外，另贴有法国邮票、日本加盖“支那”字样邮票、德国横盖“CHINA”字样邮票、俄国斜盖俄文“中国”字样邮票、印度的维多利亚女王像加盖“CEF”(中国远征军)邮票等等，邮票上都盖上各国的天津邮戳。一查邮政史，当时，列强在华邮局及邮政代办所竟达三百四十处之多！这全世界绝无仅有的欺凌，震撼了郑介初。

一九九七年香港回归前夕，郑介初的《百年沧桑》出版了。在前言中，他说，“中国近百年的邮政史也是中国近代历史的一个层面，同样反映了饱受帝国主义侵略、内忧外患、天灾人祸的历史。世界上还没有一个国家像中国那样，邮政主权受到任意侵犯，从本书汇集的众多外邮、客邮、军邮中可见一斑。”

郑介初的夫人高哲是他燕京大学新闻系的同学，是南京大屠杀的幸存者，他俩对百年国耻，刻骨铭心。伉俪共识就是再集邮品，以那些邈与世绝的铁据，证实那一百多年来血泪斑斑的帝国主义侵华史，从而把个人收藏的意义升华：为中华民族百年沧桑的不泯不湮的集体记忆。

有道是，春秋史笔，“一字之褒，荣于华兖，一字之贬，严于斧钺。”《旧上海明信片》渗透着郑介初强烈的爱与恨。他展示了两枚抗日战争时期的明信片：一枚是日本海军陆战队士兵坐在掠自居民的太师椅上，用迫击炮轰击上海闸北三元里民居；另一枚是日机轰炸上海后，一个坐在废墟上哭泣的儿童。郑介初第二阶段的收藏，就是隽于邮品、传之后代的永垂青史。用他自己的话说，“温故知新”，“前事不忘，后事之师”。

这就是他的集邮主题。这一主题也有其变奏，那就是对中国民俗、世情、人物、风光、历史故事的无限眷恋，他的爱国之情，通过编纂邮史，如水银泻地，一倾无际。

郑介初利用旅游和经商的机会，访游各国。每到一地，必先去旧书店、旧货店、邮票商店，寻觅的重点是旧明信片和实寄封。这是集邮的较高境界。它们除了邮票、邮戳、邮路之外，还有文字内容和图像，所蕴含的历史信息尤为丰富。自一八四〇年第一次鸦片战争后，中国被迫开放通商口岸，大批外国人涌入中国经商、旅游、传教。他们为了介绍所见所闻，寄给亲友许多当地明信片，其中包含的文字和图像，是最有力的历史左证。

但是靠一己零敲碎打、爬罗剔抉，犹如沙里淘金，效率较低。于是，郑介初参加佳士得、苏富比、斯宾克、吉本斯等世界性的拍卖行活动，包括香港的杨氏、布约翰、鉴珍等公司的拍卖，和香港收藏协会的同行交换。在几乎倾囊收藏的漫长岁月中，他积累了五千多份异常珍贵的实寄明信片，实寄信函和历史图片，照片。

他从收藏品上面的邮票、邮戳、邮路

变化了解一个国家和地区的邮政史和历史，再按年代、地域依次排序，再现历史。先后编写出版了《邮海漫话》、《续邮海漫话》、《百年沧桑》、《旧上海明信片》、《明信片中的老天津》、《从鸦片战争到八国联军》、《老明信片选》、《广州百年沧桑》、《厦门旧影》、《宁波旧影》、《烟台旧影》、《威海旧影》、《青岛旧影》、《旅大旧影》、《武汉旧影》、《香港旧影》、《晚清民初武汉映像》、《天津旧影》、《北京旧影》、《上海旧影》等二十本集邮专著和图册，实现了他以权威性无可争辩的邮品史料、反映中国近代史、让青年一代不忘过去、以史为鉴的夙愿。这在我国集邮界是前所未有的。

一九七六年以还，三十多年，“路漫漫其修远兮，吾将上下而求索”。郑介初从收藏，到研究，进一步出版。下一步就是走向民众，二○○一年六月，郑介初风尘仆仆从香港来到宁波，参加“百年国耻——八国联军侵华史实展”。这是天津平津战役纪念馆在二○○○年为纪念八国联军侵华一百周年而举办的。展览从天津开始在全国巡回展出，宁波是其中一站。图片数据基本上选自郑介初编著的《从鸦片战争到八国联军》，这本图册被史学家称为“一本有震撼力的图史”。那次展出的一百五十余块图版，四百余幅从世界各地精心收集、几近绝版的照片和文物，绝大部分由他捐赠。在宁波展出的几天里，参观人数达二万五千余人，其中大多数是青少年和机关干部。郑介初的八千里路云和月，个中甘苦寸心知。历史求证，每有斩获，或公众惊心，铭记过去，他就如获犒赏，顿忘劳累，尤其在宁波，因为这是他的家乡。

他又以十多张由英国著名画家阿罗姆画的有关广州风土人情的铜版画、二十封英美商人和鸦片贩子的实寄信、一百张当时发表在英国和法国报刊上的有关两次鸦片战争的新闻画片、英国法国发给侵略军的勋章等实物组成“广州百年沧桑海外文物展”在广东省博物馆展出，填补了历史空白，具有重要的研究与欣赏价值。那次文物展的正面入口墙上，迎面就是巨幅扩放他收藏和捐赠的一帧实寄明信片，作为展览的主旨标识(logo)。

在宁波之行时，他将英法联军于一八六二年八月轰毁的宁波城墙图片(载英国 *London Pictorial News*)，一八八四年英国侵略军头目率领“常胜军”炮兵在宁波扬威耀武的版画，以及一九○○年宁波商号联合检举海关税务所贪污舞弊的信函等捐赠给宁波市博物馆。

郑介初的邮品实录了各时期的民俗、民趣、风光、方志。因此，无论从爱国主题的阐发，知识的探求，艺术的鉴赏，历史的考证等诸多方面，他的图书和邮册都成为集邮者以致国家、地区档案馆收藏的珍品。

例如，“宁波沿海棉田”，“江南蚕桑之乡”，“一八四四年的宁波街景”等，画面工笔精细，形象生动，尤其是甬江入海口的远处是镇海招宝山，画面上的几艘大船就是当年的海运木船，桅樯如林，百年前宁波甬江口的繁华景象，一览无遗。这些图片来自他从世界性拍卖公司的搜购，与香港收藏协会的交换，或是委托英国朋友道格拉斯长期在欧洲的搜罗。最终汇成的煌煌二十本邮品史册，则是他对各地图书馆、档案馆、博物馆的无偿捐赠。

郑介初说，他捐献的这些文物虽然并不非常值钱，但都是从世界各处搜求来的。在《宁波旧影》中有一张“南水关”的老照片。那是一百多年前拍摄的。古代的城门均为陆地的要冲，水上的城门实为罕见。他在一个收藏家那里发现这张地域方志上很有价值的照片，宁波的的南水关构成一道城墙，清晰地流淌着涓涓河水，见证了当年宁波城区的河道源流。他提出高价收购，被一口回绝。郑介初多次登门求购，对方提出条件，要让他在郑介初的邮集中任意挑一张作为交换，此人目光锐利，挑选了很珍贵的一张，让郑介初心痛好久。但他在二〇〇四年八月二日下午隆重举行的《宁波旧影》首发式上，以此赠给宁波市时，还是说，“值得，值得。”他说，“文化是一个城市的灵魂，文化和历史赋予宁波市更强的凝聚力和向心力。我将继续努力搜寻宁波的文化遗存，虽然只是吉光片羽，挂一漏万，但也可为子孙后代留下一些东西。”

西方国家所写的历史，将一八四〇年中英鸦片战争说成是自由贸易之争，事实上，当年林则徐只禁鸦片输入，不禁自由贸易。外国商船只要具结不夹带鸦片，就可进入黄埔港做生意。郑介初收集到的实寄函件中，就有一八三九年十一月三日英国商船皇家萨克逊号(S/S Royal Saxon)司务长约翰·希尔维洛克（John Silverlock）自黄埔写给他在英国的父亲信，叙述了该船具结后进入黄埔港做成生意的详情。一八四一年五月七日他又从广州给他在英国的母亲写信，说他为她买了中国茶叶和瓷器。郑介初收集到的实寄信中，还有一封提到一八四〇年七月到一八四一年六月中国共出口茶叶五千五百多万磅。白纸黑字，证明林则徐禁烟，不禁贸易。

郑介初核查史证，必求实据。据记载，一八四〇年七月，英军攻占定海。历史上，关于英军伤亡人数有两种版本。一是英军用洋统枪炮屠杀以弓箭长矛对抗的清军，英军伤亡仅几十人，但另一说是当年打定海，英军总兵力是三千三百五十三人，但死亡人数达四百一十九人。孰真孰假？

郑介初从收集到的一份自定海寄往印度的报告信中获得了答案。该信发自英军在定海的医院，内有每月住院英军死亡的人数统计，载明，七月至十一月十四日，死亡人数共四百一十九人，都是因肠胃病而死亡的。郑介初深入查阅宁波的地方志，发现当年宁波居民采取的是焦土政策，坚壁清野，城里十室十空，人、粮、牲口，都上了山。英军从英国带来的咸牛肉因天气太热不能食用。英军抓获的当地水牛，其肉难以消化，再加上饮水不洁，以致英军大批死亡。郑介初又从印度买到了当年侵华英军的部队番号资料，进攻和驻守定海的部队番号与医院所报完全符合，其中以皇家第二十六团和孟加拉国志愿兵团死亡最多，几乎达一半以上。这就从一个侧面,坐实了国人对抗帝国主义入侵者的同仇敌忾,势不两立。当年的民族反抗,跃然纸上。

郑介初收藏了一套一位英国军人给他未婚妻的情书,一共三十多封,信封上都编了号。此人自英国出发,经苏伊士运河东来,一个地方一封信,一直经上海、南京、武汉,到宜昌,其中对中国当年风土人情原生态的描述十分鲜活,足称近代史史料的生动脚注。根据旅程日期的编号,还缺三封。这三份在三年内经两次拍卖,终于被郑介初补齐,尽管最后一封的代价,高达四千余港元。当他将这一套三十五封信完整无缺赠送给上海博物馆时,心中有说不出的满足感。

又如有外商印刷出版的山东民俗明信片,每套十二枚,一套讲婚娶,一套讲丧葬,两套共二十四枚。郑介初收集到二十三枚,独缺一枚。只有等待。每次拍卖,他都不放弃。一年多后,在一次嘉德拍卖中,他发现一大堆旧明信片中,有他独缺的那一枚。他不动声色,屡屡举手竞拍。旁边的邮友笑他为这一堆没价值的邮品化那么多钱,划不来。最后终于给他拍到了。十几枚平淡无奇的旧明信片中,却隐匿着他梦寐以求的那一枚,就是这一枚成全了两套完整的民俗信。娓娓诉说这些轶事的时候,郑介初亲切地回忆和认同王国维在《人间词话》中所说的几句话:"古今之办事业、做学问者必经过三种境界。昨夜西风凋碧树,独上高楼,望尽天涯路。此第一境也。衣带渐宽终不悔,为伊消得人憔悴。此第二境也。众里寻她千百度,蓦然回首,伊人却在灯火阑栅处。此第三境也。"他本人的感性体验丝毫不爽地印证了静安先生的隐喻:第一境写的是预期;第二境写的是勤奋;第三境写的是成功。许多人都拜服燕京的王世襄,笔者觉得王世襄的学弟郑介初在心路历程上不遑多让。

他将花费巨资和心血在世界各地收集的数千件珍品捐献给国家。二〇〇一年、二〇〇二年分两次捐献给宁波市博物馆数百件相关的邮品和照片;与广东、北京、大连、上海等地相关的邮品、照片也分别捐给了这些省市的博物馆。二〇〇七年香港回归祖国十周年庆典前出版了《香港旧影》;二〇〇八年奥运会前,出版了《北京旧影》;二〇一〇年上海世博会前,出版了《上海旧影》,还把他二十年来所收集的二千多件"百年上海"的历史见证文物无偿赠送给了上海历史博物馆,其中一些是他处无法求得的精品,极其珍贵。

收藏邮品,耗费大量的时间,心血,还有财力。这些当年的普通明信片,现在可是身价百倍、标价不菲了。一次,香港邮展,俄国的邮商对手中的八国联军侵华的明信片,索价几百美元一枚!经济上,夫人高哲全力支持。两人一边节衣缩食,一边多打一份工,用两份工的收入支撑收藏。一九七八年他在香港的月工资为二万五千港元,夫人高哲一万港元左右,绝非富有。他俩自奉约,与人厚,每逢佳品,总是义无反顾地高高举起竞拍牌。研究成果出书要钱。他最早出的几本书都是自筹款项，但同时还要继续搜罗吸纳，在经费上就捉襟见肘，有些招架不住了。同时，年老多病，觉得应对自己的藏品做出安排。想来想去，就与资质高尚的文物单位达成协议，共同编辑和出书。书出来后，资料无偿捐赠。作者兼捐赠者只要一些书(courtesy copies)馈赠友人、自己留作资料就够了。自上世纪九十年代至今，除办了几个展览外，郑介初前后出了煌煌二十本“用邮品编纂的史书”。

他手中的几千件邮品也都进入了各地的博物馆和档案馆。用郑介初的话，这些藏品原本应当属于当地的父老乡亲，也就是物归原主。在出版过程中，他凭借自己新闻专业的厚实功底，对制图、排版、印刷、纸张等各方面，殚精竭虑，亲自过问，准确精美，达到了国内罕见的质量，足以传世了。人们问道，“是日本印刷的吧？”他笑答，“Printed in China.”

郑介初的编着，署名“哲夫”，那是鹣鲽情深，纪念燕京新闻系的同学、才女高哲；郑氏伉俪，诗咏好逑、唱随同心。一九九八年高哲罹患癌症，慧炬一熄，娑婆而去。介初自称“哲夫”，寓意更为直白：昊天不吊，伊人其萎；地老天荒，此情不渝：“我永远是高‘哲’之‘夫’也”。

威海市档案局局长张建国在二〇〇七年十一月接受捐赠、出版《威海旧影》的后记中说，“哲夫先生带着二百多幅原版明信片及部分珍贵档案数据来到我们的住处。我们曾从英国查询并带回三千多幅威海卫的历史照片，原以为不可能再见到多少形象图片。没想到，哲夫先生带来的明信片中，约百分之九十我们从未见过……更令我们始料未及的是，哲夫先生非常慷慨，一番交谈之后，他便把自己珍藏多年的这些资料悉数交到我的手上。我知道这批收藏品的价值。几年来，我们费尽周折，从国外查到的那些老照片，尽管花了一大笔钱，得到的却只是复制件，好多还没有版权。哲夫先生虽然没讲到自己当初收购时所费几何，但在我心目中，这些藏品，每件都是沉甸甸的无价之宝……我接触过不少收藏界人士，他们有的视藏若命，贵贱不肯出手，有的漫天要价，拒人千里之外。哲夫先生的慷慨令我感到惊诧和疑惑。我试探着询问他有什么要求，哲夫先生的笑脸上写满了真诚：‘不收任何回报，只需用这些东西编成一本书，出版后寄几本给我，好给我的儿女和朋友，仅此而已。’”

那么，郑介初到底一辈子在追求什么？他说，“求证历史是最大的动力。每一次对历史的收集和求证，都让我感到趣味无穷。”他把二百七十八件珍贵藏品捐赠武汉市、回答《长江日报》的采访时说，“有的人买邮品是为了保值或增值，我买回来是想物归原主，将这段历史留给后人。”他在二〇〇一年五月出版《老明信片选》时说，“历史记录了过去的事实，绝不容歪曲或篡改。一个忘记了过去的民族是没有将来的民族。重温过去的历史能使我们自重自强。有时历史会重演。值得我们深思和警惕。”

人生的冷暖取决于心灵的温度。在世

风日下、道德沦丧的今天，人们内不疚神明、外不惭清议，贪污徇私，萋萋迭闻。郑介初，历尽跌荡，却仍然热血未冷，洁身自好，博学不穷，笃行不倦，想到责任，念及后人。郑介初是香港甬港联谊会的秘书长，促进境外宁波人士在内地投资两亿多元，并无偿捐助家乡的学校、医院、少年宫、修桥、铺路、造凉亭、筑海塘、造福桑梓，获得中华慈善总会表扬。

作为燕京大学香港校友会副会长，郑介初在二〇〇七年十二月给《明报》写稿时说，"作为一个学者，记录和传承史料，是对历史负责，对后代负责。这样做，才不辜负母校的校训：'因真理，得自由，以服务'"。笔者认为，其言可以立儒。保罗在《圣经·新约：哥林多书》(Corinthians)中说，"Knowledge puffs up, love edifies"("知识让人高傲，爱心启迪教化")。郑介初未必认同基督教的教旨，但是，他从寄物自遣到树人醒世、从一己怡情到博爱社群、从收藏到研究、从拥有到舍弃、从增值到捐赠，实际上就是"因真理、得自由、以服务"的过程。忠骨归葬的司徒雷登，以及亲炙教泽的各位师长，他们在天之灵，看到燕京校训，在今天的市嚣红尘中，依然得以服膺饯行，应该是负手低回，无任欣慰了。

(参考书目：夜枭：《纽约版孙中山像倒印票》；王元周：《广大华行：从小西药行到中共三线地下机构》；刘方宣：《郑介初的家世》；刘方宣：《郑介初谈'纽约倒'》；郑介初：《集藏演绎百年沧桑》；张建国：《威海旧影》后记；张建民：《应似飞鸿踏雪泥——记香港著名邮品收藏家哲夫》；《郑介初，那一刻，做主人的自豪感油然而生》)

补 白

传记的细节

不少传记作品的细节，会使人很感动，可是一经核实，往往是作者杜撰的。在一些有关回忆周恩来的文章和著作中，人们常看到这样一个情节：周恩来病重后，叶剑英同志吩咐医务人员放了一沓纸在周恩来病床旁边，让他们随时记下周恩来清醒后说的每一句话，结果，在周恩来逝世后，医务人员交回去的仍然是一沓白纸，也就是说，周恩来把满腹的忧虑，要想说的话憋在了肚子里，一同带走了。在创作《周恩来》这部文献纪录片时，创作人员想，如果在片子里把这一情节叙述出来，想必是很好看很动人的。但是，在采访过程中，一些当事人都否定了这种说法，叶剑英同志根本没有吩咐他们这样做。于是创作人员后来果断舍弃了这个细节。

汤化龙何至于要被刺杀?

◎范　泓

一九一五年(民国四年),年仅三十一岁的名记者黄远庸被革命党人狙杀于美国旧金山都坂街上海楼菜馆,三年之后,一度做过民国众议院院长、段祺瑞内阁内务总长的汤化龙(字济武)又被革命党人刺杀于加拿大维多利亚唐人街途中,一时间,海内外舆论大哗。不过,在国民党美洲支部的革命党人看来,包括刺杀黄远庸在内,"皆在诛锄袁世凯之走狗,以卫共和,而彰天道,其爱国精神,殊堪敬佩"(冯自由著:《革命逸史》第三集,中华书局1981年第一版)。然而问题在于,汤化龙其人究竟是不是"袁世凯之走狗"?即便是的,又何至于要遭到这样的政治暗杀?无论如何,刺杀之手段,难掩其中的血腥,有悖于政党竞争之原则,正如曾琦(慕韩)在同年九月四日日记中所言:"盖汤氏之为人,固有不足取者,然要是吾国之新人物,贤于旧官僚远甚,且政党竞争,自有其轨道,出以暗杀,殊非所宜,吾于是叹党祸之日烈矣"(陈正茂等编:《曾琦先生文集》下册,"中研院"近代史所史料丛刊)。

一、被推为湖北省咨议局议长、参与立宪运动

汤化龙生于清同治十三年,即民国前三十八年,湖北蕲水(今浠水)人。光绪三十年(1904年)进士,授刑部主事。为求新知,由北京进士馆选为官费生,东渡日本,入东京法政大学速成科,受业于梅谦次郎。一九〇八年学成返国,任民政部主事。归国前,曾与湖北籍留日学生相约设立"湖北教育会",被认为是汤氏"合群谋国之发轫"。宣统元年(1909年),设立各省咨议局(即临时省议会),"鄂都陈夔龙以荐者言,奏调化龙还鄂,筹备自治事宜"(沈云龙:《汤化龙其人其事》上篇,台湾《传记文学》第28卷第1期),不久被选为湖北咨议局议长,时三十五岁。

筹办咨议局是清政府于一九〇八年宣布九年预备立宪时间表中的一项内容,即当年筹办,次年举行选举。清廷对咨议局之人选,有明确的规定:即由各属合格绅民公举贤能,作为该局议员,断不可使

品行悖谬营私武断之人，滥厕其间（参见丁文江、赵丰田编《梁启超年谱长编》，上海人民出版社）。从客观上来讲，咨议局之设立，使立宪派人士获得议政的场所，又有了共同行动的机会，全国二十一个咨议局共选出一千六百四十三位议员，大多数当选议员为立宪派，其中湖北的汤化龙、江苏的张謇、山西的梁善济、四川的蒲殿俊、福建的刘崇佑等立宪派中坚人物，被推为咨议局议长或副议长。这些新旧参半的政治人物，一般都有传统士绅功名之背景，无论在学识、才德、清望等方面，皆为当时的舆论所推重。

此时的清政府，正在遭受前所未有的挑战，既有来自革命党人武装起事的压力，他们始终坚持以武力“颠覆现今之恶劣政府”（孙文 语），或谓“不革命决不能立宪”（汪兆铭 语）；又要面对自预备立宪公会以来不断请愿、要求速开国会的高涨呼声。实际上，清廷也意识到了“欲防革命，舍立宪无他”（载泽 语）这一问题的重要性，只是不久的“皇族内阁”令立宪派人士大失所望。一九一〇年四月，“国会请愿同志会”在北京成立，直隶咨议局议长孙洪伊为会长，汤化龙为湖北省支会书记；为进一步推动国会请愿，汤化龙与江苏咨议局议长张謇等人共同发起各省咨议局联合会，汤任为会长，各省咨议局议长参加者有湖南的谭延闿、山西的梁善济、四川的蒲殿俊、福建的刘崇佑等人，“汤与彼等相聚京师，纵谈大计，并到处演说、运动，冀有所成”（张玉法：《国民党与进步党的比较研究》，台湾“中研究”近史所集刊）。迫于形势愈发紧张，清廷下诏缩短筹备立宪年限，定一九一三年召集国会，然不少朝野人士仍觉其长，尤其汤化龙、谭延闿、蒲殿俊等人，坚持要求翌年即开国会，从而留在北京，再筹请愿，以图君民共治的理想……（参见张玉法著：《辛亥革命史论》，台湾三民书局）。未料，清廷因此震怒，令各省代表出京还里。代表们在失望之余，相约《国民公报》社，密议返省之后，即向咨议局通报“清廷政治绝望”，且不排除革命的可能性（《梁启超年谱长编》），“……化龙自京返鄂，鼓吹国会事益力，舆论既激昂，复时发电与各省相呼应”（沈云龙语）。

一九一一年四月，清廷颁布内阁官制十九条，并组成“皇族内阁”，所任命的国务大臣十三人中，满人七席，汉人四席，蒙古一席，汉军旗一席，而皇族又占其五，世称亲贵内阁，士民哗然。此被认为是清廷的排汉政策，违反君主立宪之公例，各省咨议局联合会动议弹劾，要求另组内阁，汤化龙与副议长张国溶被推为湖北省军商学界的代表北上，从汉口出发时，送行者竟达万人，汤氏在火车站发表慷慨激昂的演说，可见汤氏当时在湖北各界中的影响力。

二、武昌起义出任民政总长，从立宪转向革命

一般认为，汤化龙是旧官僚和旧绅士的代表（张玉法语），在思想上与康、梁等

人相一致，并不赞成革命，相信君主立宪是救国之道，即在不动摇社会稳定性的前提下，有心起而改革。

一九一一年十月十日，武昌起义突然发生，先且不论成因和结果，此次起义在事实上十分仓促，初无全算，“革军既起，尚未得一首领，众议以第二十一混成协统黎元洪当之”，黎初不应，理由为民意所向系在咨议局，应由议长汤化龙出面组织军政府。从各种史料记载来看，汤化龙对此有一回答，版本庶几相同，足以采信。汤氏这样说：革命事业，鄙人素表赞成，但是此时武昌发难，各省均不晓得，须先通电各省，请一致响应，以助大功告成。况瑞澄自遁走后，必有电报到京，清廷闻信，必派兵来鄂，与我们为难。此时正是军事时代，兄弟非军人，不知用兵，关于军事，请诸位筹划，兄弟无不尽力帮忙(参见曹亚伯著《武昌革命史》中册，收录《近代中国史料丛刊续编第八十六辑》，文海出版社)。

我们可以将此言视作汤氏从立宪至革命的一种转变，但有一点必须承认，即汤化龙本是立宪派中的激进人物。激进者往往在某个动荡的时刻，最易出现态度和立场上的反复或变化。然此时置身于时代激流之中的汤化龙，看起来，好像已没有更多的选择，但终归表现出来的还是对清廷置改革于踟蹰、延宕之中的一种强烈不满。尤其当国会请愿代表团被迫解散，汤本人的思想正在悄然发生动摇，也开始倾向革命。所以，当武昌起义突然而至，正好应合了他在北京与四川蒲殿俊等人所密议的内容，即：若日后遇有可以发难之问题，各省同志应即竭力响应，援助起义独立。也就是说，汤氏的思想转变并非空穴来风，更多是因为对清廷政治上的失望所致。

军政两长人选既定，黎氏以湖北军政府都督名义，发安民布告及独立檄文，并约汤化龙同署。汤化龙则通电各省咨议局，请求响应。电文云：“清廷无道，自召灭亡，化龙知祸至之无日，曾联合诸公奔赴京都，代表全国名义，吁请立宪，乃伪为九年之约，实无改革之诚。……维新绝望，大陆将沉。吾皇华神明之裔，岂能与之偕亡，楚虽三户，誓必亡秦，非曰复仇，实求自救。武昌义旗一举，军民振臂一呼，满酋瑞澄，仓皇宵遁，长江重镇，日月重光。立乾坤缔造之丕基，待举国同心之响应，特此通电告慰，望即不俟剑履，奋起挥戈，还我神州，可不血刃。……一发千钧，时机不再，伫候佳音，无任激切。湖北咨议局议长汤化龙暨全体同人叩。”

正如汤化龙所料想的那样，武昌起事，清廷必要反扑。他们派陆军大臣荫昌率兵两镇，督师赴鄂，又令黎元洪的老师、海军提督萨镇冰率兵舰、长江水师提督程允和率水师赴援，此后就是重新起用袁世凯为湖广总督钦差大臣，负责剿办。一九一一年十一月十日，袁世凯派两位代表至武昌议和，谓：若能承认君主立宪，两军即可停战。此时的汤化龙对“君主立宪”已无多兴趣，他代表武昌方面给予答复，称：此次武昌首义，并非专行种族革命，实为政治革命。处现在二十世纪时代，君主国逐渐减少，民主国日益增多，如能按照共和制度，则满清永久立于优待地位，享共和幸福，较之君主时代之危险，至有世世子孙莫生帝王家之惨，胜百倍矣……（转引自张玉法：《国民党与进步党的比较研究》）从这番话中，多少可以看出汤氏在湖北军政府中的地位，但放弃君主立宪、认同共和政体则亦同样一览无遗。

然而，让汤化龙没有料到的是，他在军政府中的地位很快就发生了变化。军政府组织系统确立之后，仍为军政、民政两大部门，军政部内设军令、参谋、军务三部，民事部下设外交、内务、财政、法制、交通、文书、编制七局，汤化龙任政事部长。未及旬日，复修改条例，政事部被取消，文书局归军政府秘书处，其余各局一律正名为部，直隶于都督之下，“而化龙仅领编制部长，事权削减，位同闲散，无复初起义时之重要矣”（沈云龙语），之所以这样，其原因不出革命党人对他的不信任：其中既有汤化龙主持政事部时，差不多所用人选均为立宪派人士，引起革命党人的大为不满；也有湖北的革命力量，原以共进会、文学社和当地新军力量为主，在革命初起时，需要网罗各方面的力量，汤化龙以立宪派首要受重用，包括黄兴以同盟会领袖身份出任总司令一职，这一切，在当时不过是暂时的合作而已。及至汉阳失守，黄兴即因内部意见不统一而辞职，东下至沪。也就在这时，被冷落的汤化龙与一些立宪派人士亦随之到了上海，准确地说，他们是不辞而别。

三、民初政党分分合合，国会遭解散出任教长

汤化龙之所以离开湖北，应当可说是受到当地革命党人的不信任和排挤所致，这反映出湖北军政府内部之间的派系斗争已然公开化。不过，就这件事而言，历史上还存有另外一个说法，足以让人将信将疑，那就是汤氏在当时向全国各省咨议局通电请求响应武昌起义之后，又复电清廷，表示自己“不甘心附逆”。后来此事被革命党人有所察觉，汤氏自觉不安，方才离开了湖北。革命党人据此认为汤化龙是一个阴险的两面派人物，他表面上拥护革命，暗中却在阴谋推翻革命政权。不过，此事的真伪并没有人来加以认真辨析，直至若干年后，大陆历史学家杨天石经过考证与分析，所谓汤化龙“密电”一案并不存在，不过是以讹传讹而已，其中有某些“真实”成分，但又有若干主观猜测和想象（参见杨天石著：《寻求历史的谜底》上册，台北文史哲出版社）。汤化龙所谓密电清廷一事，虽然见诸文字记载较晚，然在武昌起义后不久即有传开，对于革命党人来说，这绝不会是一件小事情，因此七年之后，汤化龙在海外遭到革命党人的刺杀，是否受其流言之害亦未可知也，但革命党人不信任汤化龙、乃至憎恨汤化龙则毋庸置疑，最终也是死在他们手上的。

不管汤化龙当时为何要离开湖北，这都是不可改变的事实，但值得一提的是，汤化龙的政治生命却并没有因此而结束；

相反，迎接他的则是另一个更大的政治舞台，“此后他在政坛上的角色是全国性的，而非地方性的”（张玉法 语），历史有时就是这样的吊诡，也注定要给汤化龙一生以悲剧的色彩。

南京临时政府成立之初，在人事安排上未尽革命党人之意，以致引起同盟会内部的分化，武昌首义的骨干分子，如孙武、刘成禺、张伯烈等人，另组民社，拥黎元洪为号召，其后又与其他政团合而为共和党；章太炎则在民国之后，与程德全、张謇、熊希龄等人，组建中华民国联合会，继改为统一党。临时约法制订期间，蔡锷、王芝祥即联合参议员谷锺秀、张耀曾、殷汝骊等人，组建统一共和党，而清末立宪派之宪友会，此时也一分为二，既有共和建设讨论会，又有共和统一党，前者以汤化龙、林长民、刘崇佑为中心，后者为孙洪伊所主持，待羁迟日本的梁启超归国后再合为民主党。民国初年，结社自由，法所不禁，大小政团，林林总总，不一而足，局面甚为可观，仅此而言，并非是一个不好的开局。

等到袁世凯接任临时大总统，政府北迁，参议院也随之移设北京。不久，即改选吴景濂（统一共和党）为议长，汤化龙（共和讨论会）为副议长。民国二年，全国举行普选，成立国会参、众两院，此时同盟会为扩大党势力，参与竞选，遂合并统一共和党、国民共进会、共和实进会、国民公党而称国民党，推孙文为理事长，交宋教仁代理。以众议院席次总计，以国民党所占为最多，计有二百六十九席；共和党，一百二十席；统一党，十八席；民主党，十六席；跨党及无所党籍者，一百七十三席。很显然，共和党深知不足以与国民党竞争，乃事先谋划与统一党、民主党联手，允诺以副议长予民主党。民主党刘崇佑则坚持非议长不可，共和党不得已让步。正是因为借三党之联手，两次投票，汤化龙当选众议院院长，共和党陈国祥为副议长。其后，统一、民主、共和三党正式合并为进步党，推黎元洪为理事长，梁启超、张謇、伍廷芳、汤化龙等九人为理事，以期与国民党相抗衡，从而形成国会中两党政治的规模。

在这之前，即一九一三年三月二十日，国民党代理理事长宋教仁在上海车站遇刺，年仅三十二岁。宋氏虽为国民党重要领袖之一，然其党见不深，“与其他政党首要多相友善，而于汤化龙、林长民私交尤笃”。宋教仁不幸亡命，汤化龙伤悲至极，即以挽联云：“倘许我作愤激语，谓神州当与先生毅魄俱沉，号哭范巨卿，白马素车无地赴；便降格就利害观，何国人忍把万里长城自坏，从容来君叔，抽刀投笔向谁言。”上联中的“范巨卿”，即三言二拍《喻世明言》中“范巨卿鸡黍死生交”之故事，寓重诺者；下联中的“来君叙”，典指东汉将领来歙，被人刺杀。从中可见汤化龙对宋教仁其人推崇备至，“而于主谋刺宋者，词意之间，尤深致愤懑，一时争传诵焉”（沈云龙 语）。

宋教仁既死，国民党扬言以武力讨袁，此即历史上的“二次革命”。结果，国民党兵败，孙文等人不得不流亡日本，改组为中华革命党，以谋东山再起。袁世凯任命熊希龄组阁，坚邀梁启超、张謇出长司法、农商，以示对进步党之笼络，继又让国会选举其为正式大总统，然一月之后即下令解散国民党，并取消国民党籍国会议员之资格（袁、熊二人发布告，指控国民党议员助乱）。虽然汤化龙对革命党人并无好感，仍进言袁世凯，以为是否有权罢黜议员，事须别论，但不能借口消灭国会，“今宪法尚未成，竟寝罢国会，将何以处民国”？袁氏不为所动，至一九一四年初宣布停止现有国会议员职务，并先后召开有关会议，制订新约法，改内阁制为总统制，任徐世昌为国务卿，中央各部中，任汤化龙为教育总长，于此“民初稍具雏形之责任内阁政制，遂面目全非矣”。

四、反帝制促袁氏退位，入段内阁貌合神离

汤化龙出任教育总长，可以理解为袁世凯对进步党人所采取的一种拉拢手段，虽然，汤氏本人“抑郁非其所愿”，然以国家教育计，仍多有筹划，未虚其职，尽力而为。及至一九一五年春，帝制运动甚嚣尘上，袁氏与日本人签订了“二十一条”，不管是否出于被迫，抑或无奈，汤化龙深知兹事体大，欲离职出京，可又苦于找不到借口。至八月，杨度、孙毓筠等人发起“筹安会”，梁启超公开撰文以斥之，汤化龙亦认为此事不可为，对袁世凯大失所望，于九月请假赴天津治病，旋以书面辞职，甚至于密谋以黎元洪讨袁，未遂。

袁氏称帝，民意不爽，非议骤起，云南、贵州、广西、广东等地反对洪宪帝制而次第独立，蔡锷、唐继尧首先发难，以护国军名义，设军务院于广东肇庆旧端州书院内。彼时湖南的形势，关乎整个西南大局，汤化龙之弟汤芗铭时任湖南将军（袁世凯撤各省都督，改称将军。作者注），素附袁，并得袁的信任。汤化龙数次使人赴湘劝说与策动，其弟最终审时度势，放弃拥袁，湖南遂继浙、陕、川等省于一九一六年五月二十八日亦宣布独立，汤芗铭在通电全国时谓：芗铭虽有知遇之私情，不能忘国家之大义，但使有另途之悔悟，决不为萁豆之相煎。如必举全国而牺牲，唯有以我相见。情谊两迫，严阵上言……尽管湘人对汤芗铭治湘“严刑峻法”多有反感，甚至后来发生过“驱汤风波”，唯此事可评可议，不可一言以蔽之。

此时袁氏眼见全国形势愈发于己不利，欲复为总统，以求罢兵，汤化龙则联络国会议员通电以抨击：“护国军志在申讨叛大义，求真共和，袁辞皇帝留总统，不得谓大义已申。……兵罢否，某固无能参与，假能参与者，方当力持不罢兵之议，一洗国民苟且薄弱之耻，义师若胜，某无纤毫干涉，若败，则虽身殉之，甘也……”汤化龙反袁态度之坚决，亦可表明进步党人与袁世凯已告决绝。

未几，袁世凯患疾而死，黎元洪依法继任，段祺瑞再度出任内阁总理。为恢复旧约法南北各调，相持不下。汤氏遂以调

停人北上，劝说段祺瑞，旧约法当以恢复。段本人似被汤氏说动，唯左右持异议，阻力颇大。汤氏即电告护国军军务院，再使压力，谓必可得。驻沪海军不久即通电加入护国军，声称若不恢复旧约法、重开国会，决不受命于北京政府。四日后，黎元洪下令恢复旧约法，国会得以合法召集。调解告成，汤化龙自京返沪后，未料先遭丧母之痛，又遇夫人在日本逝世，时间仅相隔一百余天，“化龙两遭家变，哀痛伤毁，有非人情所能堪者”。

一九一六年八月一日，国会参众两院重开，汤化龙复任众议院议长。唯此时汤氏对其党争之烈已憎恶痛绝，在沪上时就倡言“不党”之说。所以，北京敦迫再三，不得已于二十多天之后才到会。旧国会恢复后，不论国民党还是进步党，其内部均已分为多派，前者有客庐派（以谷锺秀、吴景濂、王正廷、殷汝骊等为代表）、丙辰俱乐部（以林森、居正、田桐、马君武等为代表）；后者有宪法讨论会（以汤化龙、刘崇佑、梁善济、李国珍为代表）、宪法研究同志会（以梁启超、王家襄、陈国祥、林长民、蓝公武为代表）、韬园派（以孙洪伊、丁世峄、郭同、温世霖为代表）。不久，客庐派、丙辰俱乐部、韬园派合为宪法商榷会，宪法讨论会和宪法研究同志会合为宪法研究会，主要领导人物为梁启超、汤化龙，此即历史上的“研究系”之由来。

此时院府之争愈演愈烈，至一九一七年，在对德宣战问题上，段氏与黎元洪意见不一。段祺瑞胁迫众议院通过对德宣战案，众议院以内阁成员多辞职，且催议咨文乃用国务院名义，非总统提出，于法律不合，故决议缓议对德宣战案，而且必须先改组内阁。张勋通电响应督军团改组国会的主张，段氏对各督军解散国会的呈文，“决定不退亦不批”。段祺瑞不安于位，为黎下令免职。段不甘，认为免职令未经副署，不合程序，“将来地方及国家因此发生影响，一概不能负责”，遂离开北京往天津，此事引起反弹。安徽省长倪嗣冲称段祺瑞免职为非法，即行独立与中央脱离关系。陕、豫、浙、鲁等省及奉天张作霖宣告独立，粤、滇、桂、川、黔督军则通电拥护中央，声讨叛逆。在这种情况下，五月三十一日，汤化龙辞众议院议长，“与其隐忍苟留，不如自退”，由吴景濂继任。六月九日，张勋派兵两千自天津开赴北京；次日，孙文、章太炎电告黎元洪及西南各省，要求惩办徐世昌、段祺瑞、冯国璋、张勋、汤化龙、梁启超、熊希龄等人。黎元洪下令解散国会，此距恢复尚未及一年。

张勋拥清废帝宣统复辟，黎元洪避走日本领馆，通电各省出师讨伐，电请副总统冯国璋入京代行总统一职，并特任段祺瑞为国务总理，段氏设国务院办公处于天津。汤化龙时在天津，发电对张勋复辟大加挞伐，认为多省独立，是为护法，复辟则民国且不保，何有于法？多谋的段祺瑞则力邀梁启超、汤化龙参与军幕，其重要文檄，皆出自任公一人之手。十二天之后，讨逆军收复京城，再组内阁，梁启超、汤化龙、林长民等人入阁，梁为财政总长，汤为内务总长、林为司法总长。然而，段氏亲信徐树铮等人却深不以为然，他们认为梁任内务总长为较宜，汤氏应出长教育，其理由是汤化龙在袁世凯时代即为教长。实际上，梁、汤二人对入阁并不热衷(此时林长民尚在南方)，曾面见段氏，坚辞不就。为此还征求过北京、天津党员意见，可商议的结果，竟是决定梁、汤二人入阁，梁、汤二人只好随段氏入京。不过，也有进步党国会议员认为，梁、汤、林等人入阁，虽为进步党全盛时期，但亦为失败之开始，后来的事实证明了这一点。

段内阁成立，冯国璋代行总统一职。因其张勋复辟，中华民国法统已被中断，因此，冯、段二人认为国会不宜恢复，参照辛亥之先例，召集临时议会，重拟组织法及选举法，再行新国会。实际上，这是来自梁启超的一个建议。然在召集临时参议院时，本由进步党开列名单，以内务部名义发电各省照办，段派人士则认为如此选举，其议员大多数将为进步党人；而此后的政府之一举一动，难免受其挟制，是为去一国民党，不啻又来一国民党。徐树铮私下向段氏陈述此意，段未表态，徐认为已默许，于是另开名单，分电各省将内务部前电予以推翻。及至新国会选举，全由徐树铮等人暗中操纵，做过众议院议长的汤化龙几不能过问；而币制改革对日借款一事，本应由财长梁启超主管，却由交通总长曹汝霖秘密办理，梁氏竟不得与闻。“计梁、汤自六年(1917年)七月十七日入阁，至十一月二十二日随同段氏去职，表面若相始终，而精神则早已分离矣……”(参见沈云龙：《汤化龙其人其事》下篇，台湾《传记文学》第28卷第2期)

一九一七年十一月十日，临时参政院在京召开会议(西南五省拒派参议员)，四天后，段系王揖唐当选议长，那彦图为副议长。进步党梁善济竞选议长，果告失败。又两周，段祺瑞以四川、湖南用兵失败，与冯国璋发生府院主和主战之争，辞去国务总理，梁启超、汤化龙、林长民以及外长王大燮、教长范源廉、农商总长张国淦被批准去职，梁启超表示从此不再过问政治，汤化龙则有点志气不衰，在他看来，中国尚未能有一个理想的政府和国会，若有一天能见诸事实，“则吾乃死心削迹矣”。

至此，汤化龙已与纷乱的中国政坛没有什么关系，等待他的却是革命党人“正义的子弹”。

五、偕友游日悼亡妻，命丧维多利亚唐人街

一九一八年三月，汤化龙偕友人林长民、蓝公武等人前往日本，在东京居住两月之久。曾琦等人多次面晤，汤氏与彼等推心置腹，畅谈国事，兼述心迹，曾琦有日记为证：四月五日，晴。……昨日汤济武君谈话有可记者，即谓十年以前，彼等但知当变法，而不知所以变之之道，是以国愈乱而术已穷。十年以后，国事当属少年，若再无素修，国将何言？言颇沈痛也。

其间，汤氏凭吊亡妻易箦处，不禁悲恸欲绝，令友人感慨至泣。汤氏为悼亡妻

作七律五章，字字句句，缠绵哀艳，恻恻动人，试举一章："死别经年梦尚疑，差无片语写哀思。却惊宿草封香冢，岂有飞花返故枝。清怨灵妃遗锦瑟，空名夫婿误金龟。思君一字千行泪，天上人间知未知。"汤夫人是在日本照料子女读书，不幸患病而亡的。其时，汤氏正为国事所牵，无法亲行营葬，哀痛逾恒。

同年六月上旬，汤化龙自横滨搭日轮赴美考察，先抵加拿大，次日到美国。在美前后两个多月，汤氏数度参加留美学生、华侨商会为他举行的欢迎会，并发表演说，其内容包括"科学与人生的关系"、"中美国民性之比较"等，与国内的政治无涉；汤化龙还参观了华盛顿大学、国会参、众两院，访晤美国副国务卿温波克、驻美公使顾维钧等人，在李鸿章手植树下留影，并留有《游美日记》。

八月二十二日，汤化龙抵加拿大多伦多，两天后至维多利亚，候轮回国。九月一日，出席汤氏之族于中华会馆为其举办的晚宴，晚八时宴罢，宾主四十余人，相携于唐人街中，"忽有人以手枪迎击，化龙中两弹，一自口入，一自腹入，立仆地死，霍坚（翻译）随行，晕而苏，视汤已绝气……"就这样，汤化龙一命呜呼，亡于海外，年仅四十五岁。凶手为一革命党人理发匠王昌，见众人愤怒追捕，知已不可脱身，当场吞枪自杀。

革命党人之刺杀汤化龙，说起来，言之凿凿，堂而皇之，"旨在诛锄袁世凯之走狗"，实际上，与秘密社会洪门会党在本质上并无二致，这是自兴中会成立以来暴力革命意识之余续，对于一个强调"民主共和"的政党来说，不仅有偏于正常的政争轨道，而且，每每冠以"正义"之名，"以血腥笼罩政坛，真不知人间何世"？从汤氏置身于清末民初中国现实政治的经历来看，无论如何，根本谈不上是什么"袁世凯之走狗"，他的死，确实有点冤，而那个刺客王昌，在国民党那里，则一直被视为"烈士"，如此血染的历史，有时就这样让人无语。

补白

杨开慧的遗文

一九二〇年，毛泽东与杨开慧结婚，育有岸英、岸青、岸龙三子。一九二七年八月，三十三岁的毛泽东告别妻子，奔赴湘赣边界准备秋收起义。秋收起义失败后，毛泽东带着部队走入井冈山的大山里。别后三年，夫妻间少有音讯。此时杨开慧常常把自己的思绪写下来，被捕前，她将四千余字的散记，藏入墙内，这些文字吐露着主人的情思，直到一九八二年，这些文字才被人发现。其中，杨开慧写道："又是一晚没有入睡。我不想忍了，我要跑到他那里去。小孩，可怜的小孩，又把我拖着了。我的心挑了一个重担，一头是他，一头是小孩，谁都拿不开。"

鸿爪掠影(三)(之一)

◎王学泰

王学泰先生在学术上的成就,早就受到学界的瞩目;而他回忆自己在"文革"中的遭遇的《鸿爪掠影(一)》、《鸿爪掠影(二)》在本书第十一卷、十五卷、十七卷刊登后,也引起了许许多多读者的关注,纷纷希望王学泰先生能继续写下去,以给后人留下一些在特殊岁月的特殊环境中的资料。最近,王先生写就了《鸿爪掠影(三)》,由于篇幅较长,我们从本卷起,将连载这篇文章。

——编 者

我的这段监狱生活,绝大部分的时间是在粉碎"四人帮"以后。我所在的又是"反革命中队",其中有不少"犯人"是单纯反对"四人帮"的,或对"文革"不满的。虽然在"四人帮"倒台之初,北京市委还在强调在一九七六年十月六日以前,反对"四人帮"的还是反革命,但随着形势的发展,特别是一九七七年七月邓小平恢复工作以后,这个底线,越来越守不住了。否定"文革"、要求给"四五天安门事件"平反、要求给彭老总平反这类呼声越来越高,形成巨大浪潮。这个浪潮对监狱也有冲击。有些监狱看守和工作人员虽然不会跟犯人谈论这些,但从他们的态度也可以看出来。对于"现行反革命"、特别是单纯言论性问题的,他们也不特别为难了,对他们很少训话。这些人愿意看书就看书,愿意上诉就写上诉,愿意和其他犯人聊天,就聊聊天,甚至违反点监规,只要无伤大雅,也不过分较真。他们这样做,肯定是心中有杆秤的。

在这样的时代背景下,我在"一监"这段时间里,显得特别宽松,此时写来,有人会怀疑这是不是中国监狱?简直成了俱乐部了。不是"一监"一直如此,亦非以后这样。我所处的是个特殊时代,读我这篇文章之前应该先有这样一个认知,以免发生误解。这篇小文中所记录下的"犯人",只是"一监"三中队中一小部分,亦非全体如此。我写他们,因为他们给我留下难忘的记忆,必定是某个方面给我以感动。因此在写他们的时候,还是抱着同情与理解的。

我的第三个监狱

这第三个监狱才是真正的法律意义上的监狱，北京第一监狱。监服(监狱犯人制服)上衣左边的口袋上印着“监 01”三个大字，它也简称为“一监”。

我是一九七六年七月二十六日以“现行反革命罪”被判有期徒刑十三年的。先是在 K 字楼的羁押待上诉犯人的筒道呆了十余天，谁知第二天就碰到百年不遇的大地震，本来只有十天的上诉期，不上诉的十天过后就要去监狱或劳改场了，碰上这倒霉的地震，在这里憋了二十余天，待八月中旬才转到与 K 字楼只有一墙之隔的“一监”。K 字楼在西面，“一监”在东面。

一、第一模范监狱

北京“一监”是大名鼎鼎的，它不仅是北京监狱的“第一”，也是中国监狱史第一个“文明监狱”，是清末清廷政府实施政治改革、法治改革时，建筑的第一个示范性的监狱。本来是打算做橱窗用的，没想到大清国还没有使用就倒了台。

正像鲁迅所说本来中国“旧式的监狱，像是取法于佛教的地狱，所以不但禁锢人犯，而且有要给他吃苦的责任。有时还有榨取人犯亲属的金钱使他们成为赤贫的职责。而且谁都以为这是当然的。倘使有不以为然的人，那即是帮助人犯，非受犯罪的嫌疑不可”。因为主流社会的人们认为“犯了罪的就应该叫他受苦”，这种惩罚观念、复仇观念根深蒂固。可是自从欧风东渐，洋鬼子来了，这套观念就受到冲击。比如洋人在中国犯了罪，如在中国公堂上是要脱了裤子打屁股的，并叫他享用一下地狱般监狱，洋鬼子就不干，觉得这不文明、太野蛮。最初洋鬼子也没办法，如被清政府抓住，这种鬼门关，他们也要走一走。如咸丰间，英法联军与清政府谈判，谈判人员招惹与之谈判的满大人发怒之后，都以“叛逆犯”的罪名统统被关押进了刑部大牢，像猴子一样锁在尿桶旁边，让他尝尝天朝监狱的苦头，其中有死的，也有疯了的，后来英法联军打到北京，个别存留下来的被救了出来，他们就特别痛恨这大清国的法律。大清国的“东方文明”毕竟抵挡不了洋人的船坚炮利，满大人屡战屡败，丢失了治外法权(犯了罪由洋人自己审理，关在洋人开办的监狱里)，其借口就是大清国法治的文明度端不上世界的台盘。治外法权的丢失，使得大清国的执法权力被剥夺了很重要的一部分，这也促使官僚中的有识之士，倡导政治改革、司法改革，其中就包括监狱的改良。

清末大理寺正卿(相当于现今的最高法院院长)、改革者沈家本指出监狱是国家文明进步的标尺，除了监狱思想、监狱制度要改革之外、建立新式监狱也很必要。于是，在几经考察之后，在北京右安门内原镶蓝旗营操场俗称南下洼的地方觅得一块空地，来建造亘古所无的“文明监狱”。监狱建好了，大清朝也寿终正寝了。

民国元年开张第一任典狱长是王元增(写过《监狱学》),这是"一监"的起始。

这里位处北京外城的西南,"地势卑下,众水所归"(我小的时候常到这里捉蛐蛐,逮蚂蚱,水很多,下挖一尺深就见水,很像南方),蚊蝇成阵,在北京城中也是块很烂的地方。盖了这座监狱以后,正对着监狱门修了条路,名为"自新路"。路名也体现了当时新派人物关于监狱的新理念——犯人被关,限制他的自由,并非只是惩罚他的既往,更着眼他的未来,望其改恶迁善。

民国初年,"一监"叫做"京师模范监狱"。小时候,家就住在米市胡同南口,经过珠巢街就是自新路, 大约只有四五百米。上小学时就知道这里是"一监",是关押坏人的。也了解它的曾用名,然而那时只知道英雄人物才叫 "模范","模范监狱"? 难道这里是关押"英雄模范"的地方吗? 这个问题困扰我许久。

解放初,自新路北口有个私塾,都到了二十世纪五十年代还在教《百家姓》、《三字经》、《千字文》和《幼学琼林》之类。有个邻居小孩就在这里读书, 我常去找他,因此常常看到"北京市第一监狱"这块牌子,牌子下有军人荷枪守卫,很好奇。没有想到二十多年后,能亲履其地,而且还在里面住了足足两年。

鲁迅在其著作中多次谈到"一监",他的一些木器家具就是在"一监"工厂买的,物美价廉,受到他的赞美。他在谈到苦难的中国人被现实折磨得没办法, 老构想"苟活的理想乡":

> 中国人的虽然想了各种苟活的理想乡,可惜终于没有实现。但我却替他们发现了,你们大概知道的罢,就是北京的第一监狱。这监狱在宣武门外的空地里,不怕邻家的火灾;每日两餐,不虑冻馁;起居有定,不会伤生;构造坚固,不会倒塌;禁卒管,不会再犯;强盗是决不会来抢的。住在里面,何等安全,真是"千金之子,坐不垂堂"了。但缺少的就有一件事:自由。
>
> ——《北京通讯》1925 年

鲁迅仅把"一监"视为是没有自由的地方,实际上这是最没有尊严的地方。有独立人格、或向往个人尊严的人坐监狱是最痛苦的。

一九九〇年代初传说要拆 K 字楼,在那里由香港商人投资要盖游乐场。后来没建成,但这片楼群确实拆了,随着就是"一监",都被夷为平地。把这里改造成为北京公安局干警的宿舍区,高楼林立,命名"清芷园"。其实,这个监狱应该是个文物,它负载的历史太多了, 在近代史上的地位,可与王府大街北口路西北洋政府总统府相比。可惜,两个都没了。

二、"文革"末期的监狱

初入监狱,除了心怀惴惴之外,总免不了有点好奇,没有进过监狱的读者也不免有了解监狱的好奇心。这里就一九七六年到一九七八年北京第一监狱与犯人情况作些介绍。

“一监”除了监狱行政的办公机构、看守人员和狱警的宿舍外，犯人所居住的地方分为入监队（刚转入监狱者）、出监队（快到期犯人，在那里学习出狱后的生活）和十个中队。

被判刑的犯人，只要不是立即执行的死刑，不论轻重，一般是先送到“一监”的入监队。在这里学习监规纪律，稍作停留，刑期长（十年以上）、或有特殊需要的留在“一监”；老弱病残送往延庆；其他的便是劳改农场，近的有团河、天堂河，中距离的有清河、茶淀，远的有兴凯湖、青海，反正都是带三点水的。这一点很怪，正像许多看守所都带“桥”（半步桥，提篮桥，老虎桥等）一样。

在入监队换了监服（或说“囚服”），八月正值盛夏，发的是两件白短袖衫、黑裤子，上面都有“监01”的标记。因为犯人没有布票，做衣服的用料都是再生布。上衣说是“白”的，实际上是没有经过任何印染的本色白，它有点略带红色，布的纤维很粗，有的地方仿佛还夹杂着不太发育的棉花籽和棉花秆的皮纤维，表面粗糙之极，有解烦止痒之功效。

只在入监队呆了几天就被正式发往监狱了，由于是重刑犯（十年以上），我被留在“一监”，分在三中队。这是个专门关押反革命的中队，劳动的工厂是清河塑料厂。“一监”一共有十个中队，九个男队，一个女队。一至五队在塑料厂，六至十队在清河织袜厂。每个厂里有个反革命队，一般说来，分在袜厂的犯人年龄相对较年轻一些。

三中队大约有一百三四十个犯人，分为三个小队，我在三小队。三中队分住在两个筒道，一二小队占一个，三小队与保全组、小报组（所谓“小报”是由监狱方面主持，犯人编纂的《劳改通讯》）以及杂务（管各种杂事如清洁卫生、监规纪律的犯人）共住一个筒道。

1. 监狱的形制

“一监”的主要建筑与K字楼不同，它是传统建筑，是砖木结构的平房，而K字楼是水泥钢筋洋式建筑的楼房。“一监”的格式如匍匐的乌龟，中间是个龟背形的圆厅，四面伸出四腿一尾——五个筒道，筒道两侧是监房，两条通道之间相夹的空地叫做“三角院”，是犯人洗漱放风活动的地方。入监队只占其中的一个筒道。

我在网上搜索到两幅照片，题为“民国时期的北京监狱”，有的题为北京的“二监”。我看就是“北京第一模范监狱”，也就是解放后的“一监”。

我曾碰到过一个解放前坐过“一监”的老人。一九七七年的一天，监里来了一批新犯人，分到我所在组的是个形容猥琐小老头。他是个刑事犯，判五年，只是从这里一过（大约当时入监队人太多住不下了），将来要去劳改场的。他一进监室就坐在炕上发愁，而且东张西望，说这里特别熟悉，好像来过。大家笑了起来，问他什么时候？他说“四十年前，我们就住右安门外的草桥，我爸爸送我‘忤逆’”。大多年轻人不懂什么叫“忤逆”，问我是什么意思。我说就是不孝(其实民国时期的《六法全书》中无论是“民法”还是“刑法”都没有“忤逆罪”,只有“遗弃罪”,但民间仍保留着《大清律》叫法),几乎所有犯人都嘲笑他。问他这次是因为什么进来的?他支支吾吾,说不清楚。后来才知道,老头早年丧偶,守着一个儿子过活,后来儿子大了,老头又娶个寡妇,寡妇带着个女儿。冬天为节省柴火都在一个炕上睡,老头把寡妇女儿糟蹋了,儿子为了侵吞老头的房子,把老头告了,结果以流氓罪判了五年。早年以“不孝”、晚年以“不慈”进了同一个监狱,案子很离奇,至今我还记得那个老头猥琐的样子。

图 1

图 2

第一幅(图 1)是全景,从高处俯瞰,各筒道成放射形排列,中间空地就是“三角院”,有树有草,还有水龙头,洗衣服的水池子。第二幅(图 2)展示是某个筒道,拍摄角度是从筒道底部(筒道底部封口处还是一间小房)向中心圆厅。如果我住的就是这个筒道的话,我所待的监房就是痰桶之侧的那一间,对面就是上面说的“保全组”,“保全组”的里侧就是“小报组”。

图片中的筒道与我三十多年前所见最大的差别有四点,一是到了冬天每个屋子门口都有一个用砖砌的炉子。大约长宽高均在二尺左右,以供烧水取暖,因为屋子里没有暖气,很冷,只靠筒道里的炉子烧出的热气暖和暖和屋子,犯人还可以在上面热热饭,烧开水。二是墙上隔个十来米就有一段大约一公分长的小电阻丝,接着一个开关,打开开关,电阻丝烧红了,犯人可就之以点烟,点完烟,再一拉开关,这个小火头就灭了,十分方便,又不会发生火灾。第三,在筒道中间摆了一张理发馆用的大靠椅,三中队都在这里剃头刮脸,半个月一次,胡子浓的一周刮一次脸。我在监狱时的理发师水平不错,三十多岁,姓刘,老北京,一口北京土话,声音很脆,如果他学相声无论从语音还是从外形都会是个好演员。他是刑事犯,很快就出狱了。第四，照片的景深处，开着口，可通往大厅；而监狱平常是锁着栅栏门的，左侧开着门的地方是通向三角院的，三角院门口有个厕所。筒道左侧口的旁边有张桌子，三四把椅子，是杂务坐的。

监室内是大通铺，我在监室是三开间的，可睡十四五个人，执行号（组长）睡在两端。平常除了睡觉、干活、学习，大多是在筒道里呆着，因为室内除了通铺（约一尺半宽）以外，就没有多大地方了。犯人只要在一个筒道，平常交流机会就很多。

三中队工作的车间是压制塑料凉鞋的，车间大门与一二小队住的筒道相连。车间只要开工就是二十四小时三班倒，三个小队轮着转。早班是上午六点至中午两点；中班是两点到晚上十点，夜班是夜里十点到第二天六点，与社会上一样。因为“一监”地处宣武区，那时北京是分区轮流停电，宣武区是星期四停电，所以塑料厂也是星期四休息，监狱的犯人接见家属也安排在这一天。

2. 监狱规矩与话语

在看守所K字楼时规矩特多，比如晚上睡觉时眼镜、腰带要放在监号之外，监室内绝不许有杆状和尖锐的东西，弄得连铅笔都不许有。那时我读书想在书上做个记号，就用牙膏皮搓成杆状，再把它磨尖，在纸上一画，也会留下痕迹。有个老看守说，这些规矩你们别嫌麻烦，监狱的规矩大多都是血换来的。到了监狱，规矩较看守所少了许多，也宽松了许多。这里的规矩的立意与看守所有所不同，其关注点在于让犯人记住自己的身份。比如与政府干部说话一定要站起来，进队长办公室一定要喊报告。初到三中队，我看到一个很奇怪的现象，队长领着犯人到他的办公室谈话，走到办公室门口，犯人仍然喊“报告”，领着他的队长机械地回答进来，然后两人一同走进办公室。看来很可笑，但“到此方知狱吏尊”，其意在于说明犯人与看守是分属不同等级的。

看守每个人都被称为“政府”，每到他们训话时一说到政府如何？如何？就是他们如何如何，如果不懂这一点，有时就听不懂他们的话。比如有时他们就会说“政府吃饭时……”“政府洗澡……”“政府买菜……”等。实际上就是说他们自己。

“一监”对于女犯人有个规矩特奇怪，我说这体现了国粹精神。女犯人如果在监狱中碰到男犯人（这种机会少之又少，因为百分之九十九以上活动都在筒道里，只有本队的犯人和看守，男犯人根本就看不到异性，连每周来一次给犯人诊病送药的医生都是男的），女犯人必须马上转身面壁而立，待男犯人离开之后，再回转身来办自己的事。不知道最初为什么有这个规矩，是女犯人比男犯人还低一等，还是古人所谓“冶容诲淫”，怕让关久了的男犯人产生性冲动呢？不得而知。

话语往往是一个社会群体文化的标志性的东西。一九七〇年代的中国完全是个泛政治化的国家。一九七五年、一九七六年正是流行“批邓、反击右倾翻案风”时期，所谓阶级斗争、路线斗争特别尖锐，火药味的语言、暴力语言泛滥。监狱更是阶级斗争的风口浪尖，除了社会流行的政治套话之外，监狱内部流行的话语暴力性更强。什么“坦白从宽，抗拒从严”“认罪服法，重新做人”“只许规规矩矩，不许乱说乱动”等，当然，这些也流行于社会，但大多局限于搞阶级斗争之时，不像监狱每时每刻都要面对这些。

监狱的话语也在不断地变化，解放初，一切都处在上升时期，特别自信，深信劳动改造政策无往而不胜的力量，连日本战犯、宣统皇帝也改造好了。这样在改造中就不免要晓之以理，动之以情。如抚顺战犯管理所的管理干部还有给宣统系鞋带之类动作；而“文革”当中强调敌人的阶级本性不会改变，就像“冬天的大葱，根枯叶烂心不死”。对于阶级敌人，你刺激他也是这样，不刺激也是这样，对于他们只有打倒在地再踏上一万只脚。犯人当然是绝对的敌人，只有加强专政。在这种风气中，决不会再有像对待宣统那样带有温情色彩的事情发生了。这种情势下，话语也产生了变化。比如，犯人的相互称呼：在“文革”以前犯人还可以互相称为“同学”。这是个带有温情的词，细想也不离谱，因为改造中学习也是很重要的一项。“文革”来了，强调阶级斗争，尤其关注犯人与正常人的区别，并严禁犯人之间拉拉扯扯不正常的关系。于是，犯人之间如何称呼便成了问题，叫“同犯”，有同案之嫌；叫“同监”，所指范围太广，似乎连看守都有被囊括而入的嫌疑。其他如“难友”“狱友”之类更是不许使用，在监狱当局看来，犯人成“友”，必然对抗政府。又如犯人住在一起，政府一定要指定一个头，这个头在“文革”前叫“号长”“组长”“班长”之类。这个风气解放前就有了，小说《红岩》中写装疯的犯人华子良得以与看守一起到监狱外买东西，商店的老板称看守为“队长”，称华子良为“班长”。“文革”了，对阶级敌人彻底专政了，犯人哪能称“长”呢？但“头”还是要有的，政府也是要指定的，不过名字改了，叫“执行员”“执行号”“值星号”等。我刚进监狱时，听到这个词觉得特别别扭的。

三中队是反革命中队，照通行说法，这个队里都是“政治犯”。毛泽东定义政治时说，政治就是各阶级之间的斗争，“反革命”在大家心目中也就是代表反动阶级的，那么反革命是政治犯，也是顺理成章的。然而，很怪，那时极其忌讳“政治犯”这个词，对外宣传的话语口径是中国没有政治犯。有的法学家说，既然反革命罪已经入了刑法，反革命犯也就是刑事犯。后来我曾经请教过法学家，问为什么中国老不承认有政治犯，是不是外国对于政治犯有些优待而中国没有呢？他回答，也不是。在外国因为政见不同、或反对政府当局的言论和行为很难进入受惩罚刑律，而中国的“反革命罪”“危害国家安全罪”都已经进了刑律，按照刑律条款惩罚犯罪就叫刑事犯。这一点往往也与外国人谈不拢。但在监狱中看守还是在称“刑事犯”时，决不包括“反革命犯”，他们心目中把这两类分得清清楚楚，认为“反革命”比刑事犯还低着一等，因为刑事犯中有“人民犯了罪，也要坐班房”的，因而对待刑事犯较为信任。我以为中国很注重语词的褒贬，政治犯这个词是个中性词汇，而且在长期使用中还略带褒义，所以在中国不能用。而反革命、刑事犯都有明确的贬义。

监狱的独特话语体系，给刚入监的人造成困扰，特别是在预审阶段，审讯方与被讯方在谈一个问题时，因为话语不同，很多情况下谈不清楚。我曾遇到过一个中年美术教师，在中学任教。他是南方人，有些江南文人气质。抗美援朝时当过志愿军，上过前线，一九五〇年代转业时留在了北京，当了老师。他娶了一位近郊女工为妻，两人可能因为性格差距太大，常常争吵打架。老婆膀大腰园，而且有家中弟兄相帮，打骂老公成为家常便饭，老公苦不堪言，数度提出离婚而不成。男的实在受不了就分居了（实际上是被老婆“扫地出门”），工资被老婆拿走多半，自己只有一二十元，在东城租了一间小房，穷愁度日。他很气闷，而且奇怪为什么双方已经如此，还不能离婚？便想了个奇怪的办法，到北京火车站去“拎大包”（窃取旅客大件行李），看自己被抓住进了监狱，当了犯人，老婆离不离婚。更怪的是，他数次得手，“拎”了许多也没有被发现。他把“大包”都堆放在自己床下，甚至没有打开过。就在这个过程中，他命运有了转机。有位返乡女知青花钱跟他学画，他教的很有成绩，从此跟他学的人也多了起来，收入也多了。这次转机不仅经济上得利，而且与那位女知青发生了爱情。这个信息传到老婆耳朵里，老婆气势汹汹带了一帮人打上门来，不分青红皂白，把他揍了一顿。美术老师气极了，坚决离婚，老婆带人撤退时撂下一句话：“死了这条心吧，甭想，除非你死了！”死，他不敢，但敢去蹲监狱。于是，他喝了点酒，又去拎大包，又很得手。夜里十一二点了，他拎了大包，从东单路口回家，走累了，在“青艺”前的台阶上（现在的东方广场）歇一歇。那正是八月，小凉风一吹，他倒地枕着大包睡着了。二十世纪七十年代中是阶级斗争意识最强、最敏感的时期，夜里有“首都民兵联防”巡逻，一看他这样子，马上断定这是“新动向”，叫醒他，问包是谁的？回答说是我的，问他有什么，他傻了，支支吾吾，说不出来。这样向往的日子来了，被送到不远的“炮局”，进了治安拘留所。警察一搜查他的家，许多未开封的大包堆在床下，还有他的日记，记录着与女知青恋爱的经过及种种令人肉麻的信物。于是，他升级了，被送到K字楼，签了逮捕证。预审时，一场幽默的对话开始了。他与预审员完全是两种话语，仿佛是两个星球的生物。他讲爱情的伟大和甜蜜，预审员斥责他的种种流氓行径；他讲自己一生的不幸和命运的关照，预审员说他“五毒俱全”（又偷，又流氓），不知人间有羞耻事。把他气的七窍生烟。狱中许多人能模仿这场鸡同鸭讲的对话，胜过现在一些矫揉造作的小品。类似俄国作家契诃夫的独幕剧《预谋犯》（也有译成《明知故犯》的）中用铁轨上的螺钉作钓鱼坠那个乡野老农与法官大人的对话。后来这位江西文士被判五年，送去劳改农场，但还是没有离成婚。在监狱中，家属一提离婚就批准，如果犯人单方面提出，大多不批。

3. "一监"的生活

进了监狱不仅断绝了自由，以往事业也一笔勾销，家属也见不到了，万念俱灰，人类的乐趣只残留下吃了。一监的伙食费与"K字楼"一样也是十二块五，但与"K字楼"相比可以说是天差地别。这里的十二块五真正发挥了它的作用，其关键在于犯人自己做饭，做饭掌勺的自己也吃这个。

十二块五在当时是北京市中下层人的生活标准，比一般农村不知高出多少。"一监"的厨子多是真正厨师，其技艺也与"K字楼"雇的右安门外生产队的只会煮猪食的临时工不能相比。平常三顿饭，早上窝头玉米面粥咸菜、中午窝头汤菜、晚上仍是窝头汤菜，基本上与"K字楼"一样，但口味却不一样。每周两顿白面、两顿米饭，两顿肉，节日假日有改善，特别是在改善伙食时能够显示厨师的水平。至今我仍然怀念"一监"蒸的馒头。现在蒸馒头多用发酵粉或鲜酵母，发酵效果不好；过去一般是自然发酵，待变酸后，用碱或小苏打等碱类物质中和。而"一监"厨师是发酵后不用碱中和，用手揉，弄得恰到好处，馒头发的大，满是蜂窝，稍稍有点酸头，有股发面的香味，这在外面很少吃到。

"一监"属于宣武区，休星期四，监狱怕休息日犯人无事生非，就给找点事干，上半天多吃饺子。面、菜、馅发到每组，由组内人自己包，包好了用床板搭到厨房去煮。星期四又是接见日，农村犯人因为家里有孩子来看，往往会端上刚刚煮熟的饺子给孩子吃，弄得农村的犯人家属以为"一监"老吃饺子，甚至羡慕犯人的生活。

在"一监"两年的冬天里，我深感受到食物热量的差别及其对身体的影响。因为监室内没有取暖设备，冬天极冷。晚上睡觉要把能御寒的衣裤都压在身上，这是吃窝头。如果晚饭是馒头，睡觉时就觉得暖和许多；如果主食是馒头，菜是炸橡皮鱼（1977年北京常卖橡皮鱼，北京人不认识这种鱼，也不知道怎么吃。厨师就拿来炸，简单省事），简直是火上浇油，一晚上都会热得睡不着。

在"一监"是管饱的，窝头按定量是每人两个，实际上，往往还有吃不了的又拿回去的。犯人还常常把窝头切成片（在车间干活时有修塑料凉鞋用的小刀），放在注塑机的机筒上烤，外面用鞋箱厚纸扣上保温，机筒温度一百二三十摄氏度，烤不煳，两个小时以后，烤得焦黄酥脆，用以作零食。这大约是犯人能保留仅有的饮食乐趣，还常常被禁止。

有劳动力、又从事劳动的犯人按规定每月有两块五毛的收入，用以购买牙膏牙刷肥皂。城里人拿这点钱不当回事，而农村人舍不得用，给家里攒着，年底寄回去。那时北京郊区许多生产队的农民干了一年活，年底分红，拿不到钱，有的还欠生产队的钱。（下卷待续）

忽然想到（两则）

◎ 陈四益　文　　黄永厚　图

关于口号

一

口号易于夺国，难于治国。

二

以口号夺国的事例很多。"吊民伐罪"；"替天行道"；"均贫富"；"劫富济贫"；"吃他娘，穿他娘，打开城门迎闯王"；"反清灭洋"；"平均地权"；"节制资本"；"造反有理"，无穷无尽，都是夺国的口号。口号只要合时代之需求，舒百姓之愤懑，就可以一呼百应，或啸聚山林，或揭竿而起，因缘凑泊，说不定就来个改朝换代。是之谓"夺国"。

三

夺国之际，口号只是号召，竖起一杆旗子以聚集力量，无须兑现，也无从兑现，因为"国"还在他人之手。一切口号都是关于将来的支票。所以相对简单。若是"夺国"不成，口号自然销声匿迹，无人追究。若是"夺国"成功，执国者自会换上一套说辞，或以当务之急为名，或以条件未备为名，或以时过境迁为名，并不真的兑现口号。所以中国自古口号甚多而兑现甚少。譬如北伐之后，"委员长"当政，资本何尝节制？地权何尝平均？而宪政也必要经过军政、训政之后，推到了遥遥无期的将来。当政者抛弃了夺国的口号，于是口号便被新的夺国者接过。中国自古治世甚短而乱世甚长，大抵因为只把口号当作一种夺国的工具。执着于当初的口号，仰颈而待口号的兑现者，大抵只是呆子。呆子而又呼号奔走锲而不舍者，大抵成了"敌人"。

四

"夺国"之后，便是"治国"。治国也可以有口号，但主要在于建设。建设较之夺国，另是一功。夺国需要煽动，建设需要沉稳；夺国需要混乱，建设需要秩序。因为政权已经易手，喊出的口号，无论关乎经济还是关乎政治或社会，都要言出必践。若不兑现，难免失望，产生对执国者治国能力的质

疑。倘若大信未孚且让人反复失望，便会酿成政治危机，即考量执国者执政的合理性。所以，口号易于夺国而难于治国。

五

治国之难在于提出口号之前，就要考虑到能否兑现、如何兑现，不能等到无法兑现时靠虚报、弥缝来粉饰失误。失误也难免，只要公开承认失误并切实反省，改弦易辙，并取得实效，也算昭大信于天下，可以得到谅解。只怕死活不下"罪己诏"，文过饰非或反复无常，诿过于人，那就难免不"霸王别姬"了。须知民心如鉴，纤毫不遗，无论多么严密的封锁都无法掩盖事实的真相。

六

忽然想到，五十年前学唱的一首歌。歌词大意是"蒋匪帮呀，那个一团糟啊，一团糟啊：坏蛋坯子可真不少啊，贪官污吏到处有啊，汉奸特务还有狗强盗"。歌词的文采如何姑且不论，但揭示当年国民党治下的社会实相可称淋漓尽致。那时打老虎、发金元券，曾让人寄予希望，谁料羊头狗肉，很快就露出了"铺子"的真相。接踵而来是反贪的虎头蛇尾和币制改革对百姓的掠夺。于是，希望完全破灭。听唱这首歌时，就像听到"反对独裁"，"反饥饿，反内战，要民主，要和平"这类口号一样让人热血沸腾。

七

上个世纪五十年代初，政权易手。平匪患、抑物价、安社会、治贪贿，言出能践，执政者声望一时如日中天。夺国期的口号在于争取民心，而治国期民心的向背就在当初的口号能否言出必行、言出能行了。如果后来能一一兑现当初夺国时的口号，自是别有一番天地。可惜忙于没完没了的“阶级斗争”，把许多诺言都束诸高阁了。

八

夺国成功的执国者在治国时也会遇到许多棘手的问题。为解决这些问题，动员民力，争取民心，也有提出口号的需要。但这时提出的口号，对执国者就不仅是唤起民众来打倒一个可以取而代之的政权，而是要争取民众同执国者一道来巩固这个政权。因此，这时的口号既要让民众从中看到自己的利益，又要考虑达到这些目标的条件和途径。民众为自己的利益奋斗，并得到了期望的结果，执国者就会提高威望、赢得民心。

九

邓小平提到“国民经济翻两番”时，是了解民心的。经历了十年内乱的中国，民生凋敝，发展经济是头等要事。谁抓经济，就得民心；谁还要继续阶级斗争为纲，就不得民心。能否依靠经济的发展改变民众的生存条件，不但对于这个政权，而且对于执政的政党都是生死存亡的关键。邓小平也考虑了达到目标的途径，他是一位有眼光且务实的领导者。他甚至已经预料到可能出现的问题，所以把“让一部分人先富起来”的话讲在了前头，以使急于富裕起来又不可能同步富裕的人有个思想准备。但是，邓小平讲的一部分人，首先绝不是官员。在执国四十年之后，执国者只有先忧后乐才能重新赢得信任和支持。

十

邓小平的口号部分地实现了。如他预料，中国经济翻两番的目标达到了，甚至超额达到了。一部分人先富起来的预言也实现了。可惜在他身后出现了他没有完全预料到的情况。在先富起来的一部分人中，依靠出租权力的官员和依靠租借权力的商人大行其道。官商勾结剥夺民众，使中国贫富悬殊到了十分危险的程度。而且由于一段时期的放任，这些暴富的人特别是手握权力而又贪婪的官员更加肆无忌惮。结果，如果说句真话，执政者恢复声望的目标大大失算了。

十一

意识到这一点的执国者，提出了“改善民生”的口号。这无疑给出了新的希望，新的期盼。但失望太多的民众已经失去了上个世纪八十年代的乐观与热情，而执国者中那些暴富起来的官员也已经失去了上个世纪八十年代从饱受折磨中走出来的那批改革者与民同命的情怀。因此这个口号的实现会更为艰难，更为复杂。口号的实现，有太多不可测因素，胜算如何，尚难逆料。

十二

又忽然想到五十年前学唱的一首歌：“解放区的天是明朗的天，解放区的人民好喜欢”。那时是真心地喜欢，不过现在觉得“恩情”之类的话语此后不必再提为好。

应当感恩的是执国者,因为人民把这样重大的权力付托给了他们,给予了那样一份信任。如果他们懂得感恩,知道权为民所赋,在治国、立身之时或许会谨慎一些。

十三

看透世事的鲁迅曾有“绝望之为虚妄,正与希望相同”之语。但人总还会有希望,鲁迅也始终保有着希望。只是,失望不能屡屡重演。不断重演的失望是扼杀希望的毒药。

十四

希望若是死了,剩下的便只有失望。还会有什么?不知道,不想说,也无须说了。

控 烟

一

我拥护控烟。理由很简单:我见到了太多的死亡——为了吸烟。

二

控制吸烟,已不是少数人的激进呼声,因为科学已经证实吸烟不但危害自己的健康,而且危及他人的健康。所以世界卫生组织通过了国际性的控烟框架公约。

在个人或一国无力制止某种世界范围的公共性伤害时,求助于国际性的公约加以控制,已经成为今日世界的一种惯例。一百五十年前不行,那时受到“大烟”严重伤害的中国人,面对枪炮下的鸦片贸易,无助而且无奈。至今回想,依旧怒火中烧。

三

烟草的伤害似乎亚于鸦片,其实不然。中国每年死于与吸烟相关疾病的人数已达一百二十万余之数。如不实施控制,预计再过十余年,更将增至二百万众。一起突发性公共卫生事件,一场空难、矿难或重大交通事故,可以引起强烈的社会反响,而这种平缓渐进的伤害却令人麻木。

当无力抵制鸦片内销、白银外流时,我们愤怒;当我们有力量控烟,阻止数百万人死亡时,却趑趄不进,举棋难定。这大概也叫“几年家软刀子割头不知死,直等到太白旗悬才知道命有差”。

四

耳边厢听到的戒烟者多为老年,因为岁积月累,到了这时,才知道非戒不可。可惜醒悟之际,已病入膏肓,虽扁鹊再世,华佗重生,也无能为力。不料,这反倒成了吸烟者的口实:抽惯了烟,一戒,反会得癌。大凡存心要为某种行为辩护,总不乏“理由”。倒果为因,是诡辩的常伎。

五

按说，既然现在的法律并没有禁止吸烟，那么，吸烟者就有吸烟的自由。但科学已经充分证实了吸烟带来的严重危害。一个对国民负责任的政府，就有告知的责任。烟草消费者有知情权。至于你采取了充分的手段，苦口婆心，告知他吸烟可以导致那些严重疾病直至死亡，他不听，宁愿寻死，本也只索由他。但麻烦的是，吸烟者扩散的烟草烟雾，同样具有致病、致癌、致命的作用。于是，吸烟者有了寻死的自由，吸食二手烟的非吸烟者，岂不就失去了生存的自由？凭什么你寻死还要把我搭上！

中国有三亿多吸烟者，浩浩汤汤。但还有十亿不吸烟者，更加浩浩汤汤。一个公平的社会，不能为了保障吸烟者的自由而牺牲不吸烟者的生存权与健康权。

六

于是，以下两个问题考验着政府执政为民的诚意：

一是政府是否已经采取充分的手段告知国民吸烟的严重危害。这一点，最近完成的一项中国成人吸烟状况调查的报告表明，在中国，四分之三以上的成年人（无论吸烟者还是不吸烟者）对烟草危害的严重性所知甚少，甚至知识界也是如此。原因何在？就在政府并没有采取充分的手段广而告之。

中国一年生产二万余亿支卷烟，如果在烟盒上加印吸烟造成肺癌、慢阻肺、心血管病等致命疾患的图片，那就至少是二万余亿次警示，比任何广告、讲解都要普及，都要有效。然而政府主管烟草生产的部门至今不肯实行。道理也很简单，这个名叫国家烟草专卖局的政府部门，另一块牌子就叫中国烟草总公司。它以卖烟为业,哪里肯自己砸了自己的饭碗!遗憾的是国家竟然把制定烟盒包装的权力交到了烟草商的手中。

七

另一个问题是我们怎样有效地保护非吸烟者免受二手烟的危害。

在吸烟仍为个人可能的选择时,要保护非吸烟者免遭危害,有效的办法自然首先是公共场所和工作场所全面禁烟,不得已而求其次,也至少应当在室内公共场所和工作场所全面禁烟。

有人反对:既然我有吸烟的自由,就不应当限制我的自由。

此言差矣。任何人的自由都必须以不伤害他人为边界,一旦越界,就要受到限制和禁止。当年严几道先生把缪勒《论自由》这书名译作《群己权界论》,实在是很得要领。时光过了一个世纪,不料今人的理解竟远不及前人。制定公共场所、工作场所禁烟法规时,有意无意总要想给吸烟者留下伤害别人的空间。

我竭诚支持吸烟者的选择自由(虽然我仍将不断告诫吸烟的危害),但我更加竭诚支持不吸烟者有不受他人行为伤害的权利。法律不应容忍伤害他人权利的自由。可惜我们现实生活中这类自由太多——不仅仅是吸烟。

八

中国有个烟草专卖局,为政府部门序列。中国古代有盐铁专卖,近代有烟酒专卖,大抵因为利之所在。专卖局自然以利税增长为“政绩”。然而,烟草生产愈多,销售愈旺,利税愈丰,国人受害也愈烈。何况,这“政绩”是否堪夸,大可怀疑,因为据卫生经济学家的计算,花费于吸烟相关疾病的支出远高于烟草的利税,只不过这笔钱混在医疗和其他费用中暗暗淌走,不像利税是攥在手里的“银子”。人们对眼前利益总是比长远效益看得更重。

九

国家烟草专卖局也就是中国烟草总公司,一身二任。一面它以增加烟草生产销售为己任,一面又要以控烟履约,即减少烟草的供应与需求为职责。这样绝对对立的两项任务落于一身,就是天王老子也无法统一。专卖局抵制、延宕控烟,设置重重障碍的言行,与其说是主管人员的责任,毋宁说是制度设计的过失。有人说,不仅吸烟者宜戒烟,政府也要戒烟。此言大有道理。如果仍旧每天惦记着问烟草要八个亿的税收,而不问多少人因吸烟死于非命,政府对控烟难有积极的姿态。因小失大,不是精明,而是糊涂。

十

在食文化、酒文化、服药文化、厕所文化满天飞的时代,烟草自然也可以是“文化”。吸烟是“文化”,“控烟”也是“文化”。在截然相反的二者之间,哪一种代表着先进文化前进的方向呢?显然是控烟文化。

总不能把明知烟草有害，还要大肆推销害人生活方式，叫做"先进文化"的代表吧。

十一

如果说中国政府在纵容烟草销售，恐怕也不能算冤枉，因为作为政府部门的国家烟草专卖局就是最大的烟草生产商和经销商。政企合一的烟草体制，使政府支付着高昂的政治代价。不仅如此，政府部门甚至还充当了烟草商最大的客户。公款买烟已经不是什么秘密。中国的卷烟价格之所以能够飙升到天价，一大原因就是有一个可以不计成本的公款购烟市场。在世界上敢于以国帑购买烟草制品供公务员吸食而不受惩罚的，大约只有极少数国家，中国无疑是其中之一，或许还是其中最为严重的一个。中国恐怕也是世界上烟草贿赂最为风行的国家之一。这些也只能归于劣质文化之列。尽快同这些劣质文化划清界限，才是政府明智的选择。

控烟是一件实实在在的事情，光"喊喊"不行。温家宝总理曾说："绝不能以损害人民生命健康来换取企业发展和经济增长。"可谓至理名言。那就照此去办吧：

控烟是"罗德斯"，就在这里跳吧。

相关链接

控烟漫画选

烟草传入中国，只有三百余年，但到今天，吸烟者已经有三亿之众，大有"包举宇内、囊括四海"的劲头。烟草商也志得意满、雄心勃勃，恨不得把中国变成永世长存的"烟草王国"。但是，物极必反，盛极而衰。随着人们对烟草认识的加深，吸烟的危害愈来愈引起人们的忧虑，控烟呼声随之越来越高。时至今日，控烟已成世界潮流，浩浩汤汤，锐不可当。

漫画也如杂文，是攻防的手足，感应的神经。控烟的漫画史，就是一部对烟害的认知史，它以漫画特有的幽默，揭示吸烟的危害，控烟的必要，为烟草辩护的可笑与徒劳，引领人们笑着向烟草告别。这里选登几幅老一代漫画家的控烟漫画，一可见呼吁控烟已有长久的历史；二可知几乎控烟的各种主要问题迄今尚未有大改观，足见控烟之难。

漫画选自陈四益主编的《笑着向烟草告别》（中国协和医科大学出版社出版）。

吸烟不仅危害吸烟者，也危及无辜的二手烟受害者。三毛无奈，只得戴上防毒面具。如果公共场所所有非吸烟者都戴上防毒面具，那将是一幅什么样的景象？公共场所还是禁烟为上。

乌烟瘴气　张乐平 画

医生会诊，不在病人身边，却在地上寻觅，岂不怪哉！说怪也不怪，因为病因就在那满地的烟头。已经有无数报告证实了烟草的危害。可惜言之者谆谆，听之者藐藐，画中那位直挺挺躺在病床上的朋友，就是一个例证。

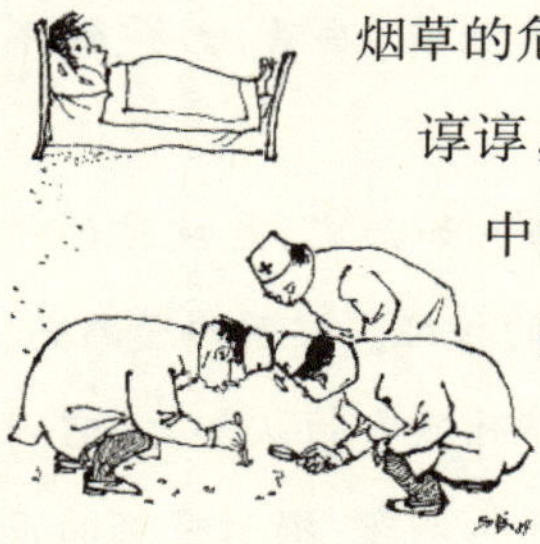

会　诊　　方成画

七窍生烟　　华君武 画

会议风景线　华君武 画

小小一个会议室，被许多“烟枪”，整出这许多烟头，那不吸烟的不被呛得七窍生烟才是怪事！

各地正纷纷制定公共场所禁烟的法令，会议室当在其中。人民大会堂，是全国最高权力机关开会的地方；中南海是党中央和中央政府办公的场所，禁烟理当走在前面。然而这堂堂的“人民大会堂”和“中南海”，竟然至今还被两种卷烟当作商标，无人过问，岂非滑天下之大稽。真正实现公共场所禁烟，恐怕仍旧举步维艰。

一个个烟圈儿，就像一道道绳索，把不吸烟者捆得结结实实，动弹不得。这是火车车厢中二手烟受害者的真实境况。华君武先生此图作于一九八三年。掐指算来，已过二十七年。此情此景在动车车厢里已大为改观，但在其他公共场所仍然随处可见。也就是这无数烟圈，每年令十万不吸烟者被牢牢套定，不幸死亡。每念及此，黯然神伤。

套　圈　华君武 画

在讨论公共场所禁止吸烟的法规时，有人主张先在禁烟场所设特定非吸烟区作过渡。但是，有了这种在卷烟烟雾包围中的非吸烟区，是否就算既满足了吸烟者的

包　围　华君武 画

权利，又保护了不吸烟者的权益？华君武先生以漫画作了回答，可谓目光如炬。此图作于一九八七年。可惜，二十多年过去，讨论公共场所禁烟法规时，仍在为此争论不休。

给台下人看的告示 丁聪 画

即便有了公共场所禁烟法规，能否执行，还要看领导的态度——这是中国特色。无论会议室还是会议厅，一把手在场，如果不吸烟，下属人等没有敢掏烟的。一把手如果一掏烟，立马会议室中乌烟瘴气。

在依仗领导言为士则、行为世范的社会，当官，能不慎哉！

文攻武卫 方成 画

烟草商抵制控烟的一大法宝，就是他们上交国库的税收，称之为“国家利益至上”。其实，烟草商的利润来自暴利，来自对公众健康的危害，来自依靠尼古丁上瘾控制吸烟者、使之无法摆脱。至于他们上交的税收，已有研究证实，还不敌烟草危害带来的种种社会公共支出。依靠烟草，即依靠牺牲人民健康来发展经济，是饮鸩止渴。有远见的政治家应当明白这个简单的道理。

家里烟雾缭绕，老师办公室里烟雾缭绕，医院里烟雾缭绕，餐厅里烟雾缭绕，甚至公园、街道也到处烟头。孩子们真像生活在烟灰缸里。

烟灰缸里的孩子 华君武 画

烟灰缸里长大的孩子，能是健康的吗？

烟草虽能给你几千亿税收，但同时也将给你一个多病羸弱的下一代。取舍之间，考验着执政者的智慧。

早先，我们说文学是生活的教科书，现在纸质的文学书籍早已赶不上影视的传播面和影响力。当年歌德的《少年维特之烦恼》一出，维特的穿着打扮甚至他的自杀，都成为德国青少年中一时风气。现在，影视作品中人物的服装、发型、口头语，乃至举手投足也都会吸引青少年模仿学习。影视作品中吸烟镜头泛滥，势必影响到青少年的行为方式。

学英雄 丁聪 画

广电总局终于出台文件限制影视作品中吸烟镜头，大好。但执行如何还有待导演、演员的共识。

世间桃源的风波

——去过大宛读《大宛列传》

◎张倩仪

老子说小国寡民，人民才安其居，乐其业。这很合乎我们祈求过和平安乐日子的愿望。可是我们对老子“邻国相望，鸡犬之声相闻，民至老死不相往来”的国度，却并不向往，总是赞扬探索世界、追求突破。正因为几千年来敢于探索和突破，才有今日全球化的议题。可是探索世界的步伐，也屡屡挑起无穷祸端，让我们距离安居乐业、世界和平很远。

大宛本是世外桃源，可是它又在人类西探东进的关键处，一片乐土，千百年来却动荡难休。

我知道大宛，始于天马。大宛和天马是汉朝人的头条新闻，在现代汉人中也有名声。谁不知道汉武帝倾全国之力攻打大宛，天马是触发点呢？我说去大宛旅行，朋友都问，去骑天马吗？

我本来不知道大宛在什么地方，更没有想到可以去旅行。这个跟汉朝对着干的小国，在今天乌兹别克最东面，叫做费而干纳。我没有幻想骑天马，不意却在大宛经历更刺激的飞车。飞过车后，才悟到大宛的历史命运跟地理形势的关系，才明白何以《史记》中没有《西域传》而有《大宛列传》。

这个在新疆以西的盆地因为张骞而进入汉武帝的视界。武帝派张骞联络大月氏以制匈奴，被匈奴羁留。他逃出之后，没有放弃任务，往西走了几十天，结果抵达大宛。当时大宛也听闻汉朝富裕，只是无法联络。张骞到来，给大宛王一个机会，加上张骞许以汉朝的物质利益，大宛于是成为张骞了解西域的向导。大月氏最终没受拉拢，但张骞以大宛为基地，初探了中亚地区，而且搜集到西亚的安息（即帕提亚，在伊朗高原）、条枝（塞琉古，约当叙利亚及今土耳其南部）的消息。张骞这个细心的情报员，把消息向汉武帝详细报告，他

运油车也可通行的山路

第二次出使西域时，派副使去西亚、南亚，于是汉与西域各国建立了邦交，武帝也得到了大宛的汗血马。

到此为止，汉与大宛各蒙其利，人类的全球化未尝不走了可喜的一小步。不料后来汉与大宛反目，汉朝劳师远征，扼着汉通西域咽喉的大宛也国破人亡。

敦煌被称为汉通西域的门户，那首先通到新疆的小西域，大宛却是汉通大西域的门户。号称世界屋脊的帕米尔高原，东伸出长长的天山和昆仑山两大山脉，将新疆包裹其间。在世界屋脊以西，天山的余势却只像两只温柔的手指正想拈着锡尔河。两指之间一个椭圆形的盆地，面积二万二千平方公里，大如三分之二个海南岛，就是大宛。这里水源充足，物产丰富，又有雪山作屏障，是世界屋脊旁边的世外桃源。据《史记》载，大宛种稻麦，酿葡萄酒，是个农业地区，有大小七十余城，数十万人口。从中原一路走来，跋涉新疆无际的沙漠和零散的绿洲和草原，攀过世界屋脊的高山，终于来到翠绿富饶的大宛，正好休整一下，调理身心，或补充物资，或招兵买马，这个盆地的战略作用可见一斑。

更巧妙的，是东边的来路困难重重，往大西域的去路却宽敞得多。飞车经历正可见证大宛并不封闭。

我们的小汽车队是从西向东，爬过雪山山坳，进入大宛的。怎也想不到在爬坡下坡之际，会成了司机大哥的赛车时刻。十一辆四驱小汽车，每辆连司机坐四人，以一百三十公里以上时速，在八字盘山路

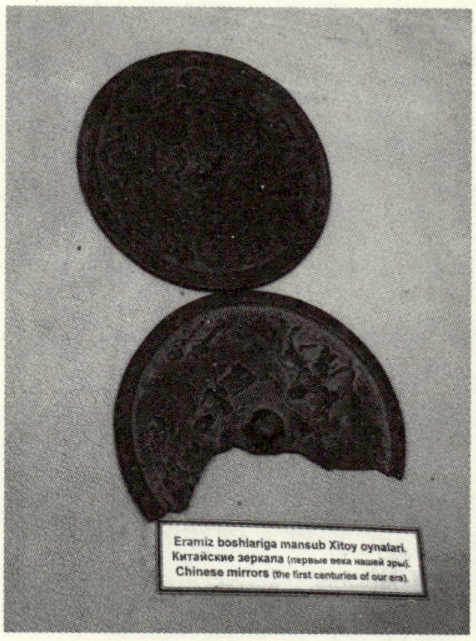

在大宛发现的汉朝铜镜

上并驾齐驱。那种车队飞驰的得意，怎么形容呢？尤其下山时，各司机大哥更是极快意的罗密欧，交相爬越，乐此不疲。下车小休时我们乘客赶忙交换情报，一个朋友说他挑最老的司机的车，以为最稳妥，没料到一路时速二百公里以上，速度计的指针都去到尽头了，韩国新车轰隆轰隆，像快要散架似的。那些年轻司机反倒不那么疯。

不过我们都不很怕，因为车子虽然快，但是走的不是常见的崎岖山路。大兴安岭、四川、云南的山路我走过不少，欧、美的山也见识过，很少见迂回的盘山路像大宛这里可以三线行车的，连巨型运油车也绰绰有余。我们要坐小汽车入山，是因为这里局势紧张，大旅游车不许行驶。虽然在一国之内，进入大宛的关卡却很严，逐一检查证件。关卡附近风光美好，但早有训谕不能拍照。

大宛由雪山围出，资源丰富，本该是个快乐的小桃源，可惜不在世外。它的位置关键，在中亚这个世界大通衢最东面，

民族众多，各有信仰，平静之中不无暗涌。首府最大的周五清真寺不开放祈祷，为的是怕聚集人众。

这桃源本身也不是省油的灯，曾经生长过印度莫卧儿帝国的开国之君；清朝末年这里的小汗国染指新疆，才有了左宗棠守大西北的中国故事。

回头说汉武帝的时代，当时大宛的北方尽是游牧人国家，它本身又出产好马，士兵也能骑射。大宛自恃形势，低估了汉武帝西进的决心，结果为了自己最好的马，而引火烧身。

《史记》说自从张骞通西域而富贵封侯，无赖之徒争相效尤，小吹牛皮的做副使，大吹牛皮的做使节。由于使者络绎于途，汉朝物品不再稀罕，途中小国也苛索金钱才肯提供食物。汉武帝已经得了汗血马，偏偏有人跟他说大宛最好的马在二师城。这时大宛充斥汉朝物资，并不想拿出好马来。大宛王从地理来计算，认为汉朝来这里路程远，路上又艰难，北有匈奴，南无水草，往往荒无人烟，食物不继，数百人的汉使常常饿死一半，不可能派大队军队来，奈何它不得。

第一次果如大宛王所料，汉军大部分饿死在征途。但是汉武帝铁了心，他不管国内蝗灾，和新败于匈奴，为了震慑大西域，必须攻下小小的大宛。

武帝于是发动数万恶少年，又赦犯人参军，增兵到十多万人，齐备粮食武器，牛马畜力以十万计，弄得天下骚动。由于兵多，小国再不敢不提供粮食，终于有三万汉兵去到大宛，围城四十余日，败大宛，取好马，并立了个傀儡大宛王。这一仗花了四年，只万多人生还，是以人海战术惨胜。此仗武帝确实打开了局面，小西域诸国以至游牧善战的乌孙都转而靠拢汉朝。

这两次打大宛，发动了不少亡命之徒作亡命之战。内部因为将吏贪，不爱士卒，在不缺粮、硬仗不多的情况下，汉军仍死亡枕藉。对外，则恶少年所到之处，肯定玉石俱焚，一片狼藉。而汉武帝万里西侵大宛，艰难之极，也就不作计较，大加封赏了。

强国的意义是什么呢？我的历史词典认为是连平庸者都有更大机会实现他的梦想。人心几千年来没有大变，十九世纪英国殖民侵略远东，来的也不是什么好角色。百多年来，在英国碌碌无能者在香港也能当上高官，大概也是恶少年的故事。

至于两个历史小谜：大宛是甚么意思？天马是不是真的？是什么马种？

前者我在当地问人，据说大宛与今名费而干纳，意思差不多，都是雪山河谷，不过民族变迁，换了一种语言而已。维基百科里却猜汉人称为大宛，可能是希腊殖民的后代，变自大爱奥尼亚，真是亚历山大东征迷。欧美迷恋亚历山大大帝的人很多，因为不少书吹嘘希腊东征，儿童自小就看，都认东征是壮举，亚历山大是英雄，从无敌手。我们常常说读中国史，要有世界眼光，其实欧美人读欧美史，也该如是。

至于天马，我在大宛没见到，只是对比汉以来的天马图像，原来跟香港赛马场里每周竞赛的阿拉伯马是一家人呢。

《外滩》：对中国近代史的追问

◎李天纲

SMG纪实频道新年播出的五集大型纪录片《外滩》，堪称是一部宏篇巨构。听闻《外滩》的叙述和画面，给我们这些曾经参与其中的学者们，也带来了惊喜和震撼。两年以后，终于看到：上海人的经验、中国人的历史，也可以这样地呈现。

用纪录片呈现历史，追问人生，是电视业的最高境界。正是这个原因，法德合作的ARTE是欧洲电视业的明珠，Discovery、Notional Geography、PBS是美国电视业的异数。自二〇〇二年元旦起，SMG创办国内第一家纪录片专业频道，九年来一直是国内唯一的纪实类专业频道，直到二〇一一年元旦，才有“央视纪录频道”的跟进。上海电视台在纪录片的制作和播出方面，曾经领先国内，在各地谈起，有口皆碑。探究个中，很大的原因在于上海观众对于自己城市的历史有着持续不断的关注。这种热情，在其他城市中少见。对此，贬之者，说是喜欢自恋；褒之者，赞为市民自觉。无论如何，从上世纪八十年代“国际部”的专题组，到九十年代八频道的“纪录片编辑室”，再到后来SMG的“纪实(真实)频道”，上海电视台在纪录片摄制，尤其是上海历史题材的作品方面，孜孜不倦，独具一格。

巧合的是，在中央电视台开办“纪录频道”之际，SMG和央视新闻纪录电影制片厂联手制作的《外滩》公映了。这次制作，标志着上海题材的纪录片，不再单单由上海本地编导来制作，因而局限于“上海闲话”，而且还走向全国，有了一个“普通话”版本。据我知道，拍摄《外滩》，是很多本市电视人的未了心愿，而制作了《故宫》的周兵、王冲霄团队，也渴望走出紫禁城，从古代进入现代，诠释中国近代历史。我一直以为“一部上海史，半部中国近代史”，外滩的历史，浓缩了一百六十年的风云变幻，历来是世界观察中国的一个窗口。“《外滩》”和“《故宫》”，正可以做个对联，列为今古，追问中国。

作为近代中国的关键门户，外滩历来不乏叙述和解释。“亚洲华尔街”、“东方香舍丽榭”、“殖民者的Showcase”，乃至“帝国主义的桥头堡”……这些称谓，这些绰号，褒贬不一，众说纷纭，其实都不是简单的褒贬，当初都有很多纠结着的复杂涵义。比如，今天中文媒体说外滩建筑是“万国博览会”，多是赞美其壮观。但是，一九二〇年代的欧洲游客说外滩建筑是“万国博览”，是看不起它的“驳杂”、“新富”和“假西方”，骄矜当中，含着嫉妒。还有一本西方记者爱狄密勒写外滩的书，被上海作家包玉珂编译为著名的《上海：冒险家的乐园》，原书中包含着惊叹、神奇，还不乏对不可思议的外滩现象的追问。但在一九五〇年代以后的意识形态批判中，这个书名，就成为外滩的罪名。“冒险家的乐园”，本来不是完全负面的意思，也可以理解成“创业者的天堂”。但是，几十年里，外滩却顶起了“资本主义”、“殖民主义”、“帝国主义”的种种恶谥。这个城市，这个民族在一百多年里酝酿出来的精华，却成为“原罪”。

无疑，外滩是中外关系的产物，“关系”中当然充满了竞争和算计。但是，外滩也是公平商战的场合，“商战”时必然有更多的合作和融通。外滩和上海，果然如意识形态描述的那样你死我活、不可调和吗？历史的正解，需要在追问中获得。《外滩》把我们带到一个比较丰富全面的历史面前，让观众自己发问。历史未必如此，其实我们可以有一些不同的答案。我很高兴地看到，《外滩》把历史学者们在三十年前搞清楚的“华人与狗不得入内”真相，完整地告诉了观众。我们知道，租界工部局在“外滩公园”的规定中，并没有这样一块牌

外滩旧影

子。牌子上确有 Chinese，有 Dog 不得入内的内容，但分列在不同地方，并不属同一条规定，因而也不是明显地侮辱华人。租界洋人是以财产和纳税权利，而不是用种族隔离和文化歧视为理由排斥华人入园的。事实上，上海并没有出现像南非、北美、南亚那样的种族隔离问题。相反，上海的殖民模式是族群的融合，“华洋杂居”、“五方杂处”，上海一直是一个种族、地域、阶级、职业、信仰等等身份并存和融合的城市。这一现象，放在世界各大城市的历史和现实中，非常突出，是我们特别需要重视的。

《外滩》对于清朝海关总税务司赫德的重新评价，也表现了编者对于历史事实的谨慎和尊重。中国近代史教科书，常常是把赫德作为侵略者来对待，说一个英帝国主义分子攫取了中国海关，侵犯了中国

主权。连油嘴滑舌的演员，都会在讲时事的段子中不懂装懂地说赫德是个“张木匠”，捞过界，管了隔壁女人家的钱。《外滩》的编导们，突破了大批判的成见，参考了学者们的严肃意见。他们去调查赫德的生平和事迹，重新考虑他的身份问题。事实上，赫德确实是一个忠于清朝的廉洁官员。赫德经常对金登干等外籍雇员说：我们是受雇于清朝，要对中国负责。“税务司公所是一个中国的而不是英国的机构。要多替我们的中国雇主着想，要认真学习中文。”反过来讲，清朝对赫德并不是忌惮、防备，而是欣赏和感激的。总理衙门里的文祥和奕䜣，都称他是“我们的赫德”，“清朝如果有一百个赫德，事情就好办了。”赫德死后，中国政府在外滩江海关大楼前，竖立了一座赫德雕像，表现的正是他那付驯顺恭敬，勉力服务的形象。《外滩》第一集《泥滩·外滩》的编导揭示了赫德的另一面，并不避讳地提到了他为中国建立一套现代制度中所作的贡献。受访学者说，在赫德的手里，中国海关的年收入从五百万两，增加到三千四百万两，成为清朝的顶梁柱。清朝因为战乱、因为腐败，因为割据，其他税种都收不上来。在此情况下，关税收入成为清朝财政的主要来源。无论如何，赫德总算是一个满意够格的“西教练”、“洋顾问”吧？《外滩》编导发出了这样追问，我们的意识形态工作者，应该静心想一下，以后适当改改口吧？

还有汇丰银行的身份归属问题，它到底是一家英国政府控制的“帝国主义银行”，还是一家代表上海商人利益的本土银行？汇丰自一八六四年创办起，它的名义总部在香港，实际总部却在上海，一直是一家民间资本性质的东方银行。汇丰在上海，壮大为亚洲最重要的银行，直到一九四九年撤离。晚至一九九七年，汇丰银行才又一次从香港撤离，搬迁到伦敦注册，第一次成为一家英资银行。在接受采访中，我们学者说：“HSBC，H 是‘香港’，S 是‘上海’，BC 是‘银行公司’”。从名字上看，汇丰就是一家扎根中国沿海开埠城市的本土银行。汇丰历史上，早期投资者固然主要是那些“东印度公司”的贸易商人，但是像王槐山、席正甫等上海本地商人，一开始就携着巨额的资本，娴熟的业务，广大的市场，成为汇丰的大买办，掌控了该行的股份和经营管理权。上海汇丰的后期，有大量的中小华人股本加入，董事会也有华人参与。汇丰银行中外融合，华洋一体的模式，表现了外滩和上海“华洋杂居”、“五方杂处”等社会融合的特点。在清朝自己的财政崩溃的情况下，他们相机行事，有时候积极放贷，有时候犹豫不决，不敢出手，怕的就是北京政府的颟顸、腐败、无能和不负责任。在商言商，赢取利益，都是合法合理的经营，怎么能够用简单的“帝国主义控制中国金融”来转移对清朝政府的批评呢？

传统意识形态，对于“买办”的批判也是不遗余力。“买办”真的是那种俯首听命于洋人，低三下四，猥琐而缺乏人格的奴才吗？这样的偏见，是为了把上海的经济文化纳入"殖民主义"、"帝国主义"和"资本主义"体系，妖魔化以后形成的。事实上，买办掌握了中外贸易的主动权，反倒是洋商离不开买办，而买办获得了利润的大头。余姚人王槐山借钱给马克林参股汇丰的故事，苏州人席正甫长期控制汇丰的故事，都证明上海本地商人的实力。近代上海的经济模式，是华人资本逐渐占据上风的华洋替代模式，并不是洋人资本不断侵略，形成压迫的垄断模式。否则，不能解释一九二〇年代前后上海民族产业的"黄金时代"。《外滩》第二集《远东华尔街》编导采访法国巴黎大学白吉尔教授，她认为："买办并不是'帝国主义的走狗'，他们是一些非常重要也非常有声誉的商人。他们既是雇员，又是公司的合伙人，因此他们起着核心作用。没有他们，也就不可能有商业贸易。"

上海是一个后起的亚洲现代化城市，"开埠"(1843 年)以后，港口、贸易、工业、市政、房地产，以及都市文化建设中都追慕西方。但是，上海所处的区域，曾是《马可波罗游记》、《利玛窦中国札记》倾情赞美的"江南"，人口繁盛，物产丰富，市镇发达，人民温和。后期的西方游记，有对中国朝政混乱、战争摧残的谴责和同情，但绝少把上海人视为劣等民族的。相反，他们之所以热衷描写上海的怪诞和不可思议，内底里其实包含着赞叹上海的那种"文化多样性"。淳朴的美国乡村牧师，固执的英国老牌贵族，看上海的"国际化"头晕目眩。在《外滩》第四集《海上沉浮》中，受采访学者提出一个说法：以"文化多样性"来论，一九四九年以前上海的"全球化"程度要高于西方的大都市。从文化的兼容性方面来说，不是上海学西方，而是西方人惊诧于上海的光怪陆离，赞赏不已。确实，和纽约、伦敦、巴黎等十九世纪"国际大都市"相比，上海的外国人社群，有欧洲的英、法、德、奥、意、比、葡、西等民族，有亚洲的日、韩、越、印度、锡克、菲律宾、马来亚等民族，还有大量多国籍的俄罗斯、犹太难民。上海社会在人种、文化、习俗和宗教上，有着更加"世界主义"的特征，更加开放，上海充满着世界老牌大都市没有的生机和活力。很高兴看到，纪录片《外滩》使用了大量老电影，旧文献，还采访了众多的历史学家，将外滩的这种"文化多样性"特征还原出来，释放了观众的想象力，便于我们问更多的问题。

外滩，到底是属于中国，还是附属于西方？这是很多初到上海的人，都会发出的疑问。租界，包括公共租界和法租界，一直被人按其欧洲风格的表面样式，称为"十里洋场"。但是，即使从狭义的所有权来讲，外滩临江大楼中，海关大楼、中国银行大楼、轮船招商局大楼、华俄道胜银行大楼等重要建筑，是中国的国家机关和企业。外滩背后，还有大量华资的银行、钱庄、公司、交易所。就是像汇丰、渣打、麦加利等所谓的外资银行，也有大量上海本地人投资的股份。外滩，绝非是"帝国主义"的一统天下。外滩建筑的外观，看上去是西方的，但不过它们更是现代的，也是上海的。在《外滩》第五集《天际线》中,建筑学家伍江教授的说法是:尽管外滩"是西方文化在中国的一个反射,尽管它在很多程度上是移植了欧洲的建筑,但没有一个欧洲城市是这个样子,它已经具有了上海的特色。"确实可以说,外滩的灵魂在上海,不在欧洲,或美国。

外滩,是上海的第一块租界,也是全中国通商口岸中最重要的一块租界。英国人在这里租地筑楼,还建立了自己市政机构——工部局。虽说是"工部局"(Municipal Council),但后来局里面还养了自己的军队、警察、法院、税务、消防、港口、路政、公用事业等等机构,一百年里,在租借来的土地上,俨然"国中之国"。但是,这些都是中外协调、相互折中的结果。英国政府帮助自己的侨民,通过《租地章程》,从清政府那里得到了"治外法权"。根据这项权利,租界政府可以在尊重中国主权的条件下,自行其是。过去说,"治外法权"让外侨获得了特权,外滩代表了西方"殖民主义"势力的在华权势。这样说,当然也确有所指。但是,租界通过"治外法权"获得的自治权力,只是保护了西方侨民的利益,同时也完全剥夺了华人的利益吗?要知道,租界作为一个单纯的白人社区,只存在了十年时间。一八五三年以后,华人难民大量进入租界后,"华洋杂居",华人居民的比例上升到百分之九十五以上。这样,租界的"治外法权",在相当程度上,也被用来保护华人的财产、言论、出版、集会、结社等人权。中国人的权利,要躲在"治外法权"下,靠国际法来保护,只能说明中国内部的法律系统出了大问题。这种尴尬,确实是一种耻辱,但它只是当政者的耻辱。相反,它是对中国人权利的庇护。

《外滩》第四集《谁主沉浮》中,用一九四〇年上海租界发生的"《苏报》案"来说明,其实华人权益也在租界法制体系下得到保护。当清末革命家章太炎在《苏报》上骂过光绪皇帝:"载湉小丑,不辨菽麦"之后,清政府要进租界捉拿章太炎,鞭笞至死。章太炎躲在福州路报馆,公共租界巡捕房一直拒绝清政府的引渡要求,不予理睬。后来迫于清政府的主权压力,不得已关押章太炎,在租界内和清政府的混合法庭——会审公廨上审判。这时候,华人法官要求带走华人案犯,洋人法官为了维护租界的言论自由权利,绝不妥协。最后,洋人法官动用"治外法权",轻判章太炎四年徒刑,且在西式文明监狱——工部局提篮桥西牢中执行。章太炎——辛亥革命的功臣,中华民国的元勋,靠着租界法律体系得以幸存,这说明了什么?租界的"治外法权",还保护过"维新派"、"保皇派"、"革命党"、"共和党"、"共产党"……并不是出于道义,而是因为维权。租界当局,最终转型为一个华洋共治的混合政权,一个市民自治的地方政权。"工部局"、"公董局"从专制的中央政府手中攫取到部分地方自治权力,很大一部分也被用在了华人正当权利的保护上。这个事实,怎样解释?

看《外滩》,确实地感到了当代人对上

海经验、中国历史的追问。在《外滩》丰富的画面前，我们想要追问：总是说，帝国主义的压迫，把中国民族经济逼入绝境。除了日本军人发动的侵华战争，将一九三○年代大有希望的中国经济拖入深渊之外，难道上海人真的输掉了公平正当的“商战”吗？上海人、中国人难道真的那么屈辱，不堪洋人的侵略，节节败退吗？事实上并非如此，一九二○年代，是上海和东南沿海民族资本的“黄金时代”。如果没有“内战”和“二战”，中国的民族经济或许早就成功了。《外滩》第二集《远东华尔街》的编导告诉我们，根据当时经济学家的统计，一九一二年到一九二七年的十五年间，以外滩为龙头，杨树浦、闸北、南市为主体，沿海、沿江城市的中国工业普遍崛起，年平均增长率高达百分之十五，超过最近二十年。

看纪录片《外滩》，追问事实，我们可以知道，历史并不像意识形态化的教科书那样确定，并没有那种宿命论一般的必然性。历史原本有很多路径，事实应该有不同解释。不同的解释，包含着不同的合理性。用历史理性去追问，“求其放心”，回到内衷，我们或许会发现：失落以后，又获得了什么。

补 白

总统的誓词

公元一九一二年一月一日是改朝换代的一天。十时，孙中山来到如今的江苏省政协大厦，这里曾是朱元璋的“汉王府”、太平天国“天王府”、两江“总督府”，从一九一二年一月一日开始，成为中华民国临时政府驻地。孙中山在这里宣誓就任中华民国第一期临时大总统。孙中山身着长长的燕尾服般的西式礼服宣誓如下：

> 颠覆满洲专制政府，巩固中华民国，图谋民生幸福，此国民之公意，文实遵之，以忠于国，为众服务。至专制政府既倒，国内无变乱，民国卓立于世界，为列邦公认，斯时文当解临时大总统之职。谨以此誓于国民。中华民国元年元旦。

有学者认为，这一段极短的誓词，成为“中华五千年政治史上，一座极重要的里程碑和分水岭”。从这天午夜起，中国数千年“帝制”的政体模式，开始转入“民治”时代。

写作《巴黎圣母院》时的雨果(1829)

浪漫派的号角

◎汪家明

雨果是我青少年时代最早读到的外国作家之一。在我的读书笔记上记载着：一九七二年九月读《巴黎圣母院》，十月读《悲惨世界》第一册、第二册；一九七三年二月读《九三年》——这三部书正是雨果小说的代表作。在我当时收藏的画片里，有四幅《巴黎圣母院》的插图，都是精细的铜版画。一幅是月色下的巴士底监狱，隐约的小桥、河水、树丛和土路，土路上有人和马在夜行；一幅是被锁在牢中石柱上正被一伙男人审问的爱斯梅拉达，披散的发、铺展的裙和扭曲的身子，尤其是那光着的脚，使吉普赛少女看上去柔弱娇小，与小说中女主角的野性不尽相符；一幅是神父克洛德把吉普赛女郎领到绞刑架下，问她是选择绞索还是选择他的爱；还有一幅则是伽西莫多为了保卫藏在圣母院的爱斯梅拉达，将烧红的铅水从高高的塔楼中间倾泻而下，下面是黑压压的人群……

值得一记的是，二〇〇二年一月十四日，我到北京拜访三联书店老前辈范用先生，在他家见到了我早年所读《巴黎圣母院》的同一版本，并且得知，此书初版于一九四九年四月的上海，出版者是生活书店的二线单位骆驼书店，印行一千五百册，编者和设计者则是范用先生。“骆驼书店”的落款是一枚图章，封面、书脊、扉页的书名是请黄炎培题写的。打开一看，精致的线刻插图，黑蓝色印制，拉·爱斯梅哈尔达(该书的译法)、一半是人一半是钟的怪物、审问、绞架、巴士底……都在其中了，多达四十三幅！书前印了一幅雨果二十七岁开始写作本书时的肖像(1829)，亦清晰精致。范用先生说，这些插图是他托朋友从法国购得的画册复制的，不只是一位画家的作品，而是多人的插画凑在一

格雷勿广场

善良的爱斯梅拉达给烈日下示众的伽西莫多喂水

妒火中烧的神父刺杀与爱斯梅拉达私会的近卫队长

起，镌刻者也不同，这从每幅插图下方的签名即可看出，所以画风多样。据说，这些插图大多数收在一八八二年重版的《巴黎圣母院》中，那么，雨果生前是看过的了。有意思的是，雨果本人也是一位不错的画家，一生作画近三千幅，其中就有很多为自己的作品画的插图。骆驼书店《巴黎圣母院》中的“它被印刷术消灭了”一幅(序号 11)，就是雨果本人的作品，作于一八三八年（或1858年？参看此画左下方的签名和日期）。

范用先生的存书完好无损，扉页上有译者陈敬荣一九四九年的亲笔题句，内容是感谢范先生编辑出版此书。巧的是，第二天我去西单中国书店，在旧书中一眼就看到同一版本的《巴黎圣母院》，翻查一过，缺失五幅插图，其余尚完好。这已是大喜过望，当即以一百三十五元买下。回来细看，扉页上的印章为“东北铁路公安局图书馆”，不知怎地流落至此。抚书怅思，它在五十余年间走了多少路，经了多少人的手啊！更不消说书中插图如何从法兰西辗转得来，而距离雨果写作此书已经一百七十多年。

如今，范用先生也过世了。

十九世纪是西方资本主义社会高速发展的时代，也是西方文学史上的高峰年代，尤其是小说创作，我们耳熟能详的小说大家，多半是十九世纪产生的：司汤达、巴尔扎克、梅里美、乔治·桑、狄更斯、福楼拜、屠格涅夫、陀思妥耶夫斯基、托尔斯泰、马克·吐温……雨果(1802~1885)也是其中之一。他的一生几乎经历了十九世纪法国所有重大事件：拿破仑帝国的兴衰、波旁王朝的二次复辟，一八三〇年七月革命、一八四八年二月革命和六月起义、法兰西第二帝国、一八七〇年普法战争、一八七一年巴黎公社短暂的执政等等，经历了激情与鲜血、混乱与新秩序的年代。正是在这样大起大落大动荡的年代里，才产生了影响深远的法国浪漫主义文学，而雨果，正是浪漫主义文学的旗手和领袖。

《巴黎圣母院》是雨果最能代表浪漫主义主张的长篇小说，高度的戏剧性、铺张的文字、炫目的色彩是其明显的特点。

首先，小说情节变幻莫测、曲折离奇：年轻的妓女生下一个女儿，被路过的吉普赛人偷走，留下一个畸形幼儿。她发了疯癫，后来做了隐修女，一直在寻找女儿。畸形儿被巴黎圣母院的神父克洛德收养，起名为伽西莫多，长大后做了圣母院的敲钟人。被偷走的女孩长大后成了吉普赛美女，名叫爱斯梅拉达，但她不知道自己的身世。神父偶尔见到爱斯梅拉达，勾起疯狂爱欲，再也无法清修。他指使伽西莫多去抢这女孩，结果被近卫弓箭手队长巧遇救出。敲钟人受到鞭刑和示众，烈日下他口渴难忍，无人理睬，善良的爱斯梅拉达提水喂他，他感动得流下眼泪。轻浮的近卫队长勾引爱上他的爱斯梅拉达，与她私会时被暗藏在屋中、妒火中烧的神父刺伤，吓昏的爱斯梅拉达却被当作凶手捉住并判绞刑。行刑时敲钟人把她抢进圣母院藏起来，神父发现后威胁爱斯梅拉达，若不接受他的爱，就把她交给军队处死。爱斯梅拉达誓死不从，被抓走时，隐修女发现她就是自己失去的女儿。女孩儿终被绞死，隐修女也跌死在绞刑架下。伽西莫多把阴狠的神父从教堂楼上推下摔死，自己则和爱斯梅拉达的尸体躺到一起直至死去……这样曲折和巧合的情节，有明显的人为痕迹，可是雨果把它上升到艺术的高度，使读者首先感受的不是情节的真实与否，而是所表达的强烈情感和丰富思辨的冲击；

被一帮男人拷问的少女

伽西莫多将爱斯梅拉达从刑场救进巴黎圣母院

可怜的驼子日夜守护着爱斯梅拉达

其次，小说中美与丑、善与恶的对比鲜明而夸张：美若天仙的爱斯梅拉达和丑陋如鬼魅的伽西莫多；可是，丑陋的伽西莫多却有一颗善良的、富有自我牺牲精神的爱心，他自惭形秽，但忠心耿耿；面貌俊美的近卫队长和被尊为道德卫士的神父，却轻浮堕落、阴狠自私……这种夸张的对比使小说更具磁力和神秘感；

其三，环境、社会场景描写和历史叙述十分铺张、放纵，想象力几近泛滥，色彩如早期印象派绘画一样绚丽，同时又表现出一种雄辩的气势和历史审判者的豪气。小说自始至终笼罩在巴黎圣母院的巨大身影里，对这所建筑的叙述和描写甚至影响到后世对古老哥特式建筑的保护；对中世纪巴黎市民生活的描写则有许多漫画的成分，对教会的批判称得上明嘲暗讽、痛快淋漓……

总之，这是一部堪称浪漫派号角的、代表浪漫派特点和成就的、纪念碑式的小说。

雨果是一个早熟而又长寿的文学天才，他的寿命比巴尔扎克长三十二年，比狄更斯长二十五年，比司汤达和福楼拜长二十四年……他是十九世纪法国名副其实的文学泰斗，是一株跨越了汹涌的历史波涛和多种文艺思潮的，枝叶丰茂、硕果累累的大树。

雨果生于法国东部贝桑松城，后来随母亲定居巴黎。父亲曾是拿破仑手下的将军。他少年时就有文学大志，据说十四岁在笔记本上写下“我要成为夏多布里昂（当时法国家喻户晓的文学家），别无他志”。他十六岁在学校里自办报纸，十七岁写诗得奖，并写小说；二十岁出版名作《颂诗集》，二十一岁出版小说《冰岛魔王》。《颂诗集》后来获得皇帝颁发的年金，从此在经济上独立，专心从事自己所爱的文学事业。一八二七年他写出剧本《克伦威尔》，因篇幅太长而无法排演，但为此剧写的序言，却鲜明提出了浪漫派的文学观点。其时他年仅二十五岁，血气方刚，思想大胆，文字华丽，在文坛引起巨大轰动。此后他一直以诗歌、小说、戏剧创作并行，并自称“世纪的儿子”。他参与政治，关注社会，同情人民，同时咏叹自然，尽情抒发心底源源不断涌来的激情。

一八四一年雨果被选为法兰西学院院士，一八四五年被封为法兰西贵族世卿，并任贵族议会议员，一八四八年二月革命后，任共和国议会代表。一八五一年拿破仑三世称帝，雨果奋起反对而被迫流亡国外，长达十九年之久，其中有十五年困居一个小岛，以写作为生。他一生的主要作品，如一百二十余万字的长篇小说《悲惨世界》、专著《论莎士比亚》、抒情诗集《静观集》、《林园集》、长篇小说《海上劳工》、《笑面人》等，都是在流亡中完成的。其中，《悲惨世界》是十九世纪最伟大的长篇小说之一，也是一部极具浪漫色彩的、情节离奇的作品。

一八七〇年普法战争爆发，法国在色当战败，普鲁士军队直逼巴黎。在国家危亡的紧要关头，雨果回到祖国。他到处发表演讲，号召法国人民起来抗击德国侵略

烧红的铅水从圣母院塔楼中间倾泻而下

神父威胁少女：绞刑架或者是我，你选择一个

夜色中的巴士底狱

剑子手扛着少女爬上绞索

雨果为《巴黎圣母院》所画的插图

者。他还用他的著作和朗诵诗歌得来的报酬买了两门大炮支援前线。一八七一年巴黎公社起义时，雨果并不支持这次革命。但当公社失败、政府大肆镇压时，雨果却强烈谴责政府的行为，呼吁赦免全部公社社员，并在报纸上宣布将自己在比利时首都布鲁塞尔的住宅提供给流亡的社员作避难所。为此，他的家遭到暴徒的袭击，他自己险些丧命。

雨果返回巴黎后直至去世，十五年间，除了创作长篇小说《九三年》和一两部诗集外，主要是整理流亡中的作品出版。他的声望与日俱增，生前已被尊为“共和国的祖父”，死后更是由政府举行国葬，有二百万人涌上街头为他送行，遗体入“先贤祠”。“一个国家把以往只保留给君王和将帅的荣誉给予一位诗人，这在人类历史上还是第一次”。

雨果有一句话让人难忘：“世界上最宽阔的是海洋，比海洋更宽阔的是天空，比天空更宽阔的是人的胸怀。”只有具备这样胸怀的人，才能写出《巴黎圣母院》这样了不起的篇章。

说说脂评

◎徐缉熙

前些时读到王蒙先生的《一辈子的红楼梦》一文,(此文乃王蒙先生的《红楼梦解说》的一部分,可惜笔者尚未读到这部大作),深有教益。王蒙先生以一个作家对文学创作的深切体会来解读《红楼梦》,痛切地指出当代红学的一大弊端,就是《红楼梦》"从小说文本变成了残缺不全的密档,使《红楼梦》的研究变成了情报档案学"。这真是一针见血的批评,对当前满天飞的《红楼梦》"揭秘"更是一锤中的,切中要害。王蒙先生希望《红楼梦》研究回归文学,回归《红楼梦》的本来面目——一部虚构的小说,这确实是当下红学急需的一剂良药。

不过,王蒙先生文中对脂评的看法却让笔者难以认同。王蒙先生不无激愤地说:"'脂砚斋'这个似乎对文学知之甚少而对曹家知之甚多的刻舟求剑的自封的老大,偏偏插上一杠子,变成了事实上的红学祖师爷。"王蒙先生还以自己作为一个小说家也曾经有过的哭笑不得的经验,说"这是命定的小说的扫帚星","谁知道如脂评之属,带来的资讯更多还是搅和干扰更多呢?"这大约是迄今为止对脂评最严厉、也是最负面的批评了。这里谈几点对脂评的感受以求教于王蒙先生。

王蒙先生说《红楼梦》中"假作真时真亦假,无为有处有还无","这两句话已经从方法论上宣布了对于脂砚斋思路的的否决"。诚然,我们的确不能再用脂砚斋的"思路"来解读《红楼梦》,不然确有掉进"情报档案学"的危险。脂砚斋,包括以他为代表的其他脂评作者，或本是曹家人，甚或是曹雪芹的父辈，或是曹雪芹的至亲好友，他们对曹家的事何止是“知之甚多”，可能就亲身经历了曹家由盛而衰的全过程，所以他们对曹家的事都有铭心刻骨的、永远解不开的“情结”。因此，他们读《红楼梦》眼睛里看到的虽然也是“假语”，脑子里想的却是那隐去的“真事”。在我们这些普通的读者看来，所谓“假语”，就是小说文本，就是作者的艺术虚构、艺术创作，就是我们面对的、要去解读的艺术本体；而“真事”，不过是生活原型或生活素材。但脂砚斋他们当然不会这么看，也许在他们看来，被隐去的“真事”才是真正重要的，才是让他们肠断心摧、泪流满面、放声大哭的东西。而“假语”不过是用以隐藏“真事”的“假”语而已！这也就是为什么他们读《红楼梦》会情不自禁地把小说中的人物、情节、细节同他们脑子里的“真事”对号入座，乃至不由自主地把自己投放进去。在他们眼里，《红楼梦》简直就是他们家族的血泪史，也是他们自身的血泪史。请读读下面这些批语：

读五件事（指小说第十三回所写“宁国府风俗”）未完，余不禁失声大哭，三十年前作书人在何处耶？

旧族辈受此五病者颇多，余家更甚，三十年前事出于三十年后，今余想恸血泪盈腮。

批书人领至此教（指贾宝玉三四岁时已得贾妃手引口传），故批至此，竟放声大哭。俺先姊先（仙）逝太早，不然，余何得为废人耶。

凤姐点戏，脂砚执笔事（二十四回写凤姐点戏，宝玉执笔），今知者寥寥矣，不怨夫。

树倒猢狲散之语今犹在耳，屈指三十五年矣，哀哉伤哉，宁不痛杀。

作者今尚记金魁星之事乎（指小说第八回贾母给秦钟一个金魁星），抚今思昔，肠断心摧。

这样的一批人，写出这样的批语，奇怪吗？一点也不奇怪，而且是很可以理解的。如果你也处于那样的时代，有过那样的经历，有着那样多的解不开的情结，也许你也会写出那样的批语来。所以，对脂评，我们也需要体贴和理解，而不宜苛责。我们这样说，决不是说时至今日，我们广大读者和学者们仍然要用脂评的眼光、脂评的思路、脂评的方法去解读和研究《红楼梦》，要是这样，那就不能归罪于脂评，而是应该反省我们自己的问题了。过去，笔者对脂评也很迷信，把脂评的每一句话都奉为经典，那错不在脂评，而在自己呀！时下有些研究沦为“情报档案学”，恐怕也不是脂评的错。如有的学者，以“揭秘”为己任，把《红楼梦》看成是一大堆谜语的堆积物，人物、情节、细节，无往而不是“谜”。这样的研究，尽管处处引用脂评，其实和脂评风马牛不相及。

平心而论，如果用科学的眼光，以科学的态度看待脂评，作为前人留下来的最早的《红楼梦》点评之作，尽管由于历史条件的限制而不可避免有其局限性，但也确实有其珍贵的史料价值，对我们今天努力以更科学的观点和方法解读《红楼梦》还是有帮助的。

例如王蒙先生文中赞赏的"贵妃省亲情节"，我们不读脂评，当然一样可以像王蒙先生那样激赏它"写得那样有声有色，有谱有派"，但当我们知道了脂评中一句"借省亲事写南巡，脱却多少忆昔感"，会不会因此"干扰"我们对作品的欣赏呢？就我个人的感受而言，肯定不会。这一批语，也许是评书人喜欢把"假语"和"真事"对号入座的又一例证。但我们也因此得到启发，原来省亲的场面写得那样有声有色，是把曹家接待康熙南巡的场面"移花接木过来的"（王蒙先生语），当然是曹雪芹以他那如椽之笔加以高度文学化了的。我们由此也不禁会想，作者是否确是有意把南巡这件"真事"隐藏于一个虚构的贵妃省亲的"假语"之中呢？他这样做，有没有深意呢？我们知道，生活中的曹家之所以败落，根源就在于因四次接驾而欠下"拆骨难偿"（李煦语）的巨债。小说中的贾府接待贵妃的糜费奢华，也正是它最终衰亡的一大根源。我们当然不该也不能把一部虚构的小说直接看成是曹家的家史，乃至是什么家庭档案，但我们可以追问：曹雪芹是否真的有意要把家庭的痛史、血泪史隐藏于虚构的小说之中呢？我们由此又联想到脂评中一段用眼泪写成的批语："能解者方有辛酸之泪，哭成此书。壬午除夕，书未成，芹为泪尽而逝。余尝哭芹，泪亦待尽。"曹雪芹为泪尽而逝，黛玉也是"泪尽夭亡"（脂评还点出"细思'绛珠'二字，岂非血泪乎"）。小说中的绛珠是"以泪还债"，生活中的曹家也是以泪还债。为什么要流这么多的泪？为什么一部小说"字字看来皆是血"？如果《红楼梦》只是"大旨谈情"，作者要为此而"泪尽"吗？我想，正是脂评所提供的材料，促使我们往深处想，希望能更深刻、更透切地领悟《红楼梦》这部小说所包藏的极其丰富复杂而又极其深刻的内涵。

尽管脂评作者常常情不自禁把小说当成了家史，但大部分的批语还是把《红楼梦》作为小说来评点的。我想，他们其实心中很明白，他们所评点的并非是真的家史，而是一部小说（否则又何来"假语""真事"之说？）。所以，他们不但实实在在称之曰"小说"，而且常要把它同古往今来的小说作比较。如小说第五回写薛宝钗行为豁达，随分随时，不比黛玉孤高自许，目无下尘。甲戌本有批语道："将两人行止摄总一写，实是难写，亦实系千部小说中未敢说写者。"小说第一回写到神瑛侍者和绛珠仙草的木石前盟，甲戌本有一眉批云："以顽石草木为偶，实历尽风月波澜，尝遍情缘滋味，至无可如何，始结此木石因果，以泄胸中悒郁。古人之'一花一石如有意，不语不笑能留人'，此之谓耶？"这一批语，显然也只是把《红楼梦》看成是一部独创的神奇小说，所以也只以小说论之。小说第二回写林如海升任"兰台寺大夫"，因此官制“半遵古名”，故有批道：“余最喜此等半有半无，半古半今，事至所无，理之必有，极玄极幻，荒唐不经之处。”这“事之所无，理之必有”八个字，抵得上一篇小说通论！

庚辰本有一长批评贾宝玉云：

> 按此书中写宝玉之为人，是我辈与书中见而知有其人，实未曾亲睹者。又写宝玉之发言，每每令人不解，宝玉之生性，件件令人可笑，不独于世上亲见这样的人不曾，即阅今古所有之小说传奇中，亦未见这样的文字。于颦儿处为更甚。其囫囵不解之(中)实可解，可解之中又说不出理路，合目思之，却如真见一宝玉，真闻此言者，移至第二人万不可，亦不成文字矣。余阅《石头记》中至奇至妙之文，全在宝玉颦儿至痴至呆囫囵不解之语，其诗词雅谜酒令奇衣奇食奇玩等类，固他书中未能，然在此书中评之，犹为二著。

笔者引用这段文字，简直不舍删去其中任何一句话，因为它写得实在精彩。从这段话可知评书人并没有把宝、黛二人同生活中的某某人对号入座，而是实实在在把他们看作是曹雪芹的艺术创造。用我们今天的话说，是高度个性化了的艺术典型，所以他们只存在于《红楼梦》之中。这段话，作为艺术评论，作为对人物的艺术分析，也十分精彩，完全合乎现代的美学原理。读了这样的文字，又安能说评书人不解小说！

脂评中有许多对小说的艺术评点，由于作者并非一人，仁者见仁，智者见智，恰如脂砚斋本人所说，他有他的“取乐处”，别人也各有各的“眼界”。其中确有不少陈腐的见解(如把黛玉称之为“尤物”之类)，但也有不少挠到痒处的点睛之笔，所谓心有灵犀，会心不远。如小说第六回刘姥姥初进大观园、初见王熙凤，曹雪芹写来精彩纷呈，评书人评得也恰到好处。如评书人点出所有的眼前景物，都是由“刘姥姥的鼻中”、“刘姥姥的身子”、“刘姥姥的头目”，当然也包括刘姥姥的耳朵所嗅所感所见所听，乃至“设譬拟想”(如听到大钟“咯噔咯噔的响声，大有似乎打箩柜筛面的一般”，“底下又坠着一个秤砣般的一物，却不住地乱晃”)也无不从刘姥姥心目中设想出来。评书人又分别点出凤姐见刘姥姥的过程“一笑”、“二笑”“三笑”……“凡六笑”，每一笑均有每一笑的心理、神情和不同的说辞。王熙凤的形象因此而“合目如立在前”。王熙凤初见黛玉，是她在小说中第一次正式出场：“只听后院中有人笑声，说我来迟了，不曾迎接远客。”评书人评曰：“第一笔，阿凤三魂六魄已被作者拘走了，后文焉得不活跳纸上。”又有眉批云：“未写其形，先使闻声，所谓‘绣幡开遥见英雄俺’也。”这些批语都会心不远。

评点是我国一种传统的文学批评的方式，评书人在阅读过程中随手记下点点滴滴的感受，自然感性多于理性，而且比较分散、零碎，但也时有灵光闪现、体现古人审美智慧的东西，脂评也是如此.取其精华，弃其糟粕的原则同样适用于脂评。

让“历史成见”尴尬的照片

◎冯克力

摄影术的发明，使得历史可以被观看，从而大大改变了人们认知过去的方式。但照片又是一柄双刃剑，在以其具象、直观的属性，为历史叙事与研究提供极大便利的同时，也往往让一些“历史成见”面临尴尬。

长期以来，在我们的正史叙述里，在各种版本的历史教科书里，对抗日战争中正面战场的描述语多轻蔑，国民党正规军的诸多对日大兵团作战似乎可以忽略不计，抗日战争的胜利端赖敌后军民的袭扰与游击。说到国民党正规军的将士，要么在日军的攻势面前“不堪一击”、“望风而逃”，要么就专与共产党领导的抗日军民作对，“制造摩擦”、“破坏抗战”。这样的叙事，深深地影响了几代的中国人。

正因如此，十几年前，当来自台湾的老照片收藏家秦风先生，把一组组记录正

图一：1944 年 11 月，中国军队在滇西作战中收复龙陵。

面战场的照片在《老照片》里披露出来的时候，在读者中才引起了那么大的震撼。如今随着国共之间的和解，大陆这边对正面战场的记述已经越来越趋于客观，各种相关的照片也尽可随意呈现。但退回去十几年，情况却不是这样，为了这些照片能不能披露、怎样披露，编辑部同仁们真是费尽了思量。毕竟，这些照片在很大程度上直观地颠覆了我们教科书中的许多成见。

其中，一幅国军士兵在滇西作战中冒着炮火硝烟，跃上龙陵城头的照片（图一），给我留下了极深的印象。不怕诸位笑话，乍见这张照片的时候，我脑子里冒出的第一个念头竟是："秦风先生别是搞错了吧？"因为根据自幼接受的灌输，在电影里、画册里和各种其他读物里见到的，像这张照片上这样奋不顾身冲向敌阵的，只有八路军、新四军和后来的解放军。当然，这种疑惑只是转瞬即逝的一个念头而已，秦风先生作为一名职业的老照片收藏者与研究者，是不会跟我们开这种玩笑的。这张与我们以往的认知迥然有异的照片，不仅以其极具震撼的信息诉诸人们的视觉，更诉诸人们的情感，经由多年的灌输培育起来的对国军将士的诸多偏见，正是在那一刻被化解于无形。

这就是照片的魔力！而且不用多，有时一张就够。

如果说上面这张照片，是以极具张力的视觉冲击了我们的历史成见的话，那么接下来这幅照片（图二），却不动声色地向我们讲述了平民庶众面对时代变迁的另一种态度——一种有别于"宏大叙事"给定的态度。

图二：1912年秋，一位年轻男子剪辫之前的留影。

一九一二年亦即辛亥革命后第二年的秋天，一位二十七岁的年轻人走进了一家照相馆，背对一面落地穿衣镜，让照相师傅为他拍摄了这张照片。又过了几天，从照相馆取回照片后，这位年轻人端详着照片上的留影，下意识地摸了摸自己的后脑勺，怅然若失，遂以工整的小楷在照片的背面留下了这样的题识：

壬子秋八月，将欲剪发，故用大镜照后影，以留纪念。八月初三即新历九月十三日拍于劝业场楼上之丽芙照相馆，计印二张大洋捌毛。

没有反清志士们断发前的铮铮誓言，也没有遗老遗少们被迫剪辫时的艾艾怨怨或决意留辫执拗，这位年轻人只是平静地记述了拍摄照片的动机和经过，但于字里行间也对从此失去那条长辫，流露了淡淡的眷恋。这也难怪，他的爷爷、他的父亲，乃至他更老的祖辈们，都是脑后拖着一条长辫生活过来的，他自打记事起，身后的这条长辫也须臾不离地伴随着他，既是他身体的一部分，也是他生活的一部分，如今一旦失去，难免有些不习惯，乃至有些怅然。

《老照片》还刊登过一张有趣的照片（图三）。劳作间隙，一位农人在替另一位农人编织脑后的长辫，被编织的那位，嘴里叼着一根长烟袋，悠然地享受着同伴的“服务”。那条看似累赘的辫子，已然成为他们生活中习焉不察的存在。

对于芸芸众生而言，剪辫抑或留辫，既不关立场，也无关文化，更无关政治，只是一种生活习俗的改变而已，当然，还有与这种改变相伴的些许情感的微澜，全然没有“宏大叙事”所赋予、所放大的那些意义。而这两幅照片呈现的，正是被正史有意无意之间所忽略、所漠视的那些部分。

图三：清末，劳作间隙的农人。

图四：抗战期间，共产党领导下抗日根据地的一次集会。

独裁，曾是国民党遭政敌诟病最多的一个议题。《老照片》里曾经刊出过一张共产党领导下的抗日根据地民众集会的照片（图四），在主席台一侧的标语中，赫然写着反对独裁的口号。可见，那时反对国民党的独裁正是国民党的软肋所在，挑战独裁，自然也就成了反对派最具杀伤力的武器，大有一剑封喉的威力。平心而论，说国民党独裁（他自己称说是“训政”），并没有委屈它，从其执政的二十多年里，足以找出车载斗量的事实来证明这一点。

不过，事情也还有另一面，并且有图为证。

这张照片（图五）拍摄于一九四八年五月的“行宪”国民大会期间，当李宗仁与孙科的副总统竞选进入白热化的时候，一位

图五：1948 年 5 月，“行宪”国大举行副总统选举，一位代表正走向会场专设的“秘密写票点”。

代表正匆匆走向设在会场后面的“秘密写票点”圈写选票。

国民党信奉的是“党国”理念，在其执政的那些年里，也大体上是“以党领政”，但这一次的“行宪国大”却开得货真价实，尤其是“党魁”所属意并由党中央提名的副总统人选孙科，经过几轮的投票后，居然败给了以个人名义参选的李宗仁，这至少证明了，那时的国民大会还没有沦为可怜的“橡皮图章”。

照片上最吸引人们眼球的，是国民大会堂里为代表们专门设置的“秘密写票点”，一格一格，由木板隔断，形成一个个相对独立的空间，确保了代表圈写选票的私密性。南京国民大会堂落成于一九三六年，是为了因应国民党内外“结束训政，实行宪政”的呼声，以备召开国民大会而兴建，会堂内还安装了当时世界上最先进的投票表决系统，其“秘密写票点”即为投票系统的一部分。当年为适应宪政的需要而采取的这些举措，实有很大的超前性。

记得上世纪八十年代中期的某次全国人代会上，曾有一位来自香港的人大代表在临选举前起身吁请大会设立秘密写票点。他的这一吁请被大会所接受，但由于人民大会堂里原先并没有这类设施，只好临时在会场后面辟出一角，用布帘子隔了一下，满足了这位代表的要求。圈写选票的私密性，对于公正、公平的选举来说，并不是一件小事情。事实上，在有些地方的选举中，主事者为了确保自己提名的人能顺利当选，以至在会场上安插眼线，以行监视，千方百计地化解投票的私密性。据说有的地方，为了更清楚地掌握代表们的投票倾向，干脆将选票设计为同意提名人选的不必在选票上圈画，这样一来，只要谁拿起了笔，谁自然就是投反对票的。既然投票过程一目了然，尽在掌控，为防事后遭打击报复，代表们虽有不同意见，也只好作罢了。

纵观眼下选举的种种怪现状，我们可能没有多少资格对民国年间的宪政举措过多地去评头论足，相反地，它在宪政的建设与准备方面，或许还有不少值得今天借鉴的地方，比如照片上的那个毫不苟且的“秘密写票点”。

我曾经向秦风先生请教过：蒋经国临终前怎么突然就下了那么大的决心，毅然开放“党禁”、“报禁”；而另一方面，经历多年“戒严”管制台湾的老百姓对于选举这一套，似乎也并不怎么陌生，这是为什么。

图六：1982 年，台湾一位竞选县议员的参选人在街头发表演讲，争取选票。

图七：1972 年，在台湾的一次公职人员选举中，几位国民党提名的竞选人联合举行政见发布会。

《老照片》提供了一组记录台湾民主进程的照片，其中一张（图六），是一九八二年一位县议员参选人在街头发表政见，争取选票。虽然大街上冷冷清清，只有几个人站在远处张望，但这位参选人的热情却未曾稍减，仍手持话筒，喋喋不休。另有一张照片（图七），是在一九七二年的一次公职人员选举中，几位国民党提名的竞选人联合举行政见发布会，会场上熙熙攘攘，不少小孩子也赶来凑热闹。

秦风先生说："那时台湾民间不允许组党，党外参选人只能孤军作战，选举的结果大都是垄断了各种社会资源的国民党参选人当选，虽然如此，这些选举客观上仍然产生了正面的效果，民众有机会听到各种不同的政见，并慢慢习惯这种政治行为，从中得到训练，这对台湾民主政治的进步有着长远的意义，无疑也是台湾社会得以顺利转型的一个重要原因。"

从国民大会堂里专设的"秘密写票点"，到参选人的街头竞选和政见发布会，再到后来的全面解除"党禁"、"报禁"，这其中的脉络，是显而易见的。

他说，蒋经国做出这样的决定，固然是迫于反对派的压力，但实现宪政也是国民党党纲里的题中既有之义，孙中山早年规划的通过"训政"最终达至"宪政"的目标，国民党囿于情势，虽然有过动摇、有过拖延，但始终没有完全放弃。即使在"戒严"时期，台湾的民众也没断了参加各种各样的选举，那时除了台湾"省长"是由"行政院"任命以外，县市以下的各级议会议员、行政首长均由民选产生。后来他还专门为

散尽千金为书香

◎萧文泉

有一本书畅销中国，题为《思考财富》，讲述了美国亿万富翁安德鲁·卡内基的致富之道，卡内基自己还写过另一本关于财富的书：《财富的福音》，在美国也同样有名，但这本书在中国至今还没有流行起来。前一本书教人怎样能从一文不名的穷小子变成富可敌国的财主，在后一本书中卡内基思考财富的意义，阐述财富带来的责任，指明什么才是正确使用财富的途径。把这两本书接着读，才能看到卡内基这个传奇人物的全貌，或许而由此更能明白美国文明的深厚力量所在。

> 卡内基写过两本有关财富的书，讲述致富之道的《思考财富》，在中国十分流行，而阐述财富带来的责任的《财富的福音》，在中国却很少人知晓。

卡内基曾说过，一个理想的人生是由三个阶段组成的，在人生的第一个三分之一中，你要接受尽可能多的教育，在人生的第二个三分之一中，你要赚尽可能多的钱，在人生的第三个三分之一中你要把赚来的财产全部都花到有价值的事业上。这简单明了的一段话恰好总括了他经典的一生。

卡内基晚年的时候，他个人的财富位列世界第二，仅次于洛克菲勒；当他刚到美国的时候，身无分文的他只能靠打小工谋生。他的父亲威廉·卡内基原来是苏格兰的一个手工织工，纺织机在英国的发展使威廉没有了生机，只有借了钱移民美国找活路。卡内基一家落脚在匹兹堡附近的小镇阿勒格尼，那是一九四八年，小卡内基才十三岁，他到一家纺织厂当纱锭工，每天工作十二小时，每周工作六天，每周工资一块两毛美元。他接下来的人生轨迹是一个标准的美国成功故事，靠着勤奋、节俭、天赋和运气，安德鲁·卡内基改变着自己的生活，从一个纺织厂小工变成送电报工人，后来加入了铁路公司当了主管的私人电报员。在送电报时他很快就熟记了匹兹堡所有的公司企业的地址，并且还认识许多重要人物，天性聪颖的他能单凭电报机的嘀哒声抄写出电文来，据说在全美国只有三个人有这样的能力。铁路公司的一位经理赏识他的才能和勤勉，大力地提拔他，随着社会地位的逐步上升，他在经济上也有了点积蓄，可以做一些投资了。

一个偶然的机会把他带到了他生平事业的门口。有两个从普鲁士来的年轻移民合伙在匹兹堡乡下的一个村庄开了家小小的炼铁坊，开始时只有一个炉子一把大锤。铁匠师傅干活认真，生意很快红火起来，产业有了规模后合伙人之间却产生了争议，一个朋友请卡内基来仲裁，谈判的结果使卡内基入股这家钢铁工厂，这开始了卡内基在钢铁工业里的事业，谁也没有想到的是，这村口简陋工棚里的小小的铁工厂就是后来规模庞大的卡内基钢铁公司的前身。

当时的美国正处于急速工业化的过程中，铁路桥梁的建设需要大量的钢铁，钢铁工业本身也在进行着日新月异的技术革命，匹兹堡地区蕴藏着丰富的优质铁煤矿，这是卡内基事业发达的大背景，至于为什么他比别的钢铁工业老板更成功？许多成功指南里已经说得够多的了：卡内基能任用最能干的技术管理人员，卡内基有开拓市场的天赋，卡内基跟上了技术革命的潮流，卡内基在财务金融上精明过人，等等。不喜欢卡内基的批评者则指责他善于算计合伙人，总是能瞅准机会用低价买断别人的股份使自己在公司中的地位日益强大。几十年的苦心经营，卡内基钢铁公司坐上了美国以至世界钢铁生产的第一把交椅，他的公司的钢铁产量超过了整个英国的钢铁产量，并且还是世界上最能盈利的企业。那时的钢铁工业就是今天的信息业，是最能产生亿万富翁的产业。

卡内基是个典型的十九世纪的资本家，我们熟知对资本家的经典描写，他们是人格化的资本，唯利是图，贪得无厌，为了几倍的利润会铤而走险，冒上绞刑架的危险。这样的资本家当然有，但是也有对财富持不同看法的资本家。就是这个最富有的卡内基，他曾写道，“人总是要崇拜偶像的，但是对积聚财富的崇拜是最糟糕的崇拜，没有比崇拜钱更让人堕落的了。”出于一个日进斗金的亿万富翁的笔下，这些话是不是太虚伪了？卡内基后半辈子的生活表明他是真的这么看待财富的。而且，卡内基并不是个例外，他事实上是西方一个传统的代表。我们知道当前世界的首富巴菲特和比尔·盖茨已经决定把他们一辈子积聚的巨额财产都捐赠给慈善事业，我们的富豪们无法理解更不愿学习这样的行为，我们的媒体也解释不清他们为何要这样做，是为了规避遗产税？是为了不让自己的孩子成为花花公子？是出于某种个人的原因？总之，拼命赚钱一辈子，最后全捐出去，那些美国佬是够古怪的了。其实，从卡内基到比尔·盖茨，这是西方上流社会的一个传统，他们有这样一种对财富的社会本性的信念。这是一种根植于他们的文化中的对财富的理解，一种与我们不同的对财富的看法。我们的文化中也有轻视财富的观念，“千金散尽还复来”，讲究的是把财富当作身外之物，然而这还是把财富当作完全是属于个人的东西。古今往来不乏轻掷千金的豪举，却没有个富人想想财富能为社会做些什么，乡绅们会捐资兴学筑桥，那是为自己的家乡，即放大了的家族领地，财富总之是私人的事。现在流行的说法是要回报社会，言下之意是社会帮助自己得到了自己的财富，感恩的人要报答一点什么给社会，根本的观念还是把财产看作是自己个人的。而在个人主义盛行的西方倒有许多人把拥有财富看作是承担了一种社会的责任，卡内基说过一句常常被人引用的名言，“带着万贯家财死去是可耻的。”为什么是可耻的呢？因为你没有把本质上属于社会的东西归还给社会。带着万贯家财进坟墓，就像是霸着社会的公产不归还。

因为财富意味着社会责任，回报社会就不能是简单地把财产送给穷人，富人们要用财富来建设社会，改良社会，还需要付出大量的精力和思虑。卡内基曾感叹说，把财产花到社会上去真不比积聚财产容易。

三十三岁的那年，卡内基在自己的私人笔记中写道，“等我每年赚五万美元时，我就不再去赚钱了，接着就去做有益的事了，放弃商业专为他人。”但是他的这个人生计划没有完全像他想象的那样实现，卡内基钢铁公司的业务飞速发展，根本不容他停下来。到他真的把自己的公司卖掉时，他每年的收入已经达到几百万之巨，相当于今天的好几个亿美元。

卡内基把他的公司卖给了大银行家摩根，换回了两亿三千万美元的有价证券，新泽西的一家银行专门建造了一个保险库来保管卡内基的这些证券。这场当时最大的个人商务交易和这笔惊人的巨款成了美国国内最耸人听闻的新闻，但是卡内基至死都没去看过一眼或碰过一下他平生努力积下的财产。他的头脑已经转向了下一个挑战，如何把这笔财产用出去。

卡内基在他的《财富的福音》中说，他觉得自己名下的财富意味着自己负有为社会做好事的责任，而改进社会需要的是“科学的慈善业”。他列出了科学的慈善业应该从事的各种领域：大学，图书馆，医院，公园，音乐厅，游泳池和教堂。这张名单是按照重要性排序的，但是，终其一生，卡内基着力最多投资最大是位列名单中第二位的事业：图书馆。

华盛顿林肯纪念堂里那个著名的林肯雕像的作者弗伦奇曾为卡内基创作了一个雕像，表现一个壮实的工人坐在铁砧上，专心地埋头读着一本大书。这个形象体现了卡内基想要实现的社会理想，这同时也是卡内基自己个人成功之路的反映，这个雕像是卡内基用来献给他年轻时的恩人安德森上校。出身贫寒的卡内基没有受过正规的学校教育，他后来能懂管理懂技术，还能以文章问世，出版了不少著作，靠的是在图书馆里的自学，然而，他去的不是公共图书馆，那时的美国还没有什么公共图书馆。当卡内基还是阿勒格尼镇上的一个小工时，镇上有位退休的上校安德森把自己的私人藏书向所有的工人开放，让他们免费借阅自己的图书，并且还每周抽出时间来指导前来借书的工友，使他们有上进的机会。卡内基就是安德森图书馆的常客，他从这个善举里获益甚大。

青年卡内基的这个成长经历给他晚年慈善事业以很大的影响，最终导致了遍布美国的卡内基图书馆的建立。第一家卡内基图书馆是捐献给卡内基的老家苏格兰的邓菲莱镇，一八八一年他和他母亲以及一群密友亲临图书馆的奠基典礼，卡内基发表了热情的演讲。随后，他在自己工厂所在的阿勒格尼镇和布拉多克镇建立了美国国土上第一家卡内基图书馆。在开始的时候，受他捐赠图书馆的市镇要么和他的住处有关，要么和他的企业有关。到了一八九一年，他的捐赠计划发生了一个根本性的变化，在威尔逊参议员的要求下，卡内基决定向衣阿华州的费尔菲尔德镇捐献一个图书馆，这是他首次向与他个人没有关系的市镇捐献图书馆。这使卡内基图书馆项目真正成为一个超越个人的全国性的大工程，过后不久，他的捐赠计划就进入了快车道。卡内基自己把他的捐赠活动分为两个阶段，说一八九七年前是所谓的“零售”阶段，每年只捐献一到两个图书馆，一八九八年以后开始了所谓的“批发”阶段，一年内捐赠几十个甚至上百个图书馆。到一九一九年卡内基捐出最后一个图书馆时，他总共在美国各地建立了一千六百八十九个卡内基图书馆，同时还在英国和其他英语国家捐资建立了各种类型的图书馆八百三十所，为这些图书馆卡内基一共花了六千八百多万美元，相当于现在的十三亿美元。

卡内基为建设图书馆投入这么大，这是因为他相信图书馆是社会进步的最好阶梯。他说，卡内基图书馆项目其实不是一个慈善项目，因为这个项目是在帮助那些自强向上的人。卡内基建立图书馆的意图也不仅止于帮助奋斗的个人，他说，“人民经管的免费图书馆是民主的摇篮，遍布各地的免费图书馆一定会传播和加强民主的思想，公民的平等和人格的高尚，这是美国理想的果实。”出于这样的理想，卡内基图书馆大多建立在僻远的小市镇里，百分之七十以上的卡内基图书馆建立在人口少于一万人的小镇上，并且大多布局在中西部，在这个相对落后的地区集中了七百多所卡内基图书馆。卡内基注重的不是形象工程，他要的是实实在在地为最需要读书的大众服务的图书馆。卡内基也为不少大城市捐献过图书馆，在纽约和匹兹堡这样的大城市里，人们看重的是宏伟的市图书馆总馆，但是卡内基在那里资助建造的位于各个居民区里的图书馆分馆。宏伟的图书总馆常常会是一个城市的地标，但是居民区里图书馆分馆则是真正的育人温室。当他同时资助一个城市的图书总馆和分馆时，他总是在合同里规定分馆的建设须得到更多的资金。

卡内基是位成功的企业家，他当慈善家时也是在运用着高效的管理方法和手段。即使从现在的眼光来看，卡内基图书馆项目也算得上是一个宏大的工程。令人难以置信的是这个项目的实施并没有动用一个庞大的管理团队，从头到底只有一个人在主持和管理着这个涉及到巨额资金和几乎整个美国国土的大项目，这个人就是卡内基的私人秘书伯特伦，他主要的工作手段是信件。伯特伦阅读各地寄来的申请资助的信，在项目进行的高潮时期，每天有五百到两千封信到达卡内基的办公室，要求他提供资助。收到信后伯特伦会给发信的市镇寄去一个调查表，以了解这个市镇的人口和财政等情况。在得到回复的信息后，他会根据每一名居民二到三美元的标准核准该给这个市镇的资助额。一旦卡内基本人认可了以后，这笔资金就由卡内基的财务秘书分三期汇给申请成功的市镇。在整个过程中，卡内基和他的秘书不派一个人去实地视察，也没有事后的审计。千百万的美金和一千六百多个建筑工程，全靠相互间的诚信，由邮件来联系着实现，一千多个偏远小镇拿着几乎是从天上掉下来的巨款搞建设，没有欺诈没有腐败没有丑闻，一栋栋图书馆大楼按规划高质量地出现在各地，美国基层公共社会组织的优良素质在这里可见一斑。

精明的卡内基知道怎样促使受惠的地方社区自己也投入到图书馆建设中去，他对捐赠图书馆只设两个条件，第一是地方上要提供建设图书馆的地皮，他的捐款不是用来买地的；第二是接受捐款的市镇政府必须保证每年向图书馆提供达到他的捐款总额的百分之十的款项来作为图书馆的运行费。现在我们下拨经费时流行的规定配套投资的做法实际上是卡内基的一个发明，卡内基很为自己的这个发明得意，觉得这是一个非常划得来的投资方法，十年以后，本地在他的图书馆项目中的投资就和他的初始投资一样大了。

美国各地的小市镇并不觉得这样做有什么不合算，他们建设图书馆的热情非常高。当时许多西部的市镇草创伊始，大都只有些木棚陋屋泥路草场，在荒野中渐渐地显露出文明的轮廓。主要大街旁耸立的最体面漂亮的建筑常常就是卡内基公共图书馆，有时加上法院和教堂。卡内基公共图书馆大多是典雅轩敞的欧陆古典式的建筑风格，和周围的木板屋和不远的荒原形成鲜明的对比，这是文明的标志，是文化的源泉。许多市镇的卡内基公共图书馆不仅收藏和出借图书，起地方教育中心的作用，还常常同时起着音乐厅，演讲场，聚会所和博物馆的功能，是当地社会的社交文化活动的中心。从各地写给卡内基的要求资助的信可以看出，人们把图书馆当作是解决自己社区的教育、社会和文化的所有问题的唯一办法，是通向成功的道路。卡内基所做的是出资建造图书馆大厦，这些图书馆大厦都美轮美奂，其中有好几百座现在成了美国国家历史性保护建筑，但是楼房只是个壳子，卡内基图书馆的成功同时还靠着地方上有志于文化建设的各种俱乐部,协会和商会成员的热忱努力,这才使卡内基图书馆成为地方上传播和提升文化的中心。

卡内基实施他的图书馆捐赠项目的时候正是美国国内公共图书馆大发展的时期，据美国全国教育理事会的统计，一八九八年前全美国只有六百三十七家公共图书馆,到一九一九年,美国拥有了三千五百家公共图书馆,其中的一半是卡内基一人出资建造的。值得注意的是,这段时间也正是美国跨向世界强国的时代。第一个卡内基图书馆落成后十多年,赖特兄弟驾机飞上了天空,福特造出了他的人人买得起的汽车,美国的电影和文学开始产出了世界水平的杰作。至今美国在科技和文化上还保持着它旺盛的创造力,这或许和美国小镇的那些设备良好收藏丰富的公共图书馆有些关系。许多获得诺贝尔奖的美国人,从作家斯坦贝克,海明威到科学家西博格,劳伦斯都是从卡内基图书馆出发走向世界的。前不久刚去世的历史学家朱特在他的回忆录中写道,他这个英国人选择在美国工作,一个原因是美国的图书馆,令他惊讶不已的是,美国的一些极小极偏僻的城市里居然会有藏书数百万册的巨型图书馆,在旧大陆那可是大都市才会有的奢侈品。

卡内基平生的慈善事业并不局限于图书馆一项,他还创办了卡内基—梅隆大学，建立了卡内基国际和平基金等等,把他个人的财产投向各种各样他认为有助于和平进步等崇高目标的事业。美西战争后他反对美国在菲律宾的殖民主义政策,提出由他付给美国政府两千万美元,让菲律宾独立。

到了一九一〇年,卡内基为各种慈善事业已经捐出了一亿两千五百万美元,创了历史纪录,但是他的私人财产还剩下一半。这时他已经七十五岁了,为了实现他要把所有的财产都回归给社会的初衷,他只能把这个任务交给别人来实现了。卡内基成立了由社会贤达管理的卡内基基金会,把余下的一亿两千五百万美元的个人财产的所有权移交给基金会。基金会的宗旨是促进知识的发展,推动美国人民之间的理解。现在这个卡内基基金会的资金已经增值到了十六亿美元,而自建立以来为资助各类教育、健康及和平事业已经付出了十亿多美元。

关于卡内基致富诀窍的书在我们这里很有读者,但是他的那本论述他承担财富的社会责任的书《财富的福音》还没有译成中文。这两本书在中国的不同命运显示了我们这个社会目前的心态,我们的同胞现在专心于怎样成为像卡内基那样的富豪,但是并不理解也不想学卡内基使用自己的巨额财富的方法,如果我们要讲国家和社会的软实力,恐怕这就是我们缺乏的软实力。

从库德里亚什说起

——重读《大雷雨》

◎谷兴亚

说起库德里亚什，即便熟悉俄罗斯文学的人中恐怕也没有几个人知道他。看来他太被忽略了，现在实在有认真谈谈他的必要。

库德里亚什是《大雷雨》中的次要人物。革命民主主义文学批评家杜勃罗留波夫在其传世论文中将投入伏尔加河自杀的卡捷琳娜誉为“黑暗王国的一线光明”，却认为库德里亚什不值一哂。其实库德里亚什这个人物并不简单。从他入手，便可深入理解奥斯特洛夫斯基名剧《大雷雨》的社会内涵，还可得出与杜勃罗留波夫大不相同的结论。

库德里亚什是“黑暗王国”里的实力人物、巨商季科伊的下属，原文中注明他是 кон-торщик，意思是办事员，或小办事处、小事务所主任。人民文学出版社的汉译本中将其译为“伙计”即店员，可能贬低了他的地位。在《大雷雨》的出场人物中，库德里亚什是唯一敢顶撞季科伊的人。“他骂我一句，我还他十句”。他看透了季科伊欺软怕硬的本性。我们从库德里亚什口中得知，季科伊骂遍小城的普通百姓，可是有一次“在伏尔加河的渡口上，一个骠骑兵把他臭骂了一顿”，他不敢还口，只能回家拿家人出气，足足有两个礼拜，家人东躲西藏，不敢见他的面。但他拿库德里亚什却没有任何办法。他曾放话要送库德里亚什去当兵，但终于没敢送。库德里亚什为何能享受这种特殊待遇呢？这是他的社会地位决定的。用库德里亚什的话来说，是季科伊“需要”他。看来，在季科伊的经济活动中，库德里亚什这个办事员是不可或缺的人物，他只得让库德里亚什三分。库德里亚什看准这一点，就获得了某种程度上的自由。他很想教训教训季科伊，让他不再胡闹。库德里亚什感到遗憾的是，类似他“这样的小伙子太少了”，形不成一股社会力量。看来，库德里亚什很懂得团结就是力量的道理。但即使如此，库德里亚什也给沉闷压抑的“黑暗王国”带来了些许清新的空气。他还敢在该城另一土皇帝卡巴尼哈即母野猪的头上动土——跟她的女儿瓦尔瓦拉谈情说爱，夜夜幽会。不仅如此，瓦尔瓦拉还帮助自己的嫂子、卡巴尼哈的儿媳卡捷琳娜发展婚外情。瓦尔瓦拉替卡捷琳娜安排约会，还让女仆格拉莎为有情人放风，使卡捷琳娜得以一连十天在深夜里与情人鲍里斯幽会，享受人间欢乐。库德里亚什与瓦尔瓦拉这一对儿可说是俄国个性解放、爱情自由的先驱，而瓦尔瓦拉之所以如此无所顾忌，明显是受了库德里亚什的影响与支持。这也是由库德里亚什相对独立的经济地位所决定的。剧情的发展证明了这一点。精神崩溃的卡捷琳娜投伏尔加河自尽了。瓦尔瓦拉在其中的作用暴露，母亲卡巴尼哈恼羞成怒，要把她关起来。她警告母亲说：“别关，关了更糟！”她言出行随，立刻跟库德里亚什私奔，开始了自己的新生活。库德里亚什有胆量有能力带着自己的情人远走高飞，摆脱了黑暗势力的羁绊。而这一点，无论是卡捷琳娜的情人鲍里斯还是她的丈夫季洪都无力做到。卡捷琳娜面前只有一条路——投水自尽。

自杀是人类生活中普遍存在的现象，且由来已久。它几乎与人类文明同时产生。人类学提出的可靠证据显示，在原始人群里即有人自杀。据说，至今尚不存在没有自杀现象的社会。自杀是俄国文学中的常见内容。单说最著名的女主人公吧，就还有托尔斯泰笔下的安娜·卡列尼娜和卡拉姆辛的“苦命的丽莎”。

自杀一般来说是出于无奈与绝望，为了解脱人生苦海。丽莎、安娜和卡捷琳娜莫不如此。杜勃罗留波夫在卡捷琳娜的自杀中看到了对黑暗王国的抗议，认为这是黑暗王国里的一线光明，这在当时(1860年)就引起了不同的反响。保守人士认为这是美化失贞的女人，这个观点我们可以置之不顾。时间毕竟到了二十一世纪嘛。稍后一点，一八六四年，身处囹圄中的皮萨列夫撰文提出了自己的看法。他在《俄国戏剧的主题》一文中也认为杜氏拔高了卡捷琳娜，认为卡捷琳娜不过是一位普通妇女，智力有限，未受过什么教育，凭感情而不是凭理性行事。皮萨列夫认为屠格涅夫《父与子》中的主人公巴扎罗夫才是真正的“一线光明”。巴扎罗夫学的是自然科学，注重实践，不尚空谈，代表未来的方向。应该说，皮萨列夫说的有一定道理。他与杜勃罗留波夫同处于革命民主主义营垒，着眼点都是农民革命，为的也都是建立农民的社会主义。细读《大雷雨》，全剧无一处谈及卡捷琳娜出嫁前的生活环境，家庭经济状况，所受过的教育等等。强调的只是卡捷琳娜在娘家过的是“自由自在、无忧无虑”、“应有尽有”的生活，与出嫁后形成巨大的反差。闺女出嫁前后的这种不同处境在当时俄国市民阶层中是有代表性的。这在库德里亚什与瓦尔瓦拉的言谈中也得到了证实。卡捷琳娜宗教情怀很浓，内心世界空虚而又贫乏。她既有追求爱情的本能要求，又认为婚外情是十恶不赦的罪行；笃信宗教还使她相信自己必定要受到上帝的惩罚，因而她害怕下地狱，受烈火的焚烧。滚滚雷鸣使她精神崩溃，导致她当众忏悔。向往自由自在的生活与爱情同不可违逆的神的意志，在她内心里挽成了一个死结。如果她遇到一个库德里亚什般的男友或丈夫，或许还有另一种选择。然而，命运没有给她这种机会。性情刚烈的她只有一死。卡捷琳娜的悲惨结局令人扼腕，令人同情，而比起蒙垢忍辱的偷生来，则还令人敬重。可是，靠这种死法去影响社会，推动社会前进，恐怕收效太微小，希望太渺茫，简直可以略去不计。

杜勃罗留波夫首先是一位伟大的革命民主主义者，空想社会主义思想家。他的理想是通过农民革命铲除俄国的农奴制度，并绕过西欧式的资本主义社会而直接进入社会主义。在他那个时代，他不可能理解，在生产力低下的俄国，靠农民不可能推翻强大的专制政权。由几个革命家联系的几十个知识分子与进步军官不可能对沙皇政府构成实质性的威胁。即使夤缘际会，偶然成功地夺得政权，给普通劳动群众带来的也绝不会是解放、幸福，倒很可能是更加深重的灾难。同是发生在十九世纪中叶的中国的太平天国就是一个很有说服力的例证。杜勃罗留波夫相信，一八六一年农奴制改革前后造成的局面必定导致农民大规模起义。他竭尽全力推动形势朝革命方向发展，为此他耗尽了年仅二十五岁(1836—1861)的生命。革命民主主义者的活动激发了俄国人民民主意识的觉醒，功不可没，客观上为马克思主义在俄国的传播准备了丰厚的土壤。杜氏的全部文学活动都服务于这一革命目标。然而，他在文学批评中的某些论述，在今天看来，难免有失偏颇之处。

在当时的俄国，除了秘密的地下活动外，杜勃罗留波夫唯一可用的斗争形式就是文学批评。他对安东诺维奇说："一些新书的出现"为他"提供机会，可以重申自己的思想，阐释并强调这些观点，强化它们的作用。"因此，他从不放过任何可资利用的机会。每当有文学新作发表，他都要尽可能地借用其中提供的材料，用伊索式的隐晦曲折的文字，突破严密的书刊检查制度，来宣传自己的主张。借文学批评进行革命宣传鼓动是杜勃罗留波夫的优势所在，是他的力量与强大影响的根源。他在给挚友斯拉武京斯基的信中说："我的文章中有我坚定而悲怆的信念，它是我学习、观察与探索的果实，弥足珍贵，这是我今后全部生活的关键。"政治，是杜勃罗留波夫文学批评的灵魂。把握住这一点，就能帮助我们破译杜氏文学批评中的诸多疑难问题。他借一八五九年《亚·奥斯特洛夫斯基作品集》两卷本出版的机会，发表了《黑暗的王国》这部十四余万字的长篇评论，表面上将奥斯特洛夫斯基剧本所描写的社会称之为"黑暗王国"，似乎矛头指向的是商人阶层，实际上却是在抨击整个黑暗的专制农奴制度，呼吁发动农民革命。“黑暗王国”的模糊疆界给予了评论家以巨大空间，使他得以酣畅淋漓地发挥其罕见的宣传鼓动才能，产生了无尽的社会影响。他的同时代人和战友舍尔古诺夫甚至称这篇文章为“整个社会意识走上新理念道路的转捩点”。当然，杜勃罗留波夫对新兴的资产阶级也深恶痛绝，他看不到该阶级在发展生产力方面的积极作用，而视其为农民社会主义革命的劲敌之一。

在《黑暗王国里的一线光明》中，出自激发读者憎恶“黑暗王国”的目的，杜勃罗留波夫在普通妇女借自杀寻求解脱这一事件中看到了社会政治内涵。他说：“《大雷雨》，毫无疑问，是奥斯特洛夫斯基的最果敢的作品；专横顽固和漠然顺从之间的相互关系，在剧本中达到了最悲剧的结果；但是尽管如此，大部分读过和看过这个剧本的人都会同意，这个剧本所产生的印象，并不比奥斯特洛夫斯基的其他剧本更沉重、更悲哀。在《大雷雨》中甚至有一种使人神清气爽，令人鼓舞的东西。这个所谓‘有一种东西’，照我们看来，就是我们所指出的、暴露了专制顽固的动摇和日暮途穷的剧本的背景。在这个背景上所描写的卡捷琳娜性格的本身，也使我们呼吸到了一种新的生命，这种生命正通过她的毁灭而被揭示出来。”

这是很重要的一段话，足以为我们提供理解该剧本以及杜勃罗留波夫的长篇评论的钥匙。“剧本达到了最悲剧的结果”，描绘了美好事物的毁灭，令人愤慨，令人痛惜；而该剧中又有“令人感到鼓舞的东西”，即戏剧冲突发生的大背景——封建顽固势力的日暮途穷，它的土崩瓦解的征兆。这个论断是十分准确的。然而，在这一大背景上，我们却感觉不到女主人公的性格有多么坚强，像杜勃罗留波夫所说的那样。卡捷琳娜投伏尔加河自尽不过是“跪着造反”的一种形式。靠自杀“动摇”不了封建统治制度的基础。“母野猪”卡巴尼哈依然稳稳坐在她的恶婆母的交椅之上。大多数儿媳还得继续熬下去，寄希望于“多年的媳妇熬成婆”。甚至个别由卡捷琳娜演变而来的卡巴尼哈二世、三世，比起卡巴尼哈一世来也好不到哪儿去。这是历史发展所证明了的。历史的发展同样业已证明，不发展生产力，不从根本上改变妇女的社会经济地位，靠有限几个烈性女子的反抗解决不了妇女解放的问题。从俄国的“苦命的丽莎”到卡捷琳娜，再到安娜·卡列尼娜，莫不如此。中国文学中《红楼梦》里的尤三姐可谓性情刚烈之冠，在她身上我们也未曾看到什么暗夜里的“一线光明”。“揉碎桃花”，“玉山倾倒”，人世间只不过多了一个冤魂而已。时至二十一世纪的今天，在社会主义的中国，不是还流行大学生“学得好不如嫁得好”的说法，某些女大学生甚至还争着去做大款的二奶吗?!

那么，读完《大雷雨》，我们何以感到一丝“神清气爽，令人鼓舞”呢？细读原作，可以发现，这股清风主要来自作为背景人物的库德里亚什！“世上如果还真有要活下去的人们，就先该敢说，敢笑，敢哭，敢怒，敢骂，敢打，在这可诅咒的地方击退了这可诅咒的时代！”鲁迅开出的药方在这里完全对症，库德里亚什先生就是一位鲜活的榜样。他在全剧中只出场过两次。一次是在第一幕中，通过他与库利金的对话，表达了他对季科伊这个土霸王的清醒认识，显示出他有胆有识的强大个性。他有决心有能力，随时准备同黑暗势力作坚决的斗争。另一次是在第三幕，在等候与瓦尔瓦拉幽会时他同鲍里斯有过一番谈话。库德里亚什对卡巴诺娃的凶残本质以及当地的愚昧风俗了若指掌，得知鲍里斯将与卡捷琳娜见面，他提醒鲍里斯不要毁了她。在第五幕中，剧作家借他人之口交代，库德里亚什已携同自己的女友瓦尔瓦拉私奔他乡，过自己的自由自在的生活去了。库德里亚什与鲍里斯和季洪对照，凸现出他豪爽，干练，敢于并善于斗争以捍卫自己的人格与权益；与库利金对照则凸现出他头脑清醒，务实，对黑暗势力不抱任何幻想。他的存在有力地撼动着“黑暗王国”的根基，为饱受蹂躏的小人物们指出了一条可行的道路。

库德里亚什携瓦尔瓦拉私奔之后将会如何呢？剧作家没有交代。依据接受美学的原则，读者可以设想一下，最后自己完成这个人物的画像。在十九世纪中叶，资本主义在俄国已经有了相当大的发展。封建农奴制度已经日薄西山，奄奄待毙。库德里亚什是巨商季科伊手下的实力人物，大概懂得商业，会管理。离开季科伊之后，他完全可以找到谋生的手段。农奴制很快取消之后，俄国工商业飞速发展，将为他提供广阔的活动舞台。向上，他可以成为小老板，创办自己的企业；向下，他则有可能成为未来的无产阶级的骨干，甚至未尝不可能成为大有作为的革命家。

这两种可能的前景都是杜勃罗留波夫所极不乐意看到的。杜氏认为库德里亚什“与季科伊对骂没有什么意思，他们彼此互相需要”。那么，库德里亚什是否就应该像卡捷琳娜那样，忍受季科伊的辱骂蹂躏、到忍无可忍时也跳进伏尔加河，这才算是有“意思”吗？杜氏为了贬低库德里亚什，连逻辑也不顾了。革命民主主义者们主张暴力革命，要在专制农奴制度的废墟上建立民主的社会主义共和国，认为以资本主义取代封建主义算不上什么进步与解放。其本意是善良的，人道主义的，只可惜行不通。

皮萨列夫认为巴扎罗夫比卡捷琳娜更像是“黑暗王国里的一线光明”，这有点像比较孙悟空和李逵谁更具备造反派的脾气。这种比法有一定难度。然而，库德里亚什与卡捷琳娜同为《大雷雨》中的人物，他们的现实可比性则显而易见。谁才真正是“黑暗王国里的一线光明”，至此应该无需再多言了吧。

苏联模式即斯大林模式失败后，许多理论问题得到了或正在得到重新审视。然而，杜勃罗留波夫的文学观点却依然统治着我们许多人的头脑。在外国文学界也到了该请杜勃罗留波夫走下神坛的时候了。

2010－10－31

海外书情

西方古典史的新视野

◎ 郑金桥

《古典欧洲的诞生》
S. 普赖斯和 P. 索恩曼著
艾伦·莱恩出版社

近年来，在中国的年轻学人中西方古典学颇有越来越热的趋势。这是一个令人欣喜的发展，前些时候现代主义和后现代主义的话语大行其道，追逐时髦的学者却根本不明白没有西方古典学哪来西方现代派，不懂西方古典史谈不上理解为何有现代主义或后现代主义的反弹，所以才有我们的后学小生们在中国的背景下乱套用后现代主义理论的笑话。

当然，尊重西方古典学术的传统，并不是说就要完全亦步亦趋地遵循古典学的老规矩，事实上，尽管西方古典学已有千年历史，在西方学术界里这也仍然是一门在发展变化中的学问，这部篇幅不算太大的西方古典史是"企鹅欧洲史系列"中的一部，由两位古典史权威执笔，面向普通读者。从这样一部史著中我们已经可以看到当代学者研究西方古典历史的一些新的思路。

欧洲文明起源于地中海沿岸，从古代开始的历史学传统都是以地中海为中心来讲述欧洲古代史的，欧洲北方蛮族只有当他们影响到地中海文明时才进入史家的视野。现在的史学家们则在他们的历史叙事中相对平衡地处理欧洲的南北历史进程。只有追踪了欧洲北部的历史，公元前三八六年高卢人南下攻陷罗马城才不会显得是一个突如其来的孤立事件。同样，前三世纪凯尔特人的崛起也能得到合理的解释。

对于同一个历史事实，当事人的感觉和后人的解释常常很不一样。我们所习知的历史时期的分段其实是后人加之于过去的历史。一般的历史书将遥远的迈锡尼王国作为希腊文明的开端，但是如果我们仔细观察一下迈锡尼人对自己国家历史的叙述，我们会发现他们实际上是把他们的所作所为都当作是一个古老传统的继续，并没有认为他们是在开创一个文明史的新纪元。同样的，现代一般的罗马史都把奥古斯都打败安东尼的阿克兴角战役作为罗马从共和制到帝国制的分水岭事件来描写，但是奥古斯都本人决没有这样的感觉。对他来说这只是他所赢得的许多战役中的一个。我们或许可以说这是当事者糊涂，但是或许历史写作实际上都是后人的创作。

两位作者从他们广阔的历史视野出发，在这部史著里还提出了许多饶有趣味的新见解。他们认为拉丁语并没有成为一种死语言，拉丁语现在还活着，并且是一种拥有七亿多人口的大语种，因为法语，意大利语，西班牙语等实际上是拉丁语的现代方言。这个说法颇为惊人，但是还是很有道理的。汉语的各种现代方言和古汉语之间的差别一点也不比拉丁语和法语等现代罗曼语之间的差别小，没有人会说我们今天讲的话和孔子讲的话不属于同一种语言。如此说来，今天法国人，意大利人和西班牙人等还在使用西塞罗的语言。

这是一部充满了睿智而深刻的新观点的西方古典史读物。

一个疯狂的美国家庭

◎ 乔本熙

《沃尔沃斯家族的崩溃》
J. 奥布莱恩著
约翰·麦克莱阿出版社

美国汉学家孔飞力描写清代社会事件的史著令中国的读者惊喜不已，原来历史是可以这样写的。实际上这是西方历史学一个流行的做法，许多历史学家着重于在过去的司法档案中找案子来写，他们的史著显示真实生活常常比小说更离奇，故纸推里挖掘出来的过去的案件读起来会比惊险小说更吸引人。当然，历史学家关注过去的社会事件，并不是为了写出耸人听闻的畅销书来，主要是想通过这样的真实故事来揭示社会的风尚和人们的精神面貌。这部关于一个美国家族的悲剧的历史正是这样一部作品。

纽约州的萨拉托加有一个世家，姓沃尔沃斯，那家的大宅至今还在，里面住着这个家族的一个后裔，她一个人住在这个空荡荡的大屋子里和幽灵为伴，生活目的就是收藏家族的遗物和保持家族的回忆，似乎历史还停留在祖辈的日子里。

这个家族在美国内战后的那些年里曾经是美国大小报纸连篇累牍报道的对象。一八七三年六月的一天，曼斯菲尔德·沃尔沃斯，一位小有名气的作家，在曼哈顿的一家旅馆里被枪杀。行凶者在达到目的后并不急于逃离现场，相反，他自己冷静地通知了警察，向警察坦承了一切。整个报界立刻动员起来报道这个案件，因为杀人者不是别人，正是死者的亲生儿子弗兰克·沃尔沃斯。儿子为什么要杀父亲呢？这要从这个家族的历史讲起。

沃尔沃斯家族的家长是一位地区法庭的法官，威严而古板。他在第二次婚姻时娶了一位寡妇，两人各自的子女，老沃尔沃斯的儿子曼斯菲尔德和新娘哈丁的女儿埃伦又结了婚，大作家华盛顿·欧文还出席了他们的婚礼，但是这个婚姻开始了一个灾难。曼斯菲尔德是个作家，他的小说充满了狂野的妄想和恐怖的情节，甚至他的出版商也不愿意读这些小说。曼斯菲尔德的妄想不只用于构思故事，他的疯狂也影响到自己的真实生活，使得屡遭殴打的埃伦无法和他一起生活。当老沃尔沃斯死后，他留下的遗嘱把家庭财产的管理权完全交给曼斯菲尔德的哥哥，这使曼斯菲尔德狂怒不已，他认为有个针对他的阴谋，于是把怒气发泄到自己已离异的妻子埃伦身上，给她写了许多狂暴血腥的信。据弗兰克在法庭上说，正是为了保护妈妈不受伤害，他才起了杀父之心。

按照法律，这样一个案件应该是判一级谋杀罪而罪犯弗兰克应该被判死刑的。但是经过一场跌宕起伏又伴随着激烈的公众争论的庭审，弗兰克被定为犯二级谋杀罪而判终身监禁。但是他实际上只坐了六年牢，在他母亲反复的申诉下，纽约州的州长最后特赦了弗兰克。弗兰克出狱后开始了一个新的人生，他投身于新兴的射箭和自行车运动，居然成了全国冠军，同时还是报纸体育版的名记者。

这个家族不可思议的故事发生在美国内战后的所谓的“镀金时代”里，美国社会正经历着巨大的变迁和动荡，沃尔沃斯家族的故事和当时人们的反应让我们看到了时代民情的奇特一角。

高加索的悲剧命运

◎ 朱家功

《让我们名声大振》

O. 布洛著

艾伦·莱恩出版社

反叛的车臣是俄罗斯的一个大麻烦，其实给俄国带来持续麻烦的不只是车臣一个共和国，车臣所在的整个高加索地区都令俄罗斯这个巨型帝国大伤脑筋，这个麻烦来自于沙俄帝国的扩张政策。高加索原来并不属于俄罗斯，晚至十九世纪初沙俄帝国才开始发动征服北高加索地区的战争，之后当地居民的反叛和帝国的镇压一直没有停止过。帝国政府也总是在想方设法铲除高加索动乱的根源，采取过像迁移整个民族这样的极端手段。斯大林当年强迫迁移车臣民族就是现在车臣爆发独立战争的远源。

高加索是俄罗斯国内的一个不安定的热点，同时却又是一个最富有魅力的地区，那里聚居着语言奇特风俗迷人的许多民族，俄罗斯的作家们都被高加索的风土人情所吸引，从普希金，莱蒙托夫到托尔斯泰都有描写高加索人的作品，剽悍的哥萨克骑兵和倔强的高加索土著之间的斗争是俄罗斯文学中的一个恒定的主题。十九世纪末年一位俄罗斯作家写道，“高加索！俄罗斯的心一听到这个名字就会惊跳，鲜血把高加索和我们祖国的历史和精神生活连接了起来。”直到今天，经过多年残暴的车臣战争，俄罗斯人一听到高加索这个名字还是无法平静。

高加索是一片燃烧着炽烈的民族独立情绪的地区，但是高加索的民族主义并不是从来就如此强烈的，事实上却是俄罗斯帝国培育了令俄罗斯人头疼的高加索民族主义。高加索地区的许多民族独立运动的斗士原来都曾是俄罗斯帝国的士兵或公务员，他们在受了俄罗斯的教育以后才开始具有民族自主的意识。例如，高加索切尔克斯人的精神领袖诺格玛出身于农家，在俄罗斯武士征服了高加索后他为俄国军队当翻译，随后作为一名骑兵在俄罗斯军队里服务，驻扎在波兰、圣彼得堡和第比利斯等地，最后成了俄罗斯帝国派在北高加索法院里的一名官员。正是在服务于沙俄帝国的时候，他开始重新审视自己同胞的命运，开始具有了民族意识，不再把自己和自己的同胞看作是一个人群或部落，而是和俄罗斯人一样的有着自己天赋权力的民族。诺格玛编写了第一部切尔克斯语语法书，写了第一部切尔克斯人的历史和第一部切尔克斯民族志，至今他的这些著作还是切尔克斯民族认同的基础，如果没有他在俄罗斯帝国军队里受的教育，这些著作都不可能产生。而在今天的世界里发起车臣战争的杜达耶夫也不是个揭竿而起的农夫，他原是苏联军队的一名军官，受过苏联军队多年的训练和教育。

和穆斯林交朋友

◎ 秦少戈

《帕夏们》
J. 马瑟著
耶鲁大学出版社

自“九一一”事件以后，基督教世界和伊斯兰教世界之间的鸿沟似乎没法弥合了。对西方历史一知半解的人断言说这两个世界从来就是势不两立的敌人，根本不能和平共处。

但是，有这么一段时间，西方文明里最有生气的国家曾和穆斯林世界结成密切的生意上的伙伴和战略上的盟友。十六世纪下半叶，信奉英国公教的伊丽莎白女王被天主教的梵蒂冈开除了教籍，作为回应，伊丽莎白一世在英国商人的支持下转而寻找与伊斯兰教的奥斯曼帝国结盟。这个同盟关系给结盟的双方都带来了巨大的好处，在经济上英国的商人开辟了去地中海的商路，新教的英格兰和伊斯兰的奥斯曼帝国之间的贸易欣欣向荣，原来僻居北大西洋一角的小小英伦三岛竟然渐渐地超越了地中海的传统霸主威尼斯和法国，成为新兴的贸易强国。在政治上，这个联盟使双方在面对他们的共同敌人天主教国家时更加游刃有余。英国向奥斯曼帝国出口毛纺织品和金属，而穿着英国毛料军装和用英国货装备起来的奥斯曼军队在东南欧战场上给那里的天主教国家以巨大压力，这使新教的英国在对付她的天主教敌国时大为轻松。英国在西方世界里的崛起，和奥斯曼帝国的结盟是关键的一步。

英国和奥斯曼帝国的交往本来是出于功利的考虑，原本谈不上两者之间有什么文化或感情上的亲和力。毕竟伊斯兰教是作为基督教的对头而出现在历史舞台上的。然而，在两国的来往中，一种平等友好的关系发展了起来。英奥联盟主要是靠当时英国的黎凡特公司的商人，外交家和船长们推动着的。这些人被称为“帕夏”，他们冒着海上长途漂泊的风险，到遥远的异国他乡通商。他们和后来的东印度公司以及去新大陆的移民不同，他们不是狂妄无礼的殖民者，而是东方的客人，完全知道他们的成功取决于主人的善意，要靠良好的举止行为才能在奥斯曼帝国获得一席之地。在和当地人长期的交往中，他们逐渐地学会了欣赏和理解本地的习俗。奥斯曼帝国虽然是个由穆斯林君主统治的国家，但是在那里却生活着许多信奉不同宗教的民族，信仰的不同并不妨碍大家和平共处。这些英国商人和外交官由此亲身体验了宗教宽容的好处。在从商的同时，他们对伊斯兰文明发生了强烈的兴趣。往往刚驻扎下来，就收集伊斯兰手稿文本并寄回英国，西方的东方学即发端于此。不少黎凡特公司的雇员最后成了著名的东方学学者，他们写的关于奥斯曼帝国的史著至今还有参考价值。

十七世纪英国和穆斯林世界的这段好姻缘没有持续很久，黎凡特公司的贸易活动不久就被更具帝国野心的东印度公司取代了，十八世纪的英国走上了殖民帝国的道路。但是，重温这段历史至少使我们看到，在东西方文化之间没有敌对的必然性，他们也曾共存互利过。

动物保护的新思路

◎ 齐如星

《重新野化自然》
C. 弗雷泽著
都市出版社

世界上千千万万个人关心着动物保护，许多国家在动物保护上花费着巨额的资金，但是动物保护并不是一件简单的事，并不是划出些动物保护区和禁止捕杀稀有动物就能达到目的了。在上个世纪动物保护运动刚兴起的时候，人们确实不知道怎样才能有效地保护濒危动物，因为当时的科学家们也并不是太明白物种是怎样才会灭绝的，历史上已灭绝的物种留下的是化石，看不出它们死亡的具体过程，对当代物种消失过程的观察和理解也不完全，因此当有关国家和国际组织要制定保护濒危动物的政策时，科学家们也提不出可信的有坚实的科学基础的建议来。

这种情况目前有了很大的变化，近年来生物学家们在研究物种生存规律方面有了好几个重大的理论上的突破。科学家们首先发现了所谓的岛屿规律，研究者们发现，物种的灭绝和它们所生存的岛屿的大小密切相关，在面积较小的岛屿上的物种倾向于消失而被来自于较大的岛屿的物种所替代。如果把现在被人类居住区域所包围的野生动植物生存区看作是岛屿，那么很显然，一定规模以下的野生动植物区域是无法长久地保护这些动植物的。科学家们还发现了一个被称为中层捕猎者规律，这个规律说明，当一个地区里最高端的捕猎者消失了而只剩下较小的捕猎者以后，这个地区的生态就会失去平衡。例如，在美国的圣地亚哥地区的许多峡谷里鸟类的数量在急剧减少，研究结果居然是因为当地的郊狼消失了。郊狼的消失怎么会和鸟类的消失有联系呢？那是因为郊狼会捕杀野猫，而野猫是鸟类的天敌。当郊狼从这里的生态体系里消失后，野猫数量大增，导致鸟类的灾难。同样地，在许多地方像狼熊等大型的肉食捕猎动物被消灭了，导致鹿类大量繁殖，这些草食动物很讨人类的欢心，但是却是植被的克星，它们会啃光了树林和草地的绿芽。因此最上层的捕猎者的消失会放任中层的捕猎者的过度繁衍和活动，造成整个生态的恶化。

这些生物学的新发现给当代的生物保护政策指出了新的方向，由此也产生了新的做法，这个做法就是“重新野化大自然”，这个新做法包括三个内容，首先是自然保护区必须有足够大的面积，不能是一个狭小的无法保证物种存活的岛屿，其次生物保护区之间必须有通道连接，使不同的动物能够迁徙往来，最后，要维持上层的食肉类捕猎者的存在，这样保护区的生态才会良性地平衡。这方面最成功的例子是美国的黄石公园，这个面积广阔的自然保护区很早就把园区里的狼消灭光了，上世纪末美国政府把狼重新引入黄石公园，结果这些上层捕猎者的出现大大改善了黄石公园的生态。狼群的出现减少了鹿的数量，原来被美洲赤鹿和驼鹿啃光的湖河岸边的灌木丛又长出来了，灌木的繁茂引来了河狸，河狸本能地在河湖上筑坝，形成了一片片湿地，这又引来了鱼，青蛙和水鸟。自从狼回到了黄石公园后，短短十五年内，黄石公园的生态系统重又恢复了生机。现在全世界的自然保护工作者都在借鉴黄石公园的成功经验。

伟人丘吉尔

◎ 曲金雯

《温斯顿的战争：丘吉尔，1940–1945》
M. 黑斯廷著
克诺夫出版社

在面临德国迫在眉睫的入侵时，丘吉尔曾说过这样一句名言：“这是我们最好的时刻。”因为英国人民能够在这样的存亡危急的关口表现出他们不屈不挠的英雄气概。在另外一层意义上，这句话也同样适用于丘吉尔本人，这位政治家历经英国现代史上的所有重大的战争和危机，他漫长的政治生涯中起伏不断，但是第二次世界大战开初的一九四〇年是他生平最伟大的时刻，正是他在这年里的表现使他可以跻身于历史上最伟大的政治家之列。

一九四〇年五月十日，丘吉尔入主唐宁街十号，恰好在那天德国开始向西欧发动所向披靡的闪电战。很快，英国处于毫无希望的境地，大陆沦陷了，所有的盟国都被德国占领了，自己的远征军被击溃了。面对具有绝对优势的德军，英国只有一条狭窄的海峡为最后的防御了。布防在海岸边的是剩下的本土军队，他们装备简陋，扛的还是第一次世界大战时期的步枪，人数也严重不足。同时国内还有一个势头正旺的所谓的和平运动，由哈利法克斯爵士领头，主张和德国讲和，实际上是投降。使英国军民坚持下来的，是丘吉尔通过他的演讲传达给全国的大无畏的勇气和坚忍不拔的毅力，他那充满激情的演讲使这些和平运动者无地自容，使前线的将士信心百倍。英国军民们在绝境中拥有的最有力的武器就是丘吉尔的话语了。

但是在这之前，丘吉尔在英国人的心目中的地位并不高，他所属于的保守党党魁们认为他反复无常，都不喜欢他，一般的国民把他看作是一个难以捉摸的贵族和冒险家。在他以他激扬人心的演讲和坚定的立场拯救了英国以后，当苏联和美国都加入了反法西斯阵营而使力量的对比变得不那么糟糕时，丘吉尔的地位和影响力也开始下降了。美国和苏联以它们各自巨大的军事和经济力量主宰了战争的进程，英国的地位不再那么举足轻重了。丘吉尔和盟国的关系也一直不太顺，他和罗斯福在公众面前显得很亲密，但是实际上两人在个性和观念上差别很大，私下里互相并没有太多好感。在战略方面，丘吉尔和美国主持军政大计的马歇尔将军分歧很大，马歇尔主张集中兵力，而丘吉尔则是个浪漫个性的人，喜欢分兵到意想不到的地方出击。

归根到底，在第二次世界大战中领导了英国的丘吉尔实际上是一个十九世纪的人，到战争结束时，他的想法和意愿越来越和时代脱节，而英国社会经过了五年的战争，已经和过去完全不一样了，因此到了战争胜利的时刻，英国人民在大选中把他们的救世主选了下来。英国得救了，丘吉尔最好的时刻也就过去了。

最美国式的城市

◎ 荆申任

《芝加哥》
D. 佩西加著
芝加哥大学出版社

胡主席最近对美国的国事访问，在华盛顿以外就去了芝加哥。为什么是芝加哥？它既不是美国最大的城市，也不是经济最发达的或华裔人口最多的城市。当然，奥巴马总统来自这个城市，他在那里当过开业律师，在芝加哥大学教过书，芝加哥是他的根基，这是选择芝加哥的一个明显的理由。但是，除此以外，选择芝加哥也是因为这是一个非常具有美国特色的城市，人们说芝加哥是最为美国式的城市。

和上海一样，芝加哥和世博会有因缘。一八九二年,为了纪念哥伦布发现美洲四百周年,美国的许多城市争办那届被称为“哥伦布博览会”的世博会。结果芝加哥战胜纽约获得主办权,这次世博会改变了芝加哥在美国的地位。为了办那届世博会，一大片临近地区投票加入芝加哥市,成为这个城市的郊区,使芝加哥在面积上成了美国第二大城市,仅次于纽约。

美国是一个移民国家,芝加哥则是一个最为五方杂处的地方。这个美国城市曾经是除了华沙以外波兰人最多的地方,曾经是捷克境外捷克人最多的地方,曾是斯德哥尔摩以外瑞典人最多的地方。东欧剧变后又有大批的波兰移民来到芝加哥。近年来,芝加哥还成了除洛杉矶以外墨西哥移民最多的城市。至于黑人,原来芝加哥是个白种人占绝对多数的城市,第二次世界大战前黑人只占芝加哥人口的百分之二,经过这些年的人口变迁,现在芝加哥下面一个县的黑人人口就超过了整个密西西比州的黑人人口数。

芝加哥是美国的工业中心,它庞大的钢铁工业和食品加工工业闻名于世,工会运动曾如火如荼，黑社会也曾肆虐一时,这一切曾给美国文学和电影提供了取之不尽的素材。

新世纪以来,芝加哥这个城市正经历着一场根本性的转型,作为这个城市基础的实体工业日落西山,老的中心城区日益衰落,市政府正在努力寻求外资,发展新型经济,更新市中心区域的面貌,这也是目前整个美国社会经济前进的方向。

华盛顿只是个官吏聚集的地方，纽约则太国际化。美国人把中国客人安排到芝加哥,是让他们看一个真正的美国城市。

新闻自由的护卫神

◎ 方可强

《不受限制的,有力的和完全开放的》
L. 博林格著
牛津大学出版社

在美国的公共生活中人们常常会提起“第一修正案”,不需要任何说明,不需要任何解释,只要说出这两个简单的英语词,听到的人都立刻知道其背后的丰富含义,从言论自由到新闻自由到出版自由到集会自由,这些保障了美国生活方式的基本权利都包含在这个简单的词组里了。这个修正案对美国人民的重要性可以说超过了美国宪法本文的所有其他条款。

美国宪法的第一修正案是一七八七年加入到美国宪法中去的,到一七九一年才正式成为法律。但是尽管“第一修正案”成了法律,当时它并不具有今天这样无边的法力。第一修正案的内容很简短,仅仅说,“国会不得制定关于下列事项的法律:确立国教或禁止信教自由,剥夺言论自由或出版自由,或剥夺人们和平集会和向政府请愿申冤的权利。”这是一个普遍原则,从一个法律原则到今天的普遍而具体的运用,美国走过了漫长的道路。当时尽管有了这个修正案，但是新闻和言论自由并没有就此立刻得到了保证。杰斐逊在理念上是坚决支持公民自由的，他曾说，在一个有政府而没有报纸的国家和一个有报纸而没有政府的国家之间，他将毫不犹豫地选择后者；但也正是这个杰斐逊提出了严格限制言论自由的反煽动叛乱法。对言论和新闻的钳制并没有因为宪法有了这个修正案而自动消失，直到上世纪初，一位美国社会主义政党领袖还因为言论而坐牢，尽管他在大选中赢得了一百万张选票。

世界上不少国家的宪法里有类似于美国的第一修正案这样的保证言论自由的条款，但是只有在美国我们才看到这样的条款得到彻底的执行。第一修正案不只是一段纸上的死文字而发挥着巨大的作用以致改变了美国社会的面貌，这全靠了美国的司法部门特别是最高法院的努力。通过一系列历史性的判决，美国的最高法院支持了新闻和言论自由，禁止了对新闻的检查制度。一九六四年最高法院推翻了下级法院认定《纽约时报》犯了诽谤罪的判决，在这份著名的判决词中大法官布伦南指出，关于公共事务的辩论应该是不受限制的，有力的和完全开放的，可以包含激烈的，尖刻的，有时令人难堪的对政府和官员的攻击。这个判决大大地提高了美国新闻界的自由度，使美国的新闻界在已经不受煽动叛乱罪的威胁后又不再害怕被政府指控诽谤罪了。作者甚至认为是这个判决规定了美国民主的本质，也是因为当代美国司法对第一修正案的定义和执行，作者觉得美国人目前享受着人类历史上任何社会都从来没有达到过的高度的言论和新闻的自由。然而，当美国人说他们的言论自由是受着宪法第一修正案的保护时，实际上他们的这个自由是美国的整个司法体制确立起来并警惕地保护着的。

补白

世界上第一部彩色动画片

世界上第一部彩色动画片是一九三一年一月十三日上映的《白雪公主和七个小矮人》。这部影片放映之后广受欢迎，票房达到八百多万美元，这在当时是很了不起的数字了。然而，这部影片的拍摄过程十分艰辛。在迪斯尼三年的拍摄中，反对的声音不少。由于迪斯尼力求完美，制作费用节节攀升，只好到处借款。在迪斯尼自己去贷款的时候，好莱坞影人们认为这部影片绝对不会成功，建议银行家一分钱也不要贷给他。幸好一位银行家痴迷米老鼠，支持了拍摄工作，这样才有了《白雪公主和七个小矮人》的问世。在一九三八年的奥斯卡颁奖仪式上，迪斯尼被授予了一个大金像奖和七个小金像奖。

媒体不时有一些值得关注的信息，现摘录若干，以飨读者——

民营企业提供了一亿五千多万个就业岗位

据有关方面调查，至二〇一〇年六月，我国个体工商户达到3197.37万户，比上年增长9.6%，是近几年增长较快的一年；资金总额也超过了1万亿元，从业人员达到6585.38万人。加上私营企业8895.74万从业人员，我国民营企业至少提供了1.55亿个就业岗位。调查结果还显示，民营企业员工工资呈连续下降趋势。二〇〇八年全国私企雇工平均工资17017元，比二〇〇七年降幅达7.5%；二〇〇九年仅有16645元，同比降幅2.2%。其中月收入在1000元以下的人数占36%，月收入在1200左右的占50%左右。这表明，我国私营企业员工为国际金融危机付出了极大的代价。私企员工工资连续下降，不仅与国企员工工资的差距越拉越大，而且与城镇居民人均可支配收入（1.72万元）也拉开了差距。

中国每十个人中有一人有社交焦虑方面的困扰

每年以约一千五百万人的速度城市化的中国，人们时常感到身处于繁华都市中的“孤岛”，社交焦虑已经成为一个无法回避的心理问题。有关专家认为，一个保守估算的数字是，中国每十个人中至少就有一人或多或少遭遇社交障碍的困扰。换言之，中国至少有一亿三千万人受社交焦虑障碍的困扰，其中约有三千万社交焦虑障碍者，值得关注。

社交焦虑，是一种对任何社交或公开场合感到恐惧或忧虑的精神状态。美国社交焦虑症协会甚至指出，全球约有7%的人患有社交焦虑障碍症，平均每一百人中有十三人在一生中有发病机会。社交焦虑，已为当今世界继抑郁和酗酒之后排行第三位的精神健康问题。

中国是世界上税负最重的国家

二〇一〇年我国财政收入首次进入“8 万亿时代”，达到 8.1 万亿元，同比增幅超过 17 %。其中，税收收入为 7.7 万亿，同比增幅超 22 %。财税收入增幅多年居高不下，再次成为各界争议焦点。不少批评声音认为，财政取之于民过多，应予以结构性调整和减负。全国人大财经委一位人士认为，政府不能只考虑增税，而不减税。“不要看见别的国家有什么税，就要开征什么税。实际上，中国早就是世界上税负最重的国家了。”也有的认为，纳税人缴税是用来购买政府公共服务的，这些年税收增加很快，但民众享受的公共服务并未增长那么多、那么快。

我国反腐败形势“依然严峻”

中共中央的领导提出，目前我国反腐败形势“依然严峻”。这一判断有着充分的事实依据。

二〇〇三年，中纪委第一次公开报道了十三名腐败高官落马。七年后，二〇一〇年全年共有十一名省部级高官被判刑。如果把二〇〇三年公开报道的十三名省部级腐败高官，与二〇一〇年被判刑的十一名省部级腐败高官的相关数据作一对照，可以发现这样一些情况：

二〇〇三年，这些高官人均受贿贪污金额 419 万元；二〇一〇年人均受贿贪污金额 983 万元，是前者的 2.35 倍。说明腐败高官的犯罪金额的增幅，远高于并快于经济的增长速度。

二〇〇三年十三人中，判处死缓以上三人(含死刑一人)，占 23%；二〇一〇年十一人中，判处死缓七人，占 63.6%。说明死刑已经难以震慑腐败高官。

二〇〇三年十三人中，判处无期徒刑以上的有七人，占 53.7%；二〇一〇 年十一人中，判处无期徒刑以上的人十一人，占 100%。说明高官腐败问题的延时效应还在加长，一旦暴露，就得无期以上的徒刑伺候。

二〇〇三年十三人中，一把手七人，占 53.7%；二〇一〇年十一人中，一把手八人，占 72.7%。说明一把手越来越成为名符其实的高危岗位。

二〇〇三年十三人中，京城高官仅二人，占 16.4%；二〇一〇年十一人中，京城高官增至五人，占 45.4%。说明在政治生态较好的京城，权重较轻的部委，腐败的易发多发也在滋长蔓延。

中国人一年给美国商家贡献七十亿美元

商务部长陈德铭最近说：中国游客的海外消费要引起注意，按照每个中国人赴美消费7000美元计算，中国人一年就给美国商家贡献了70亿美元。

照中国广播网的一则报道计算，目前中国旅客一年在海外购买的高档商品消费达到460亿美元，折合下来，近3000亿元人民币。中国人为什么要舍近求远？除了质量和售后服务，最主要原因，自然是价格。因为同样的商品，只是由于分别摆在中国和美国，标价却有天壤之别，外国品牌如此，中国品牌也如此。在中国买明显要比在国外买贵。这主要是由税收和利润造成的。

百分之四十以上的女人希望嫁给公务员

二〇一〇年年底发布的《二〇一〇中国人婚恋状况调查报告》显示，40%以上的女人希望嫁给公务员。沈阳有一位各方面条件都很好的三十二岁公务员，三年相亲五百次，选择太多挑花了眼。65%的女人希望另一半的收入是自己一倍以上，不仅如此，如果男方胆敢提婚前财产公证，30%的女人会翻脸。二〇一〇年公布的《广州女大学生价值观调查红皮书》显示，59. 2%的女大学生愿意嫁给富二代。

补白

几句有点意思的话

- 钟表，可以回到起点，却已不是昨天。
- 使人成熟的是经历，而不是岁月。
- 人永远不知道，谁哪次不经意地说了声再见之后，就真的再也不见了。
- 不是人人都能活得低调，可以低调的基础是随时都能高调。
- 绝口不提不是因为忘记，而是因为铭记。
- 爱就大声说出来，因为你永远都不会知道，明天和意外哪个会先来。

毛泽东与张闻天

◎何　方

随着史料的不断发掘，中共党史上存在的一些疑点、迷雾渐散，真相日益明晰。

长期以来，人们对曾担任中国共产党最高领导的张闻天了解并不够。原有的中共党史普遍认为，遵义会议确立了毛泽东在党中央和红军的领导地位。近来中共党史的研究成果表明：一九三五年遵义会议上，当选党中央总书记的是张闻天，是他和王稼祥等人力荐毛泽东指挥军队。此后几年，张闻天主持中央工作，发挥了重要作用。然而，随着毛泽东成为领袖后，张闻天的命运有了很大变化。最近《人民日报》主办的《文史参考》刊登了何方撰写的几篇文章，介绍了毛泽东与张闻天两人的关系，现摘登如下——

一九三五年的遵义会议上，张闻天当选为党中央总书记，此后几年主持中央日常工作，对党实现从国内战争到抗日战争的战略转变作出了重大贡献。但长期以来，他在这个时期的职务和所起的作用遭到埋没。

说遵义会议确立了毛泽东在党中央和红军中的领导地位，这是延安整风时定下的基调，写进了《关于若干历史问题的决议》，从此成为历史定论。一切正式党史著作和许多老同志的回忆录，都严格遵守了这一口径。十一届六中全会通过的《关于建国以来若干历史问题的决议》，对此又加以强调和重申。长期以来，使这个问题不只是在学术界，就是在群众中也成为一种常识。但是只要详加考察，就会看出原来这一论断并不确切，只是一种个人崇拜影响下并不合乎事实的说法。

根据现有材料，可以得出这样的结论：遵义会议确立的是以张闻天为首的党中央的集体领导。遵义会议及其以后一个时期，毛泽东作为这一集体的一员起了重

张闻天(1900~1976)

要作用,但并未成为核心。确立起毛泽东在中央和党内的领导地位,起码也是三四年以后的事,遵义会议连开始过渡都谈不上。会上,只是经张闻天和王稼祥提议,毛泽东当选为政治局常委,从此进入了党的领导核心。

遵义会议决定和常委分工都规定得很明确,就是"取消三人团(即中央政治局委员常委博古、政治局常委兼中革军委书记周恩来以及苏联军事顾问李德——编者注),仍由最高军事首长朱(德)、周(恩来)为军事指挥者,而恩来同志是党内委托的对于指挥军事上下最后决心的负责者","以泽东同志为恩来同志的军事指挥上的帮助者"。

毛泽东这时只能作为会议的一个参加者发表自己的意见,而且他的意见也不见得大家都听。在讨论是否进攻打鼓新场的鸭溪会议上,竟然以少数服从多数的原则否决了毛泽东的意见并撤销了他的政委职务。毛泽东也只能连夜去找周恩来,建议晚点下命令。当时那种军事上的集体领导,现在看来好像有点矫枉过正,但在没有建立起军事领导权威的情况下还是需要的,否则毛泽东就很难发挥作用。所以半年后的沙窝政治局常委会上,毛泽东还提议要发挥常委会作用,每周至少开会一次。说明他并不嫌开会多。因为这时毛泽东的领导威信还不是后来人们所说的那么高。鸭溪会议上意见遭多数否决,以及会理会议前林彪写信、彭德怀发牢骚以及刘少奇与杨尚昆发电报等不信任毛泽东军事指挥的事件,都是证明。

遵义会议是在大家要求下,政治局黎平会议决定,由总书记博古主持召开的。说遵义会议是在毛泽东领导下举行的,只是延安整风后一些人使用的一种抽象说法。他既未召开和主持,也未作报告和结论。遵义会议后几年的中央会议,则都是由张闻天召开和主持的,前后多达一百三十七次。

一九三八年以前,在张闻天担任总书记时期,只有他可以召开中央的会议,毛泽东则只能建议张闻天召开。在中央驻瓦窑堡期间,政治局和常委的多次的会议,就是在毛泽东因为去前方而缺席的情况下举行的。其中有些会还就重要的政治问题或组织问题作出了决定,有的事先征询过毛泽东的意见,有的只是事后通知他或者不通知。例如一九三六年三月晋西会议后,张闻天回到后方,毛泽东仍在前线,在这一个多月里张闻天主持召开的政治局或常委扩大会就有七次,毛都缺席。在红军渡河回陕前,毛泽东要求开政治局会议,四月二十八日致电张闻天,内称:"提议开政治局会议讨论新的行动方向及其他与其关联的问题。”可见，召开政治局会议是张闻天的职责，毛泽东只可提出建议而无权自行决定。

遵义会议后三四年，代表党中央同各方面联系和处理重大组织问题的，是总书记张闻天。张闻天接任总书记后，发布中央决定和指示，接受处理各地发给中央的请示报告；派遣和任免重要干部，如长征路上派陈云、潘汉年去上海，到陕北后派刘少奇领导华北局和派冯雪峰到上海等；建立地方党委，其中成立陕甘宁省委，派李富春为书记，成立甘肃省工委，以刘晓为书记，改陕甘特委为陕甘省委，由朱理治任书记，派戴季英去陕南建立省委等，都是由张闻天主持会议通过，再电告在前方的毛泽东、周恩来的。而且连毛泽东本人的几次分工和任命，也是由张闻天建议并提交政治局或常委讨论决定的。如遵义会议后，“他决定由毛泽东同志负责军事工作”，提议毛泽东任前敌总指挥，同意毛泽东成立三人军事小组的意见，长征途中沙窝政治局常委会上提议毛泽东分工主管军事，到达陕北后的下寺湾政治局会议上，建议成立新的中央军委，任命毛泽东为主席，周恩来、彭德怀为副主席，等等。

颇能说明问题的还有对一九三六年西安事变的处理。

在中国现代史上具有转折意义的这次事变，是在中共中央完全不知情的情况下发生的。如何正确处理西安事变，是实现抗日民族统一战线策略的关键。事变第二天的十二月十三日，张闻天就召开政治局常委扩大会议，依惯例由分工管军事和统战的毛泽东作报告。毛泽东提出了两条互有关联的主张：一是“我们应以西安为中心来领导全国，控制南京”；二是“除蒋”、“审蒋”（两天后毛泽东领衔的红军将领通电中还公开提出“审蒋”）。张闻天在发言中表示了不同意见，主张“不采取与南京对立方针”，“尽量争取南京政府正统”，“把局部的抗日统一战线转到全国性的抗日统一战线”。

后来的事变发展证明，中央执行的不是毛泽东的主张，而是张闻天提出的方针。十九日的政治局扩大会议对西安事变的意见已趋于一致，通过张闻天起草的《中共中央关于西安事变及我们的任务的指示》，确定和阐明了和平解决事变的方针。会上张闻天还批评了“审蒋”的意见，说“要求把蒋介石交人民公审的口号是不妥的”。一个多月后的一九三七年一月二十四日，毛泽东在一次政治局常委会上也提到“审蒋”的口号不对。在紧急时刻，作为“第一把手”的张闻天又亲赴西安，指导谈判和研究对策。这也象征着党中央此时到了西安（这时西安及其附近集中着一大半政治局常委和四分之三的常委）。毫无疑问，毛泽东也是运筹帷幄（十九日政治局会议举行的当天就起草和发出14份电报），在处理西安事变中起了重大作用。但提出方针和工作中抓总的却是张闻天。只是由于长期遭到埋没和抹杀，至今论及西安事变的书籍以及文艺作品仍然不承认他的领导作用，甚至忽视他的存在。

1937年12月，中共中央在延安召开有王明出席的政治局会议。左起：张闻天、康生、周恩来、凯丰、王明、毛泽东、任弼时、张国焘。

张闻天和毛泽东都遵守遵义会议的决议和维护会后形成的领导体制。张闻天是个一贯奉公守法和一切都要照章办事的人。他在坚持集体领导和实行民主集中制方面特别认真，可以说在中共党史上开了一代风气。他又十分尊重毛泽东，注意征求和采纳毛泽东的意见，以致王稼祥讥笑他是个“泥菩萨”，他则以“真理在谁手里就跟谁走”相回敬。但在遵义会议后几年，特别是一九三七年十二月会议改组书记处以前三年，他却并没有把毛泽东看成领导和上级，而是严格履行总书记的职责，主持日常工作，召开中央会议，出主意，用干部，做到了“在其位谋其政”。直到一九三八年，还为反映许多干部的意见写信规劝毛泽东不要和江青结婚而引起毛泽东的大怒。

一九三八年秋，毛泽东要与江青结婚，延安议论纷纷，许多老同志都有意见。原在北方局做秘密工作的王世英，当时正在中央党校学习，写了一封信给中央，说江青在上海桃色新闻很多，毛主席同她结婚不合适。信上签名的人一大串。根据地也有打电报、写信来的，比如，项英就曾电报中央极力反对。这些意见都集中到张闻天那里。中央的几位领导同志也向张反映，希望他出面做工作。

张闻天觉得为难：结婚是个人私事，别人不便干预；毛泽东的个性又极强，认准了事很难回头。但大家的意见确实很有道理，党的领导人的婚姻也不能等闲视之。考虑再三，张闻天综合大家的意见，以个人名义给毛泽东写了一封信。信写得比较婉转，大意是：你同贺子珍合不来，离婚，大家没有意见，再结婚也是应该的，但是否同江青结合，望你考虑。因江青在上海是演员，影响较大。这样做，对党对你，都不大好。毛泽东读罢勃然大怒，当场把信撕了，说：“我明天就结婚，谁管得着！”第二天就在供销社摆酒席两桌，张闻天自然不在宾客之列。

被长期误传的关于释放刘志丹的问题，可能又是一些搞个人崇拜的人为了突出毛泽东而移花接木的例子。

长征到达陕北后，纠正陕北肃反错误、释放刘志丹等人，是张闻天直接领导和亲自处理的。但是长期以来，这种决策却被说成是毛泽东做的。各种史书和回忆录都说是毛泽东听了汇报就“当即下令停止逮捕，停止审查，停止杀人”（还有更生动地描述为下令“刀下留人”），释放了刘志丹等，几乎从无人提到张闻天。

直到一九八五年，郭洪涛才在《张闻天初到陕北》一文中提出：“具体处理过去的冤案，释放刘志丹等同志，这些工作都是张闻天领导的。他派王首道同志办理这件事，还组成了一个五人小组，除王首道以外，有董老（负总责）、张云逸、罗迈和我参加。他亲自过问这个小组的工作，对纠正肃反扩大化错误抓得很紧。”“一个处理肃反问题，一个改变对富农的策略，我当时深感张闻天开头这两炮放得挺好，对他十分敬佩。”

应该说郭洪涛的说法比较可靠。因为他是当时陕北党的负责人，红军到达陕北后第一个代表陕北党向中央常委作有关肃反情况的汇报，然后又参加五人小组。

事实上刘志丹等人也是被关押在后方的瓦窑堡的，常委在下寺湾听取汇报后即分成两路，毛泽东和周恩来去了前方，不可能直接处理此事。而是到后方的张闻天在查清后主持政治局会议通过中央《审查肃反工作的决定》，并亲自主持了为刘志丹等平反的大会，还代表中央讲了话，彻底解决了问题。毛泽东只是在一九三五年十一月十八日同周恩来、彭德怀一起从前方致电张闻天、博古，建议详细考察肃反中的问题，说“错捕有一批人，定系事实”。

张闻天不居功不争权，不独断专行，不摆领导架子。但他坚持独立思考，按原则办事，认为毛泽东错的东西也照样批评。除上述西安事变时在会上当面批评“审蒋”的口号不妥外，一九三六年一月三十一日在延长召开军事会议时，他还在书面发言中批评毛泽东瓦窑堡会议上关于军事战略问题报告（也是决议）中的一个提法，说“将保卫与扩大巩固根据地放在战略任务的第二项是不适当的”，把“打通苏联”作为战略方针之首要任务也是不对的。在他主持的中央会议上，按照少数服从多数的原则，否决毛泽东的意见也不止一次。从毛泽东方面来说，还是尊重张闻天的总书记地位，而且当时对张闻天的领导也是满意的，并一再向人谈及。如到陕北后毛常对人说，洛甫这个人讲民主，开会让人畅所欲言，作总结时把我的意见总结进去，我送他一个雅号，叫做“开明君主”（有时也说成“有道明君”或“明君”。）因而张闻天的夫人刘英就被称为“娘娘”。他因管军事，又自封为“毛大帅”。于是“明君”、“娘娘”、“大帅”，就在少数领导同志和熟人的圈子里称呼了一阵。

根据上述几个方面看来，说遵义会议确立了毛泽东对全党全军的领导，是不符合历史事实和缺乏充分根据的。既然如此，为什么经过延安整风会形成这样一个众口一词的结论，至今仍不能越雷池一步？回答和解决这个问题，看来复杂，其实简单，就是看能不能摆脱多年来个人崇拜的束缚，真正实事求是地对待党史，做到去伪存真，恢复历史的本来面目。

然而，张闻天同毛泽东这种总书记和红军统帅之间的合作，经过一九三七年“十二月会议”特别是一九三八年的六中全会，已发生了根本变化。从此，在毛张关系上张闻天做了“配角”，而且从整风起，连“配角”也不再是了。“十二月会议”在组织上的变动就是在名次上毛泽东排在了第一位。这当然不会是王明、康生辈的意思。从事前（苏联着重宣传毛泽东）和事后（六中全会上王稼祥的传达）的情况看，显然是在贯彻斯大林和共产国际的意图。张闻天不仅心领神会，而且立即付诸实际，加以贯彻。他是个光明磊落、豁达睿智的人，从来不争权、不图名，多次表示并不热衷于当领导，而是对理论和研究工作有兴趣。

从毛泽东方面来说，首先是因为同张闻天的合作多少带有勉强性质。他本来就看不起张闻天，但却不得不保持某种“君臣”关系，心中自然不服。随着他权力的上升和对张闻天需要的减弱，在同张的关系上就显得越来越不耐烦了。而且这种厌烦情绪竟保持了一辈子。其次，他同张的作风、性格、爱好等也相差甚远，造成看不惯和谈不拢。他把张闻天看成“洋房子先生”，“言必称希腊”（指马列），只了解苏联一些表面情况，对中国则“一事不懂”。而从张闻天这边看，他通过长期实践固然越来越佩服毛泽东的领导与军事指挥才能，但同时也觉得实在不好相处。一是感到毛这个人容易猜疑和记怨，而且很厉害，在一起共事得处处留神，小心谨慎。二是可能对毛的不大谈马列和新文化（特别是世界文明），而是言必中国“故纸堆”，有点不以为然。三是正像黄克诚所说，毛喜欢顺着来的人，他却不屑于此，也学不会，同毛合作有点出于相忍为党，因而被毛批评为清高。

张闻天同毛泽东的这种合作关系到一九四一年就结束了。而且随着上层整风的开始，张闻天也就永远退出了中央领导。

从一九四一年到一九四五年的整风期间，张闻天和毛泽东的关系完全是一种挨批者和批判者的关系。虽然这时张闻天还保留着政治局委员的名分，但已不起相应的作用，甚至有些意见都没处提（例如

图为张闻天和他的夫人刘英，这是张闻天逝世前和刘英的最后一张合影。

他不同意抢救运动，但直到最后才同任弼时私下谈起）。

延安整风以后，张闻天虽然在党的七届一中全会上当选为政治局委员，“可是实际分工，只负责一个中央材料室，这是中央各部门中最小的一个单位。一个政治局委员，只管一个只有四五个人的小单位”。正好不久日本投降，中央决定开辟东北工作，他恳切要求去东北做地方工作，并迅速得到中央和毛泽东的批准。从此，他就永远结束了同毛泽东一起工作的历史。在东北工作期间，除参加七届二中全会外，张闻天和毛泽东一直没有见过面，也没有什么直接联系。

一九五〇年，张闻天被调去做外交工作，派驻联合国任首席代表。这一调动不排除有“贬谪”、“外放”之意，毛泽东在张闻天出使前还特别提醒他：“不说话是金，少说话是银。”各国常驻联合国代表多为大使衔的副部长级，当时苏联东欧国家还没有见到有政治局委员出任此职的。

联合国去不成，张闻天即被改派为驻苏大使，以代替生病的王稼祥。张闻天在驻苏大使任内曾通过陈云要求改行做经济工作。后来陈云写信告诉他，毛主席对他有看法，认为他骄傲，表示不拿下他的政治局委员是不好另行安排的。

改行不成，张闻天就决心搞一辈子外交工作和国际问题研究了，十年外交工作中，延安整风后所受歧视有增无减，政治局委员的虚位和实际职务间的差距继续拉大。早在东北，非政治局委员的同志如李富春等任东北局副书记时，他就只任常委兼一个小省的省委书记。政治局委员出任驻外大使的，在十多个社会主义国家中他也是罕见其匹。后来周恩来感到工作实在太忙，对他做外交工作也还满意，遂建议调他任外交部副部长协助周主持常务。

张闻天十年外交期间一贯谨言慎行，从未表现出对毛的不满。但也使人感到，他对毛是有意见的，缺乏某些领导人那种“主席不离口”的崇拜感情。

毛泽东本来就看不起张闻天，延安整风后就更不在话下，对张闻天喜欢发议论、提意见，很不以为然。

实际上，建国后毛对张已越来越厌烦，有时讲到历史问题也是有意褒王稼祥而贬张闻天（如说“遵义会议王稼祥投了关键的一票”）。在毛看来，延安整风后张闻天内心并未服，思想并未通。因为延安整风树起的一个正确与错误的标准就是对以毛的态度画线。此后，随着个人崇拜的不断升级，这一标准也越来越严。个人崇拜的天然要求是歌功颂德和少提以至不提缺点与批评。张闻天并不是不了解这点，但他从思想上就反对个人崇拜，既不会歌功颂德和顺着来，又喜欢揭露缺点和提意见，所以使毛越来越反感。

张闻天一九五八年四月到上海、杭州参观访问，二十六日写信向毛泽东汇报，本想在肯定和赞扬大跃进的同时指出存在的问题和缺点，后经一再考虑，定稿时还是删去了要提的缺点和意见，只剩下赞扬。毛看后认为是张的进步，遂于五月八日回信说："你这个人通了，我表示热烈的欢迎和祝贺。我一直不大满意你。在延安时曾对你有五个字的批评，你记得吗？进城后，我对陈云、恩来几次说过，你有严重的书生气，不大懂实际。记得也对你当面说过。今天看这个报告，引起我对你热情欢迎。"接着又说，上述看法，"可能对你估计过高，即书生气，大少爷气，还没有完全去掉，还没有完全实际化。若果如此，也不要紧，你继续进步就是了。但你过去能写出现在的报告吗？能有这样的无产阶级感情吗？能有这样感人的气氛吗？在我看来，没有。现在有了，通了，群众化了，因此向你致贺。"毛喜欢报喜不报忧，很容易受那些搞个人崇拜的人的蒙骗（所以康生"值得依赖"）。不久后的事实证明，张闻天并没有"通"，政治路线和思想作风上的分歧，使他们之间的冲突不可避免，并终于在一九五九年的庐山会议上爆发了。

张闻天在庐山会议后受着屈辱的待遇，不断的批判，不断的检查，还从一九六二年九月起被"专案"审查，取消参加中央会议和阅读中央文件的资格。但他为了照顾大局和使自已能留在党内，还是不断地检讨，特别是寄希望于毛泽东并经常写信。据《张闻天年谱》主编张培森统计，从庐山会议后到去世前张闻天共给毛泽东写了三十二封信（先多后少）。内容主要是顺着毛的恭维的话和提点要求，如：附着报告文稿和《读书笔记》、汇报思想和工作以至被斗情况，对重大政治事件的表态，要求作结论和分配工作以及要求接见等。可惜，毛泽东没有再见过他，他的信也大多没有下文。但是毛对张闻天并没有置之脑后和不再关注，包括紧张混乱的"文革"时期。

毛泽东对以前的中央领导人，包括早已打倒的张闻天，一直都极为关注。

"文革"中批斗彭德怀和张闻天，在北京大概无人不晓，何况毛泽东。而且对张闻天的待遇、处理，毛也一直在关注着，无人可擅自做主。一九六八年八月十五日"王明、苏修特务专案组"报告：鉴于张闻天的"罪行"和态度，建议将他和刘英送卫戍区"监护"。康生四月十二日在报告上批示："张闻天问题要请示主席林副主席。"一九六八年五月十七日谢富治手谕："中央决定叛党叛国分子张闻天、刘英二人在家实行监护。"一九六九年十月二十日，中央办公厅负责人宣布：毛主席批准解除监护，张的问题是人民内部矛盾，为战备疏散，遣送广东中小城市。此后，张一再给毛写信，要求调回北京，恢复组织生活和分配点工作。一九七四年一月十九日，周恩来批示要汪东兴落实毛泽东指示，让张、刘参加地方党的生活和工作。一月二十日广东省委组织部即通知恢复张、刘组织生活，享受县（团）级政治待遇。后来张给毛写信，"希望回到北京生活和养病。"十月十八日毛答复：到北京住恐不合适，可另换一地方居住。据此，张要求以上海为养老地点，但被驳回。最后获准去无锡安家，住不到一年即病逝于此，他和毛泽东的联系也就此自然中断。

赫鲁晓夫用皮鞋敲讲台真相

◎传　墨

苏联领导人尼基塔·赫鲁晓夫一九六〇年十月在联合国大会上用皮鞋敲桌子一事流传甚广。事实真相究竟如何？北京理工大学出版社出版的《惊世内幕与丑闻》一书对此作了介绍，现摘录如下——

赫鲁晓夫之子谢尔盖·赫鲁晓夫现已是美国公民，他请美国全国广播公司把父亲用皮鞋敲打桌子的录像画面拷贝一份给他。但过了一个星期，他得到的回复是：全国广播公司没有那样的资料，多家档案馆也没有。

对赫鲁晓夫在联大用皮鞋敲打桌子一事，许多人提出不同的说法。

苏联克格勃保卫局局长扎哈罗夫将军回忆说："当时联合国正在对苏联代表团提出的消灭殖民主义制度的问题进行紧张的辩论，一个菲律宾代表在说，社会主义国家是集中营。赫鲁晓夫听了很愤怒，他举起了手要求发言。但是主持会议的爱尔兰代表鲍尔顿没有看见他举手，或者装作没看见。赫鲁晓夫站了起来，还是举着手。但菲律宾代表仍在发言。这时赫鲁晓夫从脚上脱下了轻便的矮帮皮鞋，像击打乐器一样开始轻轻地敲着桌子。后来，鲍尔顿让赫鲁晓夫发言。赫鲁晓夫走上讲台，他向菲律宾代表挥了挥手，示意他走开。赫鲁晓夫开始愤怒地驳斥对方的言论。"

当天为联合国大会服务的一位女士说："赫鲁晓夫很晚才到达会场。他走上前去和社会主义各国代表团团长握手。新闻记者的麦克风从四面八方伸向了他。赫鲁晓夫即将走到自己的座位时，一名记者不小心踩掉了他的矮帮皮鞋。我赶紧上去拾起了他的鞋子，用餐巾纸包住，在他入座后从桌子下面悄悄递给他。赫鲁晓夫很胖，而座位和桌子的空间很狭小，他无法弯腰穿鞋子。他就暂时拿着它，时不时在桌子下摆弄。一位代表的发言激怒了他，他不由自主地拿起自己的皮鞋在桌子上敲打。如果他手中要是有雨伞或手杖的话，他也会敲打它们的。”

詹姆斯·费罗是当时在《纽约时报》工作的记者，他说：“我没看见赫鲁晓夫用皮鞋敲打桌子。那一天，他是用手敲打桌子，因为他听到菲律宾代表攻击社会主义，他认为菲律宾代表是美国的走狗。赫鲁晓夫弯腰脱下矮帮皮鞋，举过头摇晃着，再把皮鞋放到桌子上。有照片记录了当时的情景，赫鲁晓夫坐在位子上，面前的桌子上摆着矮帮皮鞋。而用皮鞋敲打桌子的照片却没有。”

赫鲁晓夫的女婿阿朱别伊在回忆录《那十年》中说：“当西方国家代表团提出‘苏联入侵匈牙利问题’时，苏联的所有代表都愤怒地敲打着面前的桌子。赫鲁晓夫的手表滑落了，他弯下腰去桌子下面找，他很胖，肚子妨碍他的举动。他生气骂起人来，他脱下皮靴，用它敲击桌面”。

赫鲁晓夫本人在回忆录《最后的遗言》中说：“事件因‘西班牙问题’，而非‘匈牙利问题’引起。在辩论过程中，我抓住一个机会谴责佛朗哥‘反动的、残暴的政权’。事实上我甚至脱下皮鞋来敲桌子。我

1960 年 9 月 22 日，苏联领导人尼基塔·赫鲁晓夫出席联合国大会。

的这个举动在记者、摄影记者及其他人中引起了很大反响。”

事后有人做了专门的调查，赫鲁晓夫在敲桌子的时候，两只脚上都穿着皮鞋，这个情景可以找到当时的照片来证明。原来他用来敲打桌子的鞋子是他邻座一个外国代表团成员的。这位代表当时脚不舒服，就把鞋脱了放在座位旁边。赫鲁晓夫在辩论的时候一激动就随手操起这只鞋在桌上敲了起来。会后赫鲁晓夫答应每年寄给这鞋的主人一双最好的苏联皮鞋。赫鲁晓夫说到做到。此后的每一年，这位代表都会收到一双从苏联寄来的优质皮鞋。

侄女回忆张学良

◎张闾蘅 口述　周海滨 撰文

张学良晚年是如何度过的？虽然坊间有过不少文章和著作对此作了介绍，但《文史参考》刊登的张学良侄女张闾蘅的口述《张学良很多事都没有踩到点上》为我们提供了一些新的材料。

自一九六七年后，张闾蘅与她的妹妹成了张学良最亲密的家人，一直陪伴在他的身边，见证了这位传奇将军的后半生。

张闾蘅是张学良五弟张学森的女儿，全国政协委员，在香港经商。由于张学良的子女都不在身边，一九六七年以后，张闾蘅与妹妹张闾芝便成了张学良最亲密的家人。直到二〇〇一年张学良在夏威夷去世，张闾蘅一直陪伴在他身边，见证了这位传奇将军的后半生。

二〇一〇年，张闾蘅在接受《文史参考》采访时说——

大伯是张家的长子，与我父亲为同父异母的兄弟，但年龄悬殊甚大。大伯带兵打仗时，我父亲还是一个嬉戏打闹的顽童。我的奶奶是东北张作霖的五夫人——寿夫人，寿夫人本名寿懿，是清朝黑龙江将军寿山的女儿。

我们一家原先住在天津，一九四八年才搬到台湾，我当时才八岁，不明白为何搬到台湾。更让我没有想到的是，搬到台湾后，我们一家成为大伯、大妈最为亲近的人。

我第一次将大伯、大妈的模样凝刻在记忆中，是我上高中时，隔着大玻璃窗看清了大伯的模样：个头不太高，有些发福，头发灰白，几乎掉光了。我怎么也想象不出当年"英俊少帅"的样子。

高中毕业后，我到美国留学。一九六五年回台北省亲，在家里再次见到了大伯、大妈。听家人说，大伯、大妈从幽禁的新竹搬到台北了。与过去在新竹山区的幽禁生活相比，大伯、大妈这时稍许自由些了。他们家里没有别的亲人，除了一位跟随他们同生死共患难的、不是亲人却胜似亲人的吴妈，其余"服侍"的人，都是派来的看守特务。

每次到我家来，他们总要弄出很大的"动静"。一群时刻跟随的特务先进家里转一圈，看没有陌生人后，便在门外警戒，有时甚至坐在屋里，面无表情地听我们家人聊天。

大伯的自由活动区域只有二百米，且只限于白天，黄昏以后便不能走出屋门。负责监视大伯的刘乙光有规定：执行内部警戒任务的特务，白天须站在张学良住房十丈左右的位置，晚上则多移至寝室窗外和门口；外国宪兵白天在远处站岗，夜晚则移到特务们白天所站的位置放哨。在特务的警戒范围外，宪兵连的士兵们三步一岗，五步一哨，彼此相望，形成一个包围圈。

大伯似乎已经习惯了这种被人监视的生活，他很坦然，依旧与我们家人大摆"龙门阵"，聊到高兴时，笑声朗朗。或者拉我们一同去下馆子，边吃边聊。我就是从那时起，才真正认识了我这位"鼎鼎有名"的大伯，我与大伯的感情，也是在这段时间的交往中，在听他的讲述中慢慢建立起来的。

大伯的言语不失机敏活泼，有一次他请客，席上有好几位中年太太，这些太太都是平常陪他打牌的牌友。期间有人说："大爷，这一屋子的美女陪你吃饭，您多幸福呀。"大伯马上笑着回答："嗯，你们都是美女，那丑人都到哪里去了？"在场的人都笑得不亦乐乎。

囚禁在台湾新竹山中的张学良在室内听收音机。这架用电池的收音机，是宋美龄赠送给他的，是当时张学良唯一的"家用电器"，他靠这架收音机，得以了解世界的变化。

大妈话不多，眼神中总有一丝淡淡忧郁。她很少向外人提及自己内心的感受。大妈是位虔诚的基督徒，我们在聊天时她如果插进来，就是宣传她的基督教。有时大伯也不耐烦地打断她："行了，我们在聊天呢！"但大妈是绝对的贤妻，对大伯的饮食起居照顾得非常好，他的生活就是她的全部世界。

他们大都与奶奶、妈妈交谈，我在旁边听着，大伯会不时看着我，眼神里充满了亲情与关爱。大伯、大妈身边没有别的亲人，他们的子女均远在美国，只能靠书信来往。张闾琳是大伯大妈唯一的儿子，一九三〇年十一月二十八日出生于天津。一九四〇年由大妈安排，送往美国旧金山大伯好友伊雅格和埃娜夫妇代为抚养。一九五六年，张闾琳第一次到台湾，去高雄探望仍被囚禁中的父母亲，但是他只会说英语不会说汉语，与大伯之间的交流很不方便。

正因为我们能感受到他内心的寂寞

与思念，我们想为他做点事，我与妹妹间芝的生活都改变了。妹妹先是成了大伯、大妈的大“管家”，而后提前“退休”，陪伴他们。

一九六七年，我毕业后回到台湾，有更多的机会和大伯接触了。

从大伯平时的言谈中，我能感受到他对家人、家乡、国家、民族的热爱，谈起这些话题时，他兴奋不已、神采飞扬，有时说着说着，黯然神伤，音落神凝。他喜欢讲述东北的往事，大伯的讲述唤醒了我童年时在天津馋吃冰花的记忆。海峡那边是我们的老家！我忽然想回老家看看，回祖国去看看。

一方面因为好奇，一方面也想替大伯来看看，一九七九年，我从香港乘火车去了广州。这是我一九四八年离开天津后，第一次返回内地。我在广州东方宾馆住了两天，回到香港后，急不可待地飞住台湾，想把内地的见闻告诉大伯。还没等我开口，大伯悄悄先问了一句：“你回大陆了？”吓了我一跳！我进内地没告诉任何人，大伯怎么会知道呢？后来大伯告诉我，当局对进出内地的人是密切“关注”的，那些“跟班”已知情况，要大伯找我核实。大伯告诉他们，要问你们自己去问！但除了大伯，始终也没人找过我，他们知道问也白问。

此后，我多次往返大陆，大伯说过的一些地方，我都会去看看、听听。张家几十年来没有人去老家给爷爷张作霖上坟烧香。大伯嘱咐我给爷爷上坟，老是说，你有机会就到这个地方去一下，到那个人那去一下……

我按大伯的意思去做，无形中变成大伯与他部属之间的“联络员”，也成为自一九三六年西安事变之后，尤其是一九四九年海峡两岸隔绝之后，大伯与祖国内地可以互通信息的唯一渠道。

一九八二年，我在北京见到了杨虎城之子杨拯民，他时任全国政协副秘书长，热情款待了我，介绍我认识一些大伯的熟人，我也告之大伯的情况。回台湾后，我向大伯转达了他们的问候。大伯很高兴！他悄悄告诉我：再回内地，可以找两个人，一位是吕正操；一位是万毅。这两位都是他以前的老部下。

一九八四年六月，我从香港来北京洽谈商务，在杨拯民的介绍下，特意登门探望了吕正操。第一眼看到他的时候，我心里就油然而生一种亲切感：这个人怎么那么像我大伯！我也按东北人习俗，像在家里喊大伯一样喊他“大爷”。得知大伯近况后，吕正操十分高兴，在我回港前夕，特意托我给大伯带去一副健身球和上好的新茶，表达祝福和挂念之情。

见到万毅时更感人，他两眼其实已经什么都看不见了，他就拉着我的手，我知道他更是想传递对大伯的感情。回到台湾后，我把会面情况仔细汇报给大伯，看得出他听了很难过，但他一直努力压抑着自己的感情。

一九八七年初，我再次来京，带来了大伯赠给吕正操的诗一首：“采菊东篱下，悠然见南山。此中有真意，欲辨已忘言。”

这是摘引陶渊明《饮酒》诗中的句子。吕正操也从陶渊明的《读〈山海经〉》“精卫衔微木”篇中摘出几句，略加改动，集成一诗回赠给大伯：“刑天舞干戚，猛志固常在。徒设在昔心，良辰知可待。”末句将原诗“良辰讵可待”的“讵”改成“知”，他希望大伯振奋精神。

我有一种使命感来安排吕正操与张学良在美国的会面。不管他与部下隔了多少年，也要让他们能在有生之年见上一面。

一九九一年三月十日，失去自由达半个多世纪的大伯和大妈，终于离开台湾去美国探亲。五月二十三日，吕正操及随员多人，飞往美国看望张学良。

一九九一年五月二十九日上午，他们在纽约相会。在曼哈顿公园大道的一栋公寓里，在分离了整整五十四年后，两个耋耋老人的手紧紧地握在了一起。

见面那天，我陪吕正操乘电梯，电梯门一开，我吓了一跳，平时很少穿得那么正式的大伯，那天西装笔挺站在门口迎接他们。吕正操仍按以前的习惯喊大伯为“老校长”。大伯和吕正操是同乡，在东北讲武堂时他是吕正操的老师。在东北军时，吕正操曾在大伯身边和属下工作了十余年。

见面的日子是吕正操选的，之前我还奇怪，为什么吕正操一定要选在那天？待两人见面后我才明白，他说，校长，到今天我跟你隔了五十四年五个月零四天没有见。吕正操从北京带来一整套大伯爱听的《中国京剧大全》录音带和大陆著名京剧演员李维康、耿其昌夫妇新录制的京剧带；当年新采制的碧螺春茶叶；还有一帧国内画家袁熙坤先生为张学良将军赶画的肖像，以及一幅由启功先生手书的贺幛，书录的是大伯的一首小诗：“不怕死，不爱钱，丈夫绝不受人怜。顶天立地男儿汉，磊落光明度余年。”

两个老人谈了很长时间，大伯最想知道吕老是如何打游击战，如何打日本人的。

六月四日下午，大伯和吕正操又相约详谈一下。我陪同他们到中国常驻联合国代表团团长李道豫大使的别墅做客。大伯给吕正操带去了一包台湾产的凤梨酥。交谈中，大伯表示，愿为祖国的和平统一尽点力量。他说：“我虽然九十多岁了，但是天假之年，还有用得着我的地方，我很愿意尽力。作为一个中国人，我愿意为中国出力。”

我只有一次见过大伯流眼泪。那是大妈去世了，大伯跟我轻声说：“前几天，她（赵一荻）还好好的，怎么说死就死了呢！你看前几天，我才跟她开玩笑：‘你走了，我就找一个女朋友去’，她就跟我说：‘做鬼也不放过你！’”

他说着泪就默默地流下来了。大伯和我们常人不一样。他是做大事的人，能做到“天塌下来当被子盖”。但大妈去世的时候，他很难过，我扶他去做礼拜，他拉着我的手，手都是抖着的。

大妈去世一年后，二〇〇一年，大伯的人生也画上了句号。在大伯最后的日子里，我每日陪伴在侧，大伯虽然身体不适，但依然能讲笑话，思维敏捷。他离开得十分安详。

大伯临终时没有嘱托，他性格豁达，不拘小节，也不怕死，可以说是潇洒地离开人间。在许多人的眼中，大伯是风云人物，的确，他的一生始终被人“前呼后拥”着：早年是他众多的部下，晚年是各种访客与媒体，在台湾则是一大群甩都甩不掉的“跟班”……

西安事变后，大伯被“蒋家政权”囚禁五十多年，他对蒋介石的感情很复杂，但是至死都没有抱怨过。对蒋介石，我只听大伯说过一句：“你爷爷是一个有雄才没大略的人，蒋介石是一个有大略没雄才人。”

关于西安事变，大部份史实都公开了。为了营救蒋介石，蒋夫人当时答应了一些条件，但事后蒋介石没有遵守承诺，蒋夫人为此深感内疚。正因如此，蒋夫人保住了伯父的性命，不致遭遇到与杨虎城将军一样的下场。

有人说，一九八五年十二月二十五日，大伯八十五岁看大陆拍的《西安事变》时，因心情激动没看完就走了。其实，因为患有青光眼，他看《西安事变》基本是靠听的。看完后他说，那个张学良好像和我不像啊。大伯没有激动，也没有评价。关于大伯的电视剧什么的也很多，我们也看，但是觉得写跑了，不知道跑到什么地方去了。

大伯走了，他是带着遗憾走的！他这一辈子，很多事情都没踩到点上——少年时想学医救人却从了军；东北沦陷后想亲往前线打仗，却未能走上抗日战场；晚年想回东北看看，弥留之际，仍念念不忘故土，却因诸般因素，终始未能回大陆一趟。

当他想回大陆时，政治环境不允许；等环境允许了，又因为大妈的病情回不去（他们一直相依为命，不可能撇下大妈一个人回大陆）；当我一切都安排好，他可以移居香港时，却又因病去世了。这是他一生中最大的遗憾。

补白

启功非常敬佩弘一法师

启功非常推崇和敬佩弘一法师李叔同先生。他说：“弘一法师那不单是大文学家，最令人敬佩的是他的救世济人之心。举个例子，他每天只吃一顿饭，白水煮萝卜，连一点油也不放。旁人都认为他太苦了，我揣度他的想法，大概他认为既是佛门中人，又解救不了大众之苦，于是只有自己多吃些苦来作为补偿。真是可敬。”启功曾有诗赞扬李叔同先生，诗曰：“吾敬李息翁（叔同），独行行最苦。秃笔作真书，淡静前无古。并世论英雄，谁堪踵其武。稍微著形迹，披缁为僧侣。”

田汉与安娥

——儿子田大畏的回忆

◎刘 畅

田汉是著名的戏剧家，也是我国国歌的作词者。他与他夫人安娥一生爱得很艰难。最近《环球人物》的记者采访了田汉的儿子田大畏，他向人们介绍了父母恋爱的经过，现摘录如下——

田汉原名寿昌，一八九八年出生在湖南长沙一个小山村。田汉曾提到，自己最爱的人有三位：一位是母亲，一位是他的舅父兼岳父易象，另一位就是自己的妻子易漱瑜。不幸的是，易漱瑜一九二五年病逝。临终前，易漱瑜将自己的同窗好友黄大琳介绍给田汉，希望他们能结婚。在田汉恋情中，黄大琳不过是一个过渡人物。田汉在给日本友人、著名作家村松梢风的信中说："妻子去世后又有了恋人，可是无论如何没有以前的滋味。我深切地感到人生的春天只有一次。"

不过，一九二七年，田汉还是与黄大琳结了婚。但与此同时，他开始和一位远在新加坡的女教师林维中有了联系，彼此通信三年。

林维中因逃婚而出走南洋，一九二五年，她偶然在刊物上读到了田汉在丧妻悲痛中写的散文《从悲哀的国里来》，被深深打动了。林维中风姿绰约，一直想找一位有文化的丈夫。她大胆地给田汉写了一封信，坦承自己的爱慕之情。就这样，刚再婚一年的田汉与林维中凭着传递信件和照片，感情一发不可收拾。

一九二九年新年刚过，田汉率领南国社去广州公演。虽然异常繁忙，但他一个月之内还是给林维中写了七封信，热恋之情可见一斑。这时，他已决定与黄大琳分手，娶林维中为妻。不久，田汉和黄大琳的婚姻宣告结束，他们不但友好分手，还专门去照了一张离婚合影。田汉在合影下写道："为着我们精神的自由，为着我们不渝的友谊，我决然与你小别了，亲爱的大琳！"

一九二九年，对田汉来说，是人生的一大转折。大革命失败以后的形势，使他决定"转换一个新的方向"，即从思想上、政治上、文艺作风上转向"左翼"文艺战线。因为田汉在上海的影响力，他成了各方势力争取的对象。恰在此时，一位来自莫斯科的"红色女郎"出现在了他的生活中，她就是安娥。当年，安娥只有二十四岁，身份是上海中共特科成员。在田汉看来，安娥不单具有政治魅力，还有诗人的才情，浪漫、热烈且具叛逆精神。

安娥一九〇五年出生在现在石家庄市长安区一个书香之家，原名张式沅。父亲是清末民初教育家。田大畏说，"母亲在少女时代，就表现出追求自由、独立的个性。她十五岁上初中就'不安分'，干了一件惊世骇俗的事。"安娥因学监压迫学生，就带领全班同学罢课，住在旅馆不回学校，迫使学监辞了职。事后，安娥离开学校，被父亲带到北京读书。一九二三年，安娥进入国立北京美术专门学校西画系学习，一九二五年加入中国共产党。

田大畏说："我的外祖母性格很刚强，这一点母亲和她很像。听说母亲加入地下党，她直接来到北京，硬是从学校里把母亲抓回家。"当时正值一九二六年"三一八"惨案发生，安娥在报纸上看到二十五名学生被杀，再也按捺不住，索性逃走。"母亲的这一选择，让外祖父直到去世都不认这个女儿。外祖父不赞成母亲走上共产革命道路，他发表声明'从此不再有这个女儿'。"

同年，安娥受李大钊派遣，到大连从事工人运动，不久，又被周恩来派到莫斯科中山大学学习。在那里，她第一次接触到了情报工作，也由此开始了特工生涯。她做特工时有许多化名，"安娥"就是其中之一，后来成了她的正式名字。

田大畏说，"在中山大学时，母亲因为历史比较简单，俄文也不错，被选入苏联国家政治保卫局，后来叫克格勃，当时叫格别乌，做东方部主任的助手，帮助他们办案。"

一九二九年，学成归国的安娥被安插在国民党驻上海"中央特派员"杨登瀛（鲍君甫）身边担任秘书。她负责将收集来的信息，及时抄送给陈赓，再由陈赓报周恩来。这些重要的情报使许多地下党员化险为夷。安娥参与营救的就有任弼时、关向应等人。这位从莫斯科回来的"红色女郎"，一天可以变换好几个身份，一会儿是衣着华贵的秘书小姐，一会儿是女工，一会儿又成了大学校园里的意气学生。

田大畏说："当时父亲已经是一位左翼作家，各方面来往的人很多。母亲懂文艺，自己也会写东西，组织就派她去接近田汉。"那时，田汉已成立南国社。他本以为所见的是一位积极要求入社的女学生，却见安娥眉清目秀，不卑不亢，举止大方，颇有几分英豪气，很是欢喜。这以后，安娥便经常带着她写的一些作品来找田汉。当她将小说《莫斯科》交给田汉时，他震惊了，作品反映出的丰富阅历以及不俗才情让田汉兴奋和感动。

在安娥的影响下，田汉开始更多地关注现实社会问题，加入了"左联"，并申请入党。正是这一思想的转变，使田汉成为"时代之子"，并创作出日后的国歌《义勇军进行曲》。频繁的接触与交流，急剧增进了两人的感情。一九三〇年秋，在南国社被查封、田汉被迫隐居的情况下，安娥选择了与田汉同居。

然而，甜蜜的爱情并没有维持多久。与田汉保持了五年通信恋爱关系的林维中，不久从南洋归国，她曾资助过田汉的事业，且早已被田母默认为儿媳。林维中知道安娥与田汉的关系后，当面去质问她。而田汉，既不愿伤害这个，也不愿伤害那个，犹豫不决。在这种情况下，反而是安娥帮他下了决心。她告诉林维中："我不要家，不要丈夫，你与他结婚吧。"最终，田汉决定遵守诺言，与林维中完婚。

谈起此事，田大畏说："母亲是地下党员，从事秘密工作，是个四海为家的革命者，当时并不能结婚。不仅如此，她听说父亲结婚没有房子，甚至还张罗着给他们找婚房，这是父亲后来在回忆录中写的。"而田汉并不知道，这时的安娥正怀着自己的骨肉。

一九三一年八月，田大畏出生了。可是，革命工作不容安娥过多沉迷于儿女私情，出于经济和安全等考虑，她不得不把儿子送走。"在最难的时候，母亲唯一想到能依靠的，只有姥姥。她踏上了六年未回的家乡。母亲再次出现，还带着私生子，当时的场面可以想象。据说，她是跪着求姥姥，请她照看我的，姥姥搂着母亲失声痛哭。"之后，安娥果断地回到了上海，来到田汉面前，亲口告诉他："孩子已死，勿需挂念。"

一九三三年，由于叛徒的破坏，安娥的直接领导姚篷子被捕叛变，作为姚的下线，安娥与党组织失去了联系。经作曲家任光介绍，她进入上海百代唱片公司歌曲部工作，创作了大量旋律悦耳、意境优美的歌曲。脍炙人口的《渔光曲》、《卖报歌》等，都写于这一时期。

一九三七年抗战全面爆发后，安娥撤离上海，在由上海辗转武汉的路上，她竟然又与田汉相遇了。民族存亡战线上的再相聚，决定了他们的爱情命运。"母亲告诉父亲，孩子尚在，而且也长得很高了，父亲听后很激动。"当时，田汉的妻子林维中住在重庆，而他和安娥住在武汉，两人密切配合，一起出席各种活动，爱情又明朗化了。

诚如作家吴似鸿在《回忆田汉》一文中所言，田汉虽然兑现了跟林维中结婚的诺言，但无论是政治倾向、艺术观点和人生态度，他都跟安娥更加契合。

一九四八年二月，安娥接受上海《新民报》专访，开诚布公地表明了自己的爱情观。她说："争，或许可以得到一个人的躯壳，但却不一定能得到一个人全心全意的爱情。"当记者问她，面对如今的局面如何应付？安娥笑言："无所谓应付"，"一切应该随田先生"，"是他自己因善良而产生出来的痛苦，也正因为他这一份善良，在日常生活里，时常使我感动。"

抗日战争期间，安娥曾任战地记者，一九三八年后辗转武汉、重庆、桂林、昆明等地，抗战胜利后回到上海。这时，田汉已经与林维中离异。一九四八年，安娥和田汉同赴解放区，安娥次年重新加入中国共产党。

战乱、纷争、婚变，安娥与田汉在历经二十年风风雨雨后，一九四八年前后终于厮守在一起。他们在创作上的相互帮助，成就了中国现当代文坛的一段佳话。

田大畏说，他的父母亲从一九四九年至一九五四年依旧过着独立的“宿舍生活”，没有称为“家”的住所，各忙各的。一九五四年，虽然有了共同的宿舍，但他们仍是聚少离多。“我感觉父亲是为了戏剧来到这个世界的，而母亲是为了革命和理想。他们无论环境怎么恶劣，怎么困难，只要跟这些事有关，都不知疲倦，把物质和权势完全抛之脑后。”

一九五六年，安娥在郑州观摩豫剧演出时突然病倒，中风不语，半身瘫痪。田大畏说：“父亲始终鼓励母亲别泄气，同病魔作斗争。他给母亲找最好的医生，给母亲读报、读文件、讲国际形势。为使母亲不完全脱离文艺界，父亲无论到外地参观游览还是观摩演出，都尽可能带着母亲。”其实，当时田汉的处境也不好，很压抑，即便如此，他还坚持多年如一日，找来小故事和笑话，耐心地讲给安娥听。

“文革”前夕，田汉被分配到顺义牛栏山参加“四清”。行动不便的安娥总要陪田汉到车站，目送他离去，有时甚至拖着病残的身子，到市郊去看望丈夫。一九六八年十二月十日，田汉在“文革”中被迫害致死，安娥也被怀疑为“王明苏修特务”，受到迫害。一九七六年八月十八日，安娥谢世于北京隆福医院。

补白

彭德怀一直得不到平反

彭德怀在一九五九年庐山会议遭到错误批判和处理。几年以后，党中央贯彻调整政策，为“反右倾”中被错误批判、打击的干部进行甄别平反。彭德怀向党中央提出要求公正地审查和处理自己问题的长篇申诉，但他的问题依然没有得到解决。据中共中央党校出版社出版的薄一波《若干重大决策与事件的回顾》一书透露：刘少奇在一九六二年一月二十七日中央“七千人大会”上，讲到为什么要肯定庐山“这场斗争是完全必要的”时说：“是由于长期以来彭德怀在党内有一个小集团，是高、饶反党集团的主要成员”；这些人“都有国际背景”，“同某些外国人在中国搞颠覆活动有关”，所有人都可以平反，唯彭德怀同志不能平反。毛泽东当时插话补充说，只要不是里通外国。由于党中央一些主要领导坚持不为彭德怀平反，彭德怀的问题一直得不到解决。

大逃港

——中国改革开放的催生针

二○○七年四月，广东省档案馆解密了一九四九至一九七四年的一万多件档案。群众逃港事件的内容也在其中。于是，一段虽人所共知，但不能言说的历史大白天下。

在中华人民共和国成立后，绵延三十余年，深圳河边不断出现大逃亡。超过一百万的农民、工人、知识分子、干部、军人……无法忍受“左”祸带来的反右、“四清”、“文革”等等政治和经济的煎熬，不惜在警犬和枪弹之下冒着生命危险，强行偷渡深圳河，逃往香港。比起东欧柏林墙(成功越墙5043人、被捕3221人、死亡239人、受伤260人)、朝鲜的三八线，偷渡香港人数更多，时间更长、情状更惨烈。

人民群众宁可以鲜血和生命为代价，也要从社会主义往资本主义跑，这一现象引起了一些在边境前沿工作与民众接触较多的共产党人的深思，使他们走在了改革开放的前沿。时任广东省省委书记的习仲勋和广东省的一些领导，率先向中央提出要实行特殊经济政策、以稳定人心，发展经济，解决外逃等问题，于是深圳特区的获准建立，外逃问题逐步解决……改革开放出现了新的局面。人们把“大逃港”比作“中国改革开放的催生针”。

作为向深圳特区三十年献礼的长篇报告文学《大逃港》由广东人民出版社出版。作者陈秉安用了二十二年时间，先后采访了百余名相关人员，真实地再现了这段历史，以下是有关陈秉安和《大逃港》的介绍，和《大逃港》一书部分内容的摘录。

陈秉安与《大逃港》

◎林天宏

《大逃港》一书封面

从陈秉安家位于十四楼的阳台望去，可以清晰地看到深圳蛇口的深港西部大桥。这座由深港两地合作兴建，于二○○七年投入使用的白色大桥，是连接深圳与香港的重要通道。

但在碧水白桥背后，却有着一段几乎被人遗忘的惨痛历史——上世纪五十年代至八十年代，有将近一百万名内地居民，由深圳越境逃往香港。这被研究者认为是冷战时期历时最长、人数最多的群体性逃亡事件，史称“大逃港”。深港西部大桥所在的深圳湾，便是当年逃港者的一条主要路线。

为了弄清这段历史，陈秉安前后用了二十二年时间，采访了百余名相关人物，收集了大量资料。二〇一〇年十月，其长篇报告文学《大逃港》公开出版。

在一些历史研究者看来，深圳特区成立三十周年之际，这部三十多万字作品的问世，有着极为重要的象征意义。因为"这段此起彼伏规模宏大的逃港风潮，为中国改革开放最为重要的决策之一——深圳经济特区的设立，做了一个深刻而令人惊醒的铺垫"。

> 这是我们的政策有问题。逃港，主要是生活不好，差距太大，生产生活搞好了，才可以解决逃港问题。
>
> ——邓小平

一九八七年，深圳市罗湖区的一家港资大酒店开业，其总经理邀请《深圳特区报》派记者出席。这个任务落到了刚刚到报社工作的陈秉安身上。

庆典的开头很寻常，可到了评价致辞的时候，情况却起了变化。台上的总经理，在念了一半欢迎辞后，居然捧着演讲稿嚎啕大哭起来。

台下一片寂静，人们都望着这个失态的总经理。他稍微冷静了一下，突然用脚蹬了蹬铺着崭新红地毯的地面，哽咽着说："我的父亲……二十多年前，就在我现在站的这个位置，他背着我，已经快到河边了，一颗子弹打来……"

"不瞒大家，"他擦去眼泪，说道，"正是为了他当年对我的期望，要活得有出息，我才把酒店开在了这个地方。"

就像台下的许多人一样，刚刚辞去湖南老家的工作，孤身来深圳"闯天下"的陈秉安，并不清楚在这片土地上曾经发生过什么。他赶紧询问一个在场的当地居民，才得知，"原来这个老板以前是逃港过去的呀"。

"逃港？什么是逃港？"他开始隐隐约约地感觉到，在这个总经理的身上，在这座看起来热火朝天的城市背后，似乎藏着一些不为人知的故事。

不久之后，类似的事情又一次发生。

陈秉安去一家港资工厂采访，邱姓厂主在接受完采访后，突然把他拉到了一个无人之处，问道："有一段发生在我身上的历史，你敢写吗？敢的话，请你跟我来。"

好奇的陈秉安，坐上了这个厂主的汽车。公路崎岖蜿蜒，进入深圳东部的闸门山。两人在一处河岸边下了车，河对岸便是香港。厂主指着对面的一处小树林说："请你仔细看。"

陈秉安顺着对方指的方向望去，在小树林的边上，有一丘小小的坟墓。

"那是我的哥哥。"这个厂主的眼睛里，突然蒙上了一层白花花的东西。

在随后的聊天中，陈秉安才知道，二十多年前，邱姓厂主和哥哥一起从这个地方逃往香港，途中遭遇边防部队的追捕，哥哥背上中枪，他眼睁睁地看着哥哥倒在河里，却没有一点办法。

后来，他在香港打拼出了一番事业，还把厂子设到了深圳。在来内地之前，他在河

深港边境的铁丝网下有过多少冤魂

的那边堆了一座空坟，立了一块墓碑。

“请你把我的故事写下来，告诉所有人，在这块土地上，曾经发生过这样的事。这对我个人，对我们的国家，对我们的民族，都是一笔财富。”他这么恳求陈记者。

从那一刻起，陈秉安突然意识到一种使命感。

他开始寻访这段此前少有人知的历史。工作一有空隙，他便奔波于宝安县农村的山中小径、旧村瓦舍，采访那些逃港的亲历者，听他们倾诉当年藏在心底的种种怨气，以及对香港天堂般的幻想。

“如果我不写下它，历史，或许将留下一页空白。”陈秉安缓缓说道，“能给那些葬身在大海高山间的穷困的偷渡者和他们的亲人一点慰藉，是我最大的心愿。”

* * *

这是一部跨度达三十年的惊心动魄的逃亡史。

在当时的深圳，曾经流传着这样一首民谣：“宝安只有三件宝，苍蝇、蚊子、沙井蚝。十屋九空逃，家里只剩老和小。”

在民谣背后，则是一组惊人的数字。根据陈秉安掌握的资料，在目前可以查阅到的文件里，从一九五五年开始出现逃港现象起，深圳历史上总共出现过四次大规模的逃港潮，分别是一九五七年、一九六二年、一九七二年和一九七九年，共计五十六万人（次）；参与者来自广东、湖南、湖北、江西、广西等全国十二个省、六十二个市（县）。

逃港者多为农民，也包括部分城市居民、学生、知识青年、工人，甚至军人。从政治成分看，普通群众居多，也有共青团员、共产党员，甚至中共干部。

逃港的方式，可分走路、泅渡、坐船三种。广东人把这种水路偷渡称为“督卒”，借用象棋术语，取其“有去无回”之义。在许多当地人的记忆中，一到夏天，水库和河里便人满为患。不少孩童从小就被家人灌输：“好好练游泳，日后去香港。”

偷渡者通常都带有汽车轮胎或者救生圈、泡沫塑料等救生工具，还有人将多个避孕套吹起来挂在脖子上。有些偷渡者下水后，还一边游一边背诵毛主席语录给自己打气：“下定决心，不怕牺牲，排除万难，去争取胜利！”

当时，上述物件都属于严格控制使用的物品。到后来，就连乒乓球都成了其中之一。因为边防部队发现，甚至有人将数百个乒乓球串在一起，作为救生工具。

泅渡毕竟是年轻人所为。中老年和儿童妇女通常选择陆上偷渡，从深圳梧桐山、沙头角一带，翻越边防铁丝网，粤语中戏称为“扑网”。为了躲避警犬，一些逃港者临行前会到动物园收买饲养员，找一些老虎的粪便，一边走一边撒，警犬闻了粪便的气味，便不敢追踪。

当时对偷渡者的打击是异常严厉的。凡不经合法手续前往香港者，都被视为“叛国投敌”，抓到就收容。而边防部队对于偷渡者是最大的障碍。在上世纪六十年代之前，边防战士遇到不听命令的偷渡者可以随时开枪，许多偷渡者被打死在滩涂上和山里。此后，由于上级的严令，开枪的现象才逐渐消失。

这种风险极大的逃港风潮，还催生了一个新职业——“拉尸行”。在鼎盛时期，深圳活跃着二百多个“拉尸佬”。上世纪七十年代末，深圳蛇口海上派出所曾经规定，“拉尸佬”每埋好一具偷渡客尸体，就可以凭证明到蛇口公社领取劳务费十五元。

陈秉安曾采访过一个当年的“拉尸佬”。这位老人告诉他，最多的一天，自己从公社领到了七百五十元，而在他埋葬的五十具尸体中，有四个是他的亲人。

1962 年 5 月 21 日香港《星岛日报》刊登的一张照片，记载了逃往香港后，亲人相见时的情景。

在某些地方，甚至出现了强行冲关的情况。

这些偷渡者成群结队，每人持一根四尺多长的木棒。带头的偷渡者公开说：“谁阻挠我们，我们就用木棍和他们搏斗，冲过去，就算开枪也不后退！”

在那个年代，偷渡是公开的秘密。哪家有人偷渡成功，家人不仅不避嫌，反而会在外人面前炫耀，更有好事者大摆筵席，大放鞭炮，以示庆祝。

陈秉安曾遇到过一个逃港者中的传奇人物，这个人先后偷渡了十二次都被抓住，创下了一个纪录。到第十三次，边防战士看了他都脸熟，实在不好意思再抓了，他才成功地逃到了香港。

* * *

为什么要逃港？这个问题，陈秉安曾经问过很多人，得到的答案也各式各样。

最主要的原因，是因为贫穷和饥荒。

一九五九年，广东出现了严重的饥荒。一个逃港者告诉陈秉安，那个时候，伙食里基本看不到肉和油，就连青菜都很罕见。为了缓解饥饿，他曾经吃过蕉渣、禾秆、木瓜皮、番薯藤，甚至一度还吃过观音土。

当时，宝安一个农民一天的平均收入，大约在七角钱左右，而香港农民一天的收入，平均为七十港币，两者间悬殊近一百倍。当地流传的民谣唱道：“辛辛苦苦干一年，不如对面八分钱（指寄信到香港叫亲属汇款回来）。”

政治上的迫害，也是逃港的主要原因之一。

著名音乐家马思聪是最为典型的代表。一九六六年“文革”开始后，时任中央音乐学院院长的马思聪饱受凌辱。一九六七年，他借一次到深圳演出的机会，铤而走险，乘船逃往香港。他抵达香港的第二天，全港的报纸与电台都报道了这一消息，从而掀起了一场以知识分子和知青为主体、长达十年的逃港浪潮。

陈秉安曾经采访过一个民兵队长，他逃港的原因，今天听起来匪夷所思。

> 千言万语说得再多，都是没用的，把人民生活水平搞上去，才是唯一的办法。不然，人民只会用脚投票。
>
> ——习仲勋

这个民兵队长在山里发现了一个从台湾飘来的气球，气球下方的篮子里，有许多食品和一件白背心。在两岸处于敌对状态的那个年代，广东一带经常发现这样的气球。他把食品上交，但实在舍不得那件白背心，就偷偷留了下来。

几天后，他穿着白背心参加了一场篮球赛。围观的人们发现，这件白背心在被汗水浸湿之后，背上出现了“反攻大陆”的字样。结果，这个原本“根正苗红”的农民，被打成了“美蒋特务”，受到严酷的迫害，不得不逃往香港。

为了应付日益严峻的逃港浪潮，宝安县决心在一个叫做西坑的村子里“展开一场殊死的争夺”，把西坑村建设成“反偷渡的红旗村”。

村里掀起了一场学习毛主席著作的高潮。村前村后的墙壁上，刷满了大标语：“高举毛泽东思想伟大红旗奋勇前进！”田头的井水边，也插上了“抓革命、促生产”的语录牌。一到天黑，就组织村民唱歌，曲目多是《大海航行靠舵手》、《毛主席的书我最爱读》等。

一时间，西坑村成了宝安全县乃至广东全省鼎鼎大名的“红旗”。每天来这里参观学习的人络绎不绝，在村外的荒山上踩出了一条小路。

但没多久，这个精心构筑的“社会主义教育堡垒”也倒掉了。一九七三年，西坑村的大部分青壮年，包括当年反外逃的积极分子、民兵干部都逃到了香港，有个组留下的最大的“男人”，是一个八岁的男孩。

一个逃到香港的农妇甚至留下了这样一句话：“我死后，连骨灰都不要吹回这边来！”

* * *

对待逃港者，港英当局的态度也经历了几个阶段。

逃港者们从事较多的工作，是最为初级的家庭作坊式的手工业——粘纸盒、缝袜子、勾纱等。因为他们工作卖力，要求又低，正好为经济开始腾飞的香港提供了大量廉价劳动力。

到了上世纪六十年代，由于逃港者的

数量越来越多，港英当局的态度发生了转变，开始实施“即捕即遣”的政策。但由于香港市民与逃港者之间有着千丝万缕的联系，许多逃港者都是香港市民的亲属、朋友或者同乡，这样的政策遭到了普遍的反对。

在陈秉安搜集到的许多香港报纸里，都记载了这样一件事情。

一九六二年五月，有三万多名逃港者聚集在香港市区附近的一座名为华山的小山上。港府调集了数千名军警，开始大规模的驱赶与抓捕。与此同时，先后有十余万名香港市民，带着食品和饮水赶到华山，保护这些逃港者。根据事后的统计，大约有一半的逃港者，在市民们的掩护下逃往市区。

许多香港警察也不忍心抓捕这些人，甚至有警察不听命令，同逃港者拥抱在一起流泪。

最后，在“不行动者作抗命论”的指令下，警察才终于开始执行命令，将这些逃港者强行拖到山下早已准备好的数百辆汽车上，准备第二天遣送回内地。

第二天，当数百辆汽车排成长龙，缓缓向内地方向开去时，一个令人目瞪口呆的场景出现了。

上世纪七十年代，三个年轻的偷渡者被判刑，并被绑赴法场枪决。

数百名香港市民突然跳到马路当中，躺在地上，挡住了汽车。人群里爆发出吼声：“快跳车啊！”据事后统计，又有近千名逃港者，在周围香港市民的掩护下逃离了现场。

在陈秉安采访的数十名后来在香港事业有成的逃港者里，几乎每个人都经历过类似的艰难时刻。他们从社会最底层做起，受尽白眼，艰苦奋斗，不仅慢慢融入了主流社会，而且创造了许多“财富神话”。

曾有人做过统计，在上世纪末香港排名前一百位的富豪中，有四十多人是上世纪六七十年代的逃港者。其中就有金利来集团董事局主席曾宪梓、壹传媒集团主席黎智英、“期货教父”刘梦熊等人。不仅如此，著名作家倪匡、“乐坛教父”罗文、“金牌编剧”梁立人等香港文化精英，也都曾是逃港者中的一员。

在这些人中，陈秉安印象最为深刻的，是一个叫叶小明的企业家的故事。

叶小明是一九六二年逃到香港的，当时他还只有十一岁。五月的一个深夜，母亲背着他，随着逃港的人群，扒开铁丝网，由沙头角向香港新界方向逃去。

但当晚深圳突降暴雨，数千名逃港者仅有二百余人侥幸脱险，其余尽为洪水吞噬。

叶的母亲便是遇难者中的一个。儿子含泪掩埋了母亲，然后朝香港走去。他自己的名字改成了叶争气，“发誓在香港干出一番事业来，一定要对得起死去的母亲。”他从底层做起，奋斗了数十年，如今已经是大型物业公司的老总，行业内数一数二的人物。

“我们不是总在讨论香港二十世纪六七十年代的经济奇迹吗？你听那些专家分析这个指标、那个政策，他们懂得香港吗？他们懂得什么是真正的香港人吗？”在采访中，叶小明流着眼泪，这样告诉陈秉安，“我告诉你，真正的香港奇迹，是我们这些人，是我们这些冒死上了梁山的人，用血、用眼泪创造出来的！”

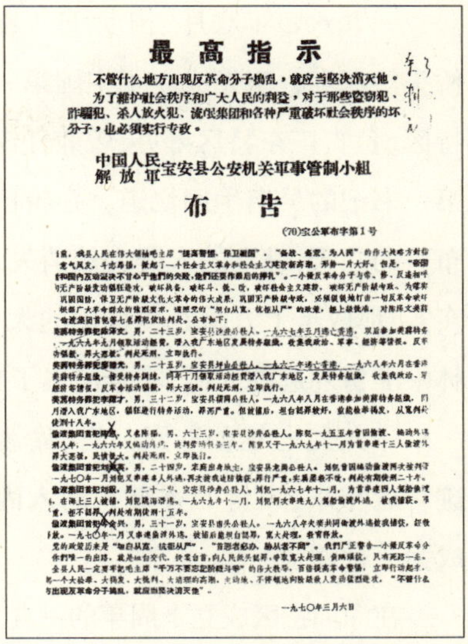
最高指示

不管什么地方出现反革命分子捣乱，就应当坚决消灭他。

为了维护社会秩序和广大人民的利益，对于那些盗窃犯、诈骗犯、杀人放火犯、流氓集团和各种严重破坏社会秩序的坏分子，也必须实行专政。

中国人民解放军宝安县公安机关軍事管制小組

布告

(70)宝公軍布字第1号

一九七〇年三月六日

1970年枪毙偷渡逃港犯的布告

* * *

应该拿逃港者怎么办？这成为摆在中国领导人面前的一个难题。

一九六二年，《人民日报》的一个记者受上级委派，来到深圳。他想搞清楚，这儿究竟发生了什么。

但这个记者在香港看到的，并非如此。他和逃港者聊天，对方哭着说：“我们也是党员啊，对不起党，对不起祖国，给社会主义丢了人，可我们实在没办法啊！”

他第一次弄明白了，香港人并非像宣传的那样，“生活在水深火热之中”，他们的生活，比内地高出了许多。上世纪六七十年代正是香港经济高速发展的时代，在内地还吃不饱饭的时候，香港居民已经用上了电视机、洗衣机。

回到深圳后，这个记者先后写了四篇内参，把自己看到和认识到的情况向中央报告，希望执政者能从大逃亡中“吸取教训，反思历史，调整政策”。

半年以后，原本铁板一块的政策，开始有所松动。与此同时，内地开始通过香港购买粮食，饥荒有了一定程度的缓解。但这样的政策并不能解决根本问题。在此后的十余年里，依然发生了多次大规模的逃港浪潮，各级政府对此似乎也束手无策。

一九七八年，习仲勋主政广东后，经过大量的走访，亲身感受到了当地居民对提高生活水平的渴望。他意识到，光靠严防死守不可能有效地遏制偷渡，必须另辟蹊径。

随后，广东省委主要负责人向中央提出了在深圳设立经济特区的想法。很快，他们便迎来了复出不久的邓小平。

据说，在他们忐忑不安地汇报了逃港情况后，邓小平却出奇地沉默。他连吸了几根烟，平静地对大家说：“这是我们的政策有问题。逃港，主要是生活不好，差距太大，生产生活搞好了，才可以解决逃港问题。”

一九八〇年八月二十六日，在逃港的桥头堡深圳，率先成立了中国第一个经济特区。负责广东特区筹办、曾兼任深圳市委第一书记的吴南生回忆道："在特区条例公布后的几天，逃港的人群突然消失了！确确实实，那成千上万藏在梧桐山的大石后、树林中准备外逃的人群，完全消失了！"

一九九七年香港回归后，偷渡基本绝迹。近年来，大量的香港人涌入内地反而成为一种潮流。

在深圳特区成立十周年的一九九〇年，陈秉安采访到了前来深圳参加庆典的习仲勋。当聊起那段历史时，习仲勋意味深长地说了这样一番话："千言万语说得再多，都是没用的，把人民生活水平搞上去，才是唯一的办法。不然，人民只会用脚投票。"

* * *

在三十年后的今天，"逃港"已经成为一个历史名词。但让陈秉安感到不安的是，这段历史却逐渐被人们遗忘，甚至有很多人根本不知道，在深圳这个改革开放的最前沿城市，曾经发生过这样的故事。

很多当事人对这段历史都讳莫如深，毕竟，对于一个国家来说，这不是什么光彩的事情。许多档案管理部门，也以各种理由，拒绝了陈秉安的查阅请求。

当然，也有一些人的态度与此相反。二〇〇七年四月一日，对于陈秉安来说，是一个重要的日子。这天，广东省档案馆解密了一九四九至一九七四年的一万两千多件档案，其中就有大量与"大逃港"有关的资料。

二〇〇九年年底，已经担任深圳市作协副主席的陈秉安终于完成了三十多万字的《大逃港》书稿。据陈秉安透露，深圳市有关方面对这部作品也甚为重视。在特区成立三十周年的时候，在许多当地官员眼中，这部作品被视为对这座城市的一种"献礼"。

曾有人问他："你为什么会选择这样一份在许多人看来不太友好的礼物？"

"献礼，并非只有歌颂一种方式。有时候，真实才是最重要的。"陈秉安这样阐述道，"大逃港，无疑是历史的大悲剧，但同时，它也是中国改革开放的催生针。如果不写下它，这个城市将永远不知道自己从哪里来，自己的根究竟在哪里。"

如今，从陈秉安家中的阳台望去，蛇口深圳湾，这个原本荒凉偏僻的逃港之处，已是一片大工地。这里正在兴建一处海滨公园，周边许多楼盘的价格也水涨船高。购买者中，有许多香港人。

但历史依然会顽强地留下自己的印记。在这处工地里，时常会挖出一些逃港死难者的遗骨。不久前的一天，一个朋友告诉陈秉安，他们在滩涂中挖出了两具逃港者的遗体。从尸骨的大小形态上判断，应该是一对男女，他们的手腕，用绳子紧紧地绑在一起。

（摘自《中国青年报》）

“六二”大逃港

◎陈秉安

一九四九年后，一批又一批的人通过深圳逃往香港。深圳与香港接壤的村庄几乎成了无人村。三年自然灾害后，天灾人祸，使一九六二年逃亡的人群出现了高潮。《大逃港》一书对此作了记叙——

一九六〇年的中国，“大跃进”，人民公社，全民大炼钢铁，一个国家的国力已经消耗殆尽。“三面红旗”仅搞了两年时间，农业大幅度减产，全国的粮食已减产了六百亿斤，农民的油减产了一半，养的猪减产了三分之一。农民每年的平均消费只有六十五元！尽管如此，农村干部还在逼着农民多交粮食。

人们因食品不足，营养不良，普遍发生浮肿病，导致大量非正常死亡。公开报道的数字显示，一九六〇年全国人口比上年减少了一千一百万。

无论愿望如何美好，事实都证明，搞“三面红旗”、搞国民经济“大跃进”实在是一场大跃退、大灾难。

毛泽东终于明白了：一场大的灾难正在降临中国！他接过周恩来送来的有关全国大面积灾情的报告，忧心忡忡地拿起笔来，在上面作了批示。最后，把原来的文章题目圈掉，重新给文件起了个醒目的题目：《十五省二千五百一十七万人无饭吃大问题！》

但是，他的这个觉悟已经显得太晚了！全国性的大饥荒，其时，早已经在整个中国蔓延开了……

正是在这种大饥荒、人民群众要找活路的背景下，中共部分领导人，对于历来被看成“叛国投敌”的深圳河上的偷渡逃港，有了新的认识：

与其让老百姓在国内饿死，不如放老百姓一条生路！

当时，中央有文件，为了保证社会主义的良好形象，要求各地制止外出逃荒，对于“盲流”城市的逃荒者，要坚决“收容、遣送”回去。

广东省却不同，不是把逃荒农民当作“盲流”加以惩罚，而是鼓励走投无路的农民出外找一口饭吃。允许地方开具证明，让想逃荒的人出外逃荒。

而对于广东的逃荒者来说,“出外”意味着什么呢？哪里是最理想的去处呢？无疑是衣食丰足的香港了。各种流落者集中涌向深港边境。

在这背景下,“六二大逃港”被拉开了一个口子。

而此时,广东一些思想开明的领导,更在各种场合表达了对“逃港”的“新思维”。陶铸就在公开场合表示:

“我们广东减少几十万人没有什么了不起。这样做,既能够解决我们的困难……等我们的经济情况好转了,可以再回来嘛。这样不叫偷渡。”

实事求是,在那个年代,地方领导能说这种话,的确是很大胆了!

后来有人评论,这批中共干部能够有这样开明的认识,一方面是出于困难的情势所逼,另一方面也是出于朴素的人道主义感情——共产党打天下,不就是要让人民群众不饿肚子吗？

一九六一年七月二十日,广东省公安厅在陆丰召开沿海各县公安局局长会议,“放宽”了群众出港条件:

“在毗邻港澳的惠(惠阳)、东(东莞)、宝(宝安)等六个县市,允许一些人从固定的几个有武装的、非正式开放的口岸出港。”

一九六二年三月,广东省的边防工作会议上决定把“来往港审批权由县公安局下放到公社、大队”。把去香港的审批权力下放到公社、大队,就相当于说想走的群众都可以走。哪个公社、大队干部会愿意乡亲坐在家里等死呢？

群众纷纷拿着由公社、大队开具的证明,像一股股黑流,涌往深港边境……

一九六二年五月前后,数以万计的群众在短时间内涌入宝安县深圳河边,小小的深圳镇不堪重负,顿时陷入一片恐慌和骚乱中。

这么多的群众,要吃要拉……开始,政府还一天发两次稀饭,后来人越来越多,不敢再发。一发就乱,就抢。为了安全,镇上的商店大都关门了。

一些难以忍受饥饿的外来人群,如同洪水淹过了深圳镇周围的莲塘、长岭、沙头角、皇岗、沙头、水围等村庄,把一些地里的青菜全拔光吃了。好生生的稻田在万人脚下被踩成平地。逃港的群众甚至威胁敢于干预的民兵说:“你还敢干涉我？老子缴你的枪,把你的村子踩平!”

人们洪流般冲进村里,有人敲门要吃的,不给就打人。

谣言更是满天飞——“太平有个高级军官带一批士兵逃跑了!”——“彭德怀视察福建,被接到台湾去了!”——“惠阳县委书记跑了!”……

宝安县公安局派出便衣深入群众中了解情况,部分意见被记在报告中:

“回去是死,不回去也是死,倒不如就死在这里(深圳戏院)算了。”

“生产队的耕牛都杀了,现在就是想回去也无耕牛了,怎么活？不如再去拼命(指边界)。”

“丙个(谁)拦我，我就同丙个(谁)去死了——”

报告称：“大量的群众麇集在深圳镇边的梧桐山”，“他们有组织、有指挥，当总指挥的是一名大学生”。

“黄昏以后是‘冲边界’的好时候，逃港群众相约等到昏暗的时候一同冲下山去。”

“大多数是十七至四十岁的青壮年，有男有女。他们每人均持有一条四尺多长的木棒。他们的总指挥说，在冲到边界时，不论谁阻挠我们都不得退步，要用棍与他们搏斗继续冲过去，甚至开枪也不要后退，谁后退就要用棍打谁。”

“在沙头角，边境桥头连续两个晚上发生逃港分子以手拉手、肩并肩的示威之态，强迫民警开闸。”

……

大逃港的严峻形势上报到了省里，当时的省委书记赵紫阳带着省公安厅及县委的人，迅速赶赴深港边境处理。他们躲在边境的山头上观看动静。

深圳莲塘、罗芳村一带，大概集中了两三千外逃群众，当他们冲过边防线，靠近边境线时，铁丝网拦住了他们。有人就喊：“倒掉它——”，于是山摇地动的一片高呼声：“倒掉它——”

“一、二、三”随着上千人有组织的呐喊，“轰——”地一声，几十米长的一段铁丝网被推倒在地上。边境线上就像缺了口的河堤。

“冲啊——”随着惊天动地的喊声，滚滚人流涌过了边界……

赵紫阳把望远镜放下，摇摇头说：“简直就是淮海战役了！”一脸的无奈。

形势已经失去了控制，就是想堵，一时也堵不住了。

这时，一位中央党报的记者，秘密来到了深圳的河边上。他叫连云山，《人民日报》军事组组长。

“那里深圳发生了大逃港事件，当时的说法是美蒋特务策划的偷渡行为。我也这样认为。”他回忆说。

当时官方发有一份文件，叫《人间地狱——香港》，对香港是这样描述的：

一、香港是世界上最荒淫的城市；

二、香港黑社会横行；

三、香港是最大的制毒贩毒基地；

四、香港自杀者是世界上有数的；

……

连云山想，既然这样，为什么成千上万的群众还甘愿抛家别舍往地狱里跑呢？他决定要过境到香港那边看看。

在广东省公安厅派人陪同下，连云山来到了宝安县。那时，全县正在一片逃亡风的恐慌中。中央记者到边境来，这就如同“钦差”下来了。县委对他特别的客气。

“公安部门为我办了一个过境耕作证，化名叫李进山。一位会当地语言的公安科长(后来了解此人是公安局侦察科长周水君)，陪着我随着逃港的群众，从大鹏湾的一个耕作口过境。到了九龙。

我看到逃难的深圳边民在山脚下用塑料布搭成一个个窝棚，到处都是，跟他们聊，他们就哭，说我们是党员、贫下中农啊，说对不起党，对不起祖国。给社会主义丢了人！”

香港是不是人间地狱呢？当自己用眼睛看过了以后，连云山惊异了。他说：“全部是谎言。在香港做乞丐都比我们这边好得多，只要你干活，就能有饭吃。我接触到很多偷渡过去的人，哭，却没一个说后悔的。”

于是连云山第一次弄明白了，香港人民不是国内所宣传的是在“水深火热之中”，而是生活水平比大陆人民高出了许多倍。大陆的老百姓连饭都吃不饱，香港的人民都早已用上了电视机、洗衣机……

活生生的事实教育了连云山。

“回到县委招待所，有一个多星期，我闭门不出，陷入了深深的苦恼中。边民的逃港根本就不是美蒋特务的挑动，地富反坏策划内应的结果，是别人的生活比我们好群众才跑的，可是我们还在欺骗，说资本主义是人间地狱。”

“群众逃港表面上是自然灾害、集体吃食堂等造成。而实际是一个政策问题。只有从我们宏观政策上的严重失误找原因，才能解释。”

在连云山离开宝安县前夕，县委书记李富林把他请到县委小食堂吃饭，一个劲检讨自己，说是工作有错误，才造成群众大逃港。大家的眼睛却老瞪着连云山，像是话中有话。

连云山揣度李富林等一班人，是担心自己这个“钦差”回京后“告状”，把大逃港说成是宝安县的责任，便说：

“这能怪你吗，你作为县委书记，你不知道吗？香港那生活水平你能比吗？那也叫水深火热？谁是水深火热？你这里饭都没得吃，你不叫水深火热？真是瞎说八道。”

李富林说：“老连呀，这话别人说可以，我就不能说呀。”意思是，连云山可以说，他回北京了，可以把这个真实情况向上反映。

“把我逼得没办法了，我就说：‘我知道你们的意思，是想知道我回去说什么，对不对？我只说几个字好不好？说你宝安县负不了这个责任。是政策问题，行不行？’”

“当时李富林感动得就差没哭出来了，眼睛都湿润了。他说：‘老连啊，我感谢你，感谢你能理解。’离席时，我说咱们今天就说到这。这么大件事，到北京，我能说不能说，还都是个问题啦。”

连云山决定把自己看到和认识到的向中央报告。希望中共中央从大逃亡中吸取教训，反思历史，调整政策。

“我先后写了四篇内参，给了当时的《人民日报》常务副总编。写了大概四个内容：一个是香港的情况；第二个是大逃港的深层次原因，责任不在宝安县，也不在广东省委，是我们政策上的问题；第三个讲了重新认识的问题；第四个讲了解决的具体措施，比如取消粮票，实行自由贸易制度，从樟木头到宝安这个地方，建立一条政策优惠区。

“他看过后，把我找到他的办公室谈

话。他说：‘我都不知道情况有这么严重。’我担心他会给我扣帽子，幸好没有。说他也得想想。

“过了几天，他又找我，说恐怕不能发表，建议我去新华社找找人。看能否通过新华社送上去。要送给中央的最高一级领导。

“我找到了新华社内参组组长夏公然，我们的私交关系不错。在朝鲜战场上一起呆过。我就约他到宣武门一家烤肉馆吃烤肉，那里人不多、说话安全。他看后吓了一跳：‘哎呀，你是个货真价实的反革命呀，我给你送了，连我也是反革命了。’

送不送？怎么送？他拿着考虑了好几天。”

连云山也不能不为事情的后果担心：“顶多把我关一次反革命。反正地富反坏的帽子我戴不上，我就是个农民出身，我家连个保长、甲长都没有，拿我也没办法。”

但是，送给谁呢？连云山回忆说：“夏公然说，就送一个人，送邓小平吧。他说邓小平不整人，不说今天打倒这个，明天打倒那个。”

夏公然在他的遗著中也回忆了此事：“是用手抄件送上去的。当时可能只送了小平同志一人，通过他反映到总理处。”

“报告送上去后，情况怎么样呢？连云山和夏公然都很急。等了半年多，没什么反应……

但是，实际上，一些“改变”在暗中演化着。

夏公然在他的遗著中回忆，内参送上去以后，国内的情况发生了变化：

“从这以后，相关政策悄悄开始松动，记得当时总理对大陆出逃的难民有一个放宽不究的指示。”

如果夏公然所述属实，周恩来的这个指示，就不仅“放”了李富林等一批在宝安县的闹“开放”的县级干部们“一马”，也“放”了陶铸、寇庆延等一批支持“开放”的广东省的领导“一马”。

松动还表现在更多的方面。

“最能看出政策变化的，是大陆通过香港买粮食一事。”夏公然的遗著指出买粮食是一件对中国的老百姓很要紧的事。这对中国后来渡过大饥荒起过很大作用的事。

在此之前，中国是基本上不向外国进口粮食的，提倡“饿死不吃美国粮”。国内老百姓没吃的，又要面子不进口粮食。大批饿死人是必然的。自从政策允许从香港进口粮食后，外国粮进入国内，饥荒才得到一定程度的缓解。许多嗷嗷待哺的饥民才得以活下来。

“可是在表面上看，似乎什么也没有发生……”

只有南方的逃港风，在愈演愈烈。

然而，不久后，北京严令广东收缩：“迅速处理群众外逃问题。”国务院指示，要求广东省委把解决外逃作为当前第一位的工作来抓。与此同时，在深圳河边上守卫深港边防的部队增加到一万多人。那场席卷天地，数以十万人计的大外逃，硬是被上万名荷枪实弹的解放军给堵了回去……

可惜啊，一卡就死，一放就乱！最初的试验性“开放”——给予深港边境范围内的“放宽”和“搞活经济”政策，刹车了！

这场初启的“铁幕开放”，中共高层为什么要突然刹车，从而推迟了中国对外开放的进程。这也许会成为将来史家们研究的课题。除了外逃之风蔓延得太快太猛烈，超出了“容忍度”的原因之外，可能还同当时国内外形势的变化有着关联。

有文章说：

“几乎同时，即一九六二年春夏，新疆伊犁哈萨克自治州直属县市和所属塔城地区，六万多中国边民拖儿带女，成群结队，并携带大量牲畜农具和车辆，逃往苏联。国际舆论一时哗然。中央政府大为紧张，不得不扭转广东放纵外逃的做法。”

此外，一九六二年的上半年和下半年，中共高层对于形势的认识有着一个“波浪型起伏”。

上半年，中共高层总结了人民公社、“大跃进”带来的负面影响，比较强调在政策上的“后退”、“放松”。一月份还召开了“七千人大会”，检讨工作中的错误。在中央书记处会议上，邓小平等人更是主张“包产到户”。

一九六二年的上半年，党内比较一致的声调是：“退”，放松。新上任的中央财经组长陈云甚至主张，为了让老百姓吃上饭，啥办法都可以使，哪怕“非常措施”以后“弃之不用”。他用一句形象的话说：“现在是国际歌唱的，全靠我们自己。”两个月后，陶铸在宝安县放开了边境。

紧接着，下半年形势就因为毛泽东的“认识改变”而发生了变化。六月二十六日召开的八届十中全会预备会议时，风向一改之前“缓和”的调子，提出要批彭德怀、习仲勋等人的“翻案风”。

深圳河边的“放宽”政策起于一九六二年的五月，“紧缩”于一九六二年九月，正好在这个波谷的“转折”时期，无疑同这个国内政治的大背景是分不开的。

广东从各地抽调万余名官兵，堵截收容逃港人员。从五月二十二日至七月八日止，共遣送了五万一千余名外流人员回乡。

到一九六二年的年底，宝安县政府的总结材料已称：“今年的反偷渡工作已经取得了胜利。”“深港边境的秩序恢复了正常。”

“六二大逃港”的风潮就这样平息了。

到底有多少人在这次风潮中成功逃港，一直有不同的说法。官方说是几万，但据调查，应该是三十万左右。这些来自全国各地逃出的饥民，侥幸到达了衣食丰足的香港，保全了饥饿之躯。有些人后来更以自己的艰苦奋斗，创造出一份可观的事业。这些谋福之举，同那些冒着危险，顶着压力救人性命的人们的勇气是分不开的。

为民谋命者理当青史留名！

“谁都不怀疑，如果不是陶铸等一批思想开放的共产党人，毅然放人民一条生路，广东省乃至其他地方将要饿死更多的人。”一位退下来的领导人这样说。

从苦力熬到大老板

◎庄永竞

到了香港，我从苦力做起。

大陆来的偷渡者，大多是缺少技术又都年轻力壮的青壮年。而香港的工厂里，正好缺少这类的人。经熟人介绍，我跟两个同伴进了一个毛线工厂，专做搬羊毛的活。每天一早去装车，然后卸到工厂里。再装了半成品，到另一个工厂卸下加工。每月工资六百元。没日没夜地干，一天下来，一身像散了架似的，倒在床上就不想动了。

一天，工头跟我们说，谁愿意加班给双倍工钱，我一听马上答应。可没背两趟，就发现体力透支了，腿脚发软，眼里冒金星，"扑通"一声倒在水泥地上。就这样我在小屋子里，自我"照顾"调养了两天，身体好一点，又去上工了。

这天中午，我回来得晚了些，肚子已经饿得"咕咕"叫了。食堂的师傅却说："你们没饭了。"我还以为是我来晚了，但看见后来的伙伴都拿到了饭，便问怎么回事。大师傅没好气地说："今天饭少，要让他们先吃，你们大陆来的没这待遇！"一盒饭值几个钱？太拿大陆来的不当人了！一气之下，我把肩上的大汗巾摔在地上，不干了！

说来也好笑，每当别人的侮辱和沉重的劳动使我喘不过气来时，我就偷偷地学唱大陆的样板戏《红灯记》：

休看我，戴铁镣，锁铁链。锁住我双脚和双手，锁不住我雄心壮志冲云天……

我一直在找寻自己出头的路子，我知道，高耸的大厦要从最初的第一块砖垫起，要实现伟大的理想，先要做人下之人。

不久，有人介绍我去一个药店做学徒。我很快答应了。心想，做学徒就可以学到"药"，学到了"药"，说不定将来能开一间大药店！

老板是潮州人，姓陈名克文。他现在是我的"一洲"公司的顾问。

做饭、打扫卫生、送孩子上学，像个男保姆。但为了理想，我什么都愿意干。

晚上铺门一关，架上两块门板，我就

睡在药店里。一是解决住宿，二也防盗贼。

夜晚是我学习的好时候。药店里有不少的药书，我就边翻书，边查对药材。

我用钉书针钉了个本子，把每天晚上学习的心得记录下来，便于记忆。

我还有一本特殊的小本子，这本子记的不是药名、用法……而是专门记老板在做生意时的方式方法、言谈举止甚至音容笑貌——

×月×日：一女人抱着孩子满头大汗，来店吵闹要换药。药已用过，本不应退。但老板毫不动气，亲为女人打扇送凉，并吩咐我换药，还叫我打伞送女人到家。我明白老板的意思，不敢怠慢，一路上还抱着她的孩子。到家后此人感激不尽，后来成了店中常来的顾客……

半年后，姑表兄开了一家药店，请我去帮忙。我便从小学徒变成了搞药店进货、推销的……

又过了半年，我筹了五百元钱，同一位叫张子酋的朋友，租了一间小房，开始做药材生意了。

全部本钱才一千多元，这个小老板真够可怜的。但这没什么，小有小的做法，只要做好，小生意也可以变成大生意。

我常常叮嘱自己：别贪多，别求大，赚多赚少没关系。做小生意靠的是起早贪黑，靠汗水来钱。大生意那是人家赚的，别眼红。小生意赚得少，但赚到手了，那就是你自己的钱。

有时候，客人需要一斤人参，手头没有货我也应承下来，对客人说："明天即送到府上。"实际上我的货还不知道在哪里呢！

应承后我撒开两条腿，香港上下，东奔西跑为他找货。千方百计找到货后，买下来，再按时送到客人家里。一天忙得疲惫不堪，也就赚了几元钱。

但只要钱到手了，我就高兴——集腋成裘。我们潮汕人的小本钱就是这样滚大的。加上我幸运地中了一回"六合彩"，一下有了几万元本钱！

于是我租下北角英皇道一百二十八号，自己开起了一间"四海公司"，专营高档的营养品。

我为什么要做高档营养品生意呢，这里也有我的经营之道。

二十世纪七十年代后期，香港的经济快速发展起来，人们的收入大大增加了。荷包里的钱一多，就考虑两个出路：一个是"玩"，所以，不少旅行社开起来了，娱乐场所、健身房生意火爆；另一个是"吃"，人有钱了，就最想保命。要玩得快活，更要精力旺盛。所以就千方百计地弄对身体有益的补品来吃。

就是在这个思想的指导下，我推出中国传统的人参、鹿茸、鱼翅等高档补品。但是，这种想法也不只有我一个人有。高档补品店一多，就得看谁能拿到最便宜、质量最好的货，谁能把手上的货销得最快。

到我这里买货，我会给顾客让利，决不斤斤计较。买少量药材，零头不要；成批量要货的，给人家打折。还搞额外赠送。买过我的人参鹿茸的，过年会突然收到我的拜年礼品。要什么货物，一个电话我就把货物送到家。不满意的，还包退包换。样样为买货的人着想。

这些招式，现在香港的商家都会做了，但当时在香港都还是新招。“四海通公司”的名气很快打出去了。

这就是我的经商诀窍，叫做：做生意的人，要先做好人，做了好人，你的生意肯定好！

经商一年多，我的财产激增了十多倍。

家在远方，夫妻不能相见。不久，我便在香港重新成了家，开了一家更大的公司，用我儿子的名字取名为“一洲”。

拿我儿子的名声作保，表示在我店买的货物，绝对可信可靠。不损人利己，不留骂名在世！

在港的最初几年，虽然有所斩获，但依然是在小的水沟中游来游去，虽衣食无忧，但要想成大器，却是不可能的。

于是我决心冒险，闯出个自己的江山来！

但是，怎么寻找突破口呢？我不停地思考，终于有了灵感。

有一次，一个南美的老华侨来店里买一斤人参要带回南美去，问在飞机上怎么吃。我摇摇头：“很难。”他无意中感叹了一声：“咱们中国的药啊，比西药好，可就是方便不如人家哟。”

老人的话使我灵机一动：中药最大的缺点就是要放在火上慢慢地熬，在惜时如金的现代社会，是个致命的缺陷。如果能把补品制成便于携带的丸粒，坐在飞机上都能服用，那一定大有销路。

于是我想到了制洋参丸，当时市面上还没有把洋参制成成药出售的，这条路没人走过，可以走！

但是，制洋参丸要办流水线、大成本，得冒险，得借钱兴业。

经朋友帮忙，终于借到了四十多万元。

一九七九年七月一日，我在香港湾仔庄士敦道租了一个气派的门面，光月租就一万八。我像是一个赌徒，猛着胆子上了。

我同朋友合作，先拿货，后给钱，在他的药厂加工了二千盒洋参丸，取名“一洲洋参丸”，先行投放市场。

现在，人人都知道我的洋参丸市场打开了，但当年谁知道你这个“一洲洋参丸”啊？要让广大消费者接受，得花一大笔钱去做广告。负债也得做。

当时，手上的资金没有多少了，香港

逃港者们到了香港后，开始时在街角、空地处，用木板钉出板屋，有的也到大楼天台上搭建，这也形成了后来香港报刊常用的名词："天台木屋"。

的妻子把留着的一点首饰玉器都拿去卖了。我咬着牙,在港澳和国内外的媒体上发动了广告攻势。报纸、电视的广告一齐上。

钱抛出去了,广告也打出去了,但会有人来买吗?

一个月过去了,没有反应。

两个月过去了,还是没有反应。

我的心都悬起来了,难道钱丢到了水里?

有朋友安慰我,广告做出去是要一段时间的,你再等等吧。

那些日子,我们全家都像是掉了魂似的,盼着有订单飞来。每天到邮差送信的时候,全家人都会到门口去望。等邮差的时间也一天天提前,最早的一次妻子提前了四十分钟就到门口去等了。

我一边等广告的反应,一边展开营销的策略。

为了让市场知道"一洲洋参丸",我拿着登有广告的报纸,到港九各家药店挨家挨户地问。

"老板,你这儿有'一洲洋参丸'吗?就是这个——"我指着报纸说。

老板摇摇头,他当然没有。但老板很机灵。

"先生,这个'一洲丸',现在俏得很啊,本店刚刚销完,如果你要,请留下电话,明天进了货再通知你。"

我知道他已经"中计",心里暗笑。

回到家里,他要"一洲洋参丸"的电话果然就来了。

就这样很多人都感觉到:"一洲洋参丸"是市场上的俏货!

四个月后,我收到了第一封从内地来的要"一洲洋参丸"的信件。那是一位老干部写来的。

真是一发而不可收。紧接着,内地要洋参丸的信啊,订单啊,不断飞来,接着是台湾的、日本的、加拿大的……都来了。

"一洲洋参丸"的市场终于打开了!

往下的路,更是一路顺风……

一九八九年的国庆节,我以共和国特邀代表的身份,登上了天安门城楼。

俯瞰城楼下欢腾的人群、海洋似的鲜花,我的热泪突然涌了出来。

从我偷渡香港算起,十一年后,我又回来了。

离开他时,我是个衣衫褴褛,一文不名的"投机倒把分子",现在,我是为祖国经济发展作出了贡献的"政协委员"。

我一路小跑,奔向埋葬了父亲的小山岗,身后跟着市里的书记、县长、乡长,还有一大批亲戚朋友。

我跪在父亲的坟前,哭得像一个泪人。

我拿有限的积蓄,在家乡白石乡办了一所学校,用父亲的名字命名了一幢教学楼,让更多像当年的我那样的穷孩子能上学。大家都赞扬我的义举,说我不计前嫌,谁又知道我的真实内心?

父母不在了,但还有一个父母在:我的家乡!

中苏关系低潮时的二三事

——苏联驻华使馆首席翻译揭秘中苏关系内幕

◎顾达寿 口述 郑少锋 执笔

最近，当代中国出版社出版了上世纪五六十年代苏联大使馆首席翻译顾达寿口述的《直译中苏高层会晤》一书，顾达寿是中苏关系发生急剧变化的见证人。因此，这本口述史具有很高的史料价值。现将其中的部分内容摘登如下：

周恩来保证不再发生这样的事情

随着“文革”运动的兴起，中共与苏共在意识形态上的分歧愈来愈尖锐，中国与苏联的关系愈来愈恶化。

在中苏两国关系如此敌对的形势下，这个时候我在苏联驻华使馆从事外交工作，可想而知是何等的艰难。而且，我在中国常常面对有些中国人的仇视的目光。

一九七一年春天，有一次，我驾驶着苏联制造的伏尔加轿车刚驶出我们的使馆大门，因为街道上行人很多，我开得不快。就在我刚要加速行驶的时候，突然有一个人骑着自行车径直冲到我的车头前面倒下。我急忙刹住了车才没有碰着他。我立刻下车，他却躺在地上假装受伤而故意不起来。这时，从前面的岗哨亭里下来一位值勤的交通民警。他查看这个人是否受伤。当民警解开他的大衣扣，我发现他穿的大衣里面还紧裹着两件棉袄。我突然意识到，这是有人在故意制造一起车祸，然后加害于我。我可能被认为是不受欢迎的人。

此事之后不久，我又遭遇了一次蓄谋的未遂事件。那次我是开车外出回使馆的路上。快到北京东直门大街的路口时，我立刻想起这里就是上次差一点出事的地方，便减慢了车速。这时，前面的红灯闪了，我赶紧停车。此刻，只见从路旁冲出一群年轻人，他们不停地用拳头敲打我车上的玻璃窗，用脚踢着车门。为防止意外，我坐在车里，关闭着车门和车窗。他们便使劲朝我的车窗吐唾沫,同时他们对我喊着“打倒苏修”的口号。奇怪的是,前面的交通指挥红灯一直闪着,足有十分钟没有变换成绿灯。后来的汽车只好停在我的车后。这时有越来越多的群众围观,而那些年轻人还在不停地喊口号,但却无人出面制止。值勤的交通民警仍然坐在指挥的岗哨亭里对此视而不见,约莫过了十五分钟才开始亮出绿灯。我想,很可能他是故意这么做的。于是,我赶紧发动伏尔加轿车,驶离了那个可怕的场面。

这件事情使我感到非常气愤。回到使馆后,我立即向托尔斯基科夫大使报告此事。他也为我的遭遇感到懊恼。但他认为我没有足够的人证和物证来说明这是有人设计的圈套,更何况那时候是中国的“文革”时期,苏联与中国的关系又这么紧张。即使我们使馆向中国外交部照会抗议,也不一定会有什么结果。他建议我不如直接向中国国务院总理周恩来报告此事,或许会有处理结果。他的理由是周恩来对我个人非常了解。

我按照托尔斯基科夫的建议拨通了中国外交部的电话,报告了我遭遇的情况,请求如实转告周恩来总理。我只是讲了我遭遇的第二件事情。因为这件事不仅是对我本人的侮辱,而且是对我们国家苏联的十分敌视的攻击。打完电话我又后悔了。我想这个事情已经过去了,不应该让这件事情惊动周恩来。而且鉴于当年的中苏关系,他也不一定能亲自给我答复。但我没有想到,第二天我就接到了中国外交部的电话,称周恩来即日将在外交部约见我。在中国外交部部长办公室里,我第一次认识了时任中国外交部副部长乔冠华。在那里我又见到了周恩来。他和我握手拥抱,亲切地对我说:“顾达寿同志,这件事让你受惊了。现在我和乔副部长代表中国外交部向你表示慰问。同时请你转告苏联大使,我们的工作没有做好。我可以保证今后不再发生这样的事情。”那天见到周恩来,我感动得流泪了。我看到他的脸色很憔悴,眼睛里充满了血丝,不由得为他的健康感到担忧。

林彪的头颅

一九七一年九月十三日,林彪和他的家人仓皇出逃,但是却没有成功。他的党羽数人驾驶飞机在起飞后不久即被迫降擒拿。林彪和叶群、林立果乘坐一架军用飞机在山海关空军机场紧急起飞,却在飞越中国边境上空进入蒙古共和国的领空时被击落,(原书注:关于林彪乘坐的飞机是如何坠毁的,目前史学界说法不一,顾达寿所说的“被击落”的观点,可聊作一说。)在蒙古境内的温都尔汗坠毁。这就是曾经震惊中外而且令人费解的“九一三事件”。

蒙古的空军雷达发现了这架中国军用飞机进入蒙古领空后坠毁的情况,误以为是中国的侦察飞机侵犯了蒙古的领空。当飞机被击落坠毁后,蒙古共和国外交部立即照会中国驻蒙古使馆提出抗议,同时通过苏联驻蒙古使馆向苏联报告了这个情况。苏联外交部在获悉此事件后，立即指示苏联驻华使馆尽快了解这个情况。于是，托尔斯基科夫大使特派我带领使馆武官处的两名年轻的少校军官前往蒙古实地了解真实情况。当时我问大使，为什么派我去执行这个任务。他先说我是政治参赞，此事属于我的工作范围。而后他才告诉我，苏联外交部已经从情报中获悉林彪叛逃的消息，考虑到我在中国多年而且认识林彪，故特别指定让我去蒙古辨认是不是林彪的尸体。同时为了不惊动中国官方，决定我们从北京乘开往莫斯科的国际列车前往。

我们到了那里却什么也没有看见。因为蒙古人已经将飞机的残骸、飞机失事留下的尸体和所有的物件进行拍照，然后挖了个大坑就地掩埋。为了让我能够辨认，他们又将这个大坑掘开了。

因为温都尔汗的气候炎热干燥，加上尸体被埋葬在沙坑里没有受到风化腐蚀，所以尸体保存得基本完好。我们看见飞机的残骸上有枪击的痕迹，而且可以判断子弹是从机舱里射出去的。因为机舱外部的是呈开花状的。我们无法猜测飞机在坠落前，里面究竟发生过什么事情，但是我们可以确定飞机的坠毁绝对不是因为受到来自机舱外边的攻击所致。因为飞机坠落后即起火爆炸，致使机上九个人的尸体被燃烧得体无完肤，面目全非。这九具尸体上的衣服都已全部被烧毁，所以全都是裸体，而且都惨不忍睹。其中有一具裸体女尸，我想应该是林彪的妻子叶群，至于林彪，我从他的体形观察觉得很像是他本人，但我却无法从他的头部面容来确定是不是他。于是，巴拉诺夫上校将他拍摄的林彪的尸体被掩埋之前的照片拿给我看。但这些照片的效果与从沙坑里挖出来的林彪的尸体基本上相差不大。

在这种情况下，为了确切无误地鉴定林彪尸体的真伪，我提出了一个建议，即可以通过检验林彪的牙齿来确定他本人。这是医学上对被火烧过后的尸体进行鉴定而常采取的办法。因为我知道林彪早年曾经在苏联伏龙芝军事学院进修，后来又到苏联疗养，而且在军事医学院治疗过牙病。我想在苏联应该保存了他的牙齿档案。我的建议通过苏联驻蒙古使馆用电传报告了苏联外交部。我们很快收到了来自莫斯科的电报命令，指示我们可以在现场取下林彪的头颅，同时收集飞机残骸的标本和有参考价值的物件，再将空难者的尸体和其余的物件就地掩埋，然后由苏联驻蒙古使馆武官处派专人负责，将林彪的头颅连同收集的飞机残骸的碎片和物件立即护送去莫斯科。

我完成了这个任务，又与我的两位同事从蒙古境内的车站乘莫斯科开往北京的国际列车返回北京。据悉，林彪的头颅很快就被送到了莫斯科。苏联的有关部门立即组织对林彪的牙齿进行了检验。检验结果很快就得到证实，确认就是林彪本人的牙齿。我想林彪的头盖骨现在还应该保存在莫斯科。

接线员拒绝接通电话

二十世纪六十年代以后，正是苏联和中国两党关系达到白热化的时候。

那时候担任苏联部长会议主席的柯西金很不愿意看到苏联和中国两个大国从二十世纪五十年代的友好关系演变到六十年代的相互为敌的局面。他曾经多次在党的高级会议上提出应该致力改善苏中两党关系，恢复两国友好往来，并且向苏共最高领导勃列日涅夫陈述了自己的观点。

一九六九年六月的一天上午，我接到苏联部长会议主席柯西金的秘书的电话，称柯西金有紧急事情要召见我，让我立即赶到克里姆林宫。部长会议主席早就知道我多次担任苏联领导人与毛泽东会谈的翻译，并且与毛泽东颇有交情。在克里姆林宫部长会议主席办公室里，他一见到我就说："我请你来是要你给我接通北京的电话。我要直接与中共中央主席毛泽东通话，谈我对苏中目前关系的看法。"这时，他指着放在写字台旁边一张桌子上的电话机，我知道这是部长会议主席的专线保密电话。于是，我拨通了莫斯科专线电话总机，请将部长会议主席的电话通过内部专线接通北京。

不一会儿，莫斯科与北京的专线电话接通了。我便向北京的接线员小姐说明了苏联部长会议主席柯西金要与中共毛泽东主席通话。这时我听见这位女接线员用标准的中国普通话正在向谁传达我的要求。过了一会儿，她生硬地对我说："我不能给你接通这样的电话。"说完就将电话挂断了。我便向柯西金转述了刚才中国女接线员的话。他不解，似乎认为我没有将话说清楚，对我说："你再给我接过去，就说我要直接与毛泽东主席通电话，要和他谈很重要的问题。"

我再次通过莫斯科专线接通了北京的电话，但对方一听到我的声音就将电话又挂断了。我第三次挂过去，依然是这种情况。中国女接线员什么也不说就又挂断了电话。这时，我看见柯西金紧皱眉头，示意我第四次再挂过去。过了好一会儿，电话终于又接通了，还是那位女接线员的声音。她还未等我将话说完，就很不礼貌地对我说："告诉你，我们的毛主席坚决不与苏联修正主义坏蛋柯西金通话，所以我不能给你接通毛主席的电话！"说完，她又将电话挂断了。我清楚地听见了她说"坏蛋"这个中国人用来骂人的词，但我没有向柯西金如实转述刚才女接线员的骂人话。柯西金再次紧皱眉头，显得非常懊恼。

我将刚才与北京通话的情况作了简单的笔录，然后我走近柯西金将通话记录交给他。在我离开他的办公室前，他一直沉默不语。我能想象到他作为苏联国家领导人的自尊，是难以容忍中国方面的这种态度的。虽然他在竭尽努力试图缓和苏联和中国的紧张关系，并且克制自己而采取了主动和好的态度，但中国领导人并没有将他和勃列日涅夫与赫鲁晓夫区别对待。

他在珍宝岛战斗中下令『开火』

——珍宝岛战斗指挥员回忆当年的战斗

◎阎　明

《往事不忍成历史》(文化艺术出版社出版)一书是一位“四野”的后代纪录下的亲历与见闻。其中有一则是介绍著名的珍宝岛战斗。

四十一年前,在中国和苏联边境发生了这场血腥厮杀,当年参加战斗的曹建华一声令下,打响了这场战斗的第一枪。现将该书的有关内容摘录如下——

一九六九年三月,在黑龙江省虎林县乌苏里江畔,一个面积仅零点七四平方公里的小岛上,中国与前苏联边防军人展开了一场血腥厮杀。苏方不惜出动数十辆坦克、装甲车和多架次飞机对该岛发动多轮攻击;苏方炮群向岛上倾泻了上万发炮弹;中国边防军人使用极其简陋的武器,运用灵活多变的战术,用鲜血和生命保卫了祖国的领土。这就是震惊中外的珍宝岛战斗(苏联称为“达曼斯基岛事件”)。

时任合江军分区副参谋长(战后任司令)的曹建华参与并亲自指挥了这场战斗。二〇〇六年五月,笔者在大连沈阳军区联勤部第一干休所见到了已八十高龄的曹建华老人。在我的恳求下,老人为我讲述了那难忘的一九六九年三月……

中苏之间的边界问题及出现的武装冲突有其深刻的历史原因,两国边界上的领土争议,是沙皇俄国侵略中国造成的遗留问题。这一问题在二十世纪六十年代后期激化,恰恰又是中苏由意识形态对立到国家关系恶化所导致的必然结果。

珍宝岛以酷似中国的金元宝而得名,在乌苏里江主航道中国一侧。珍宝岛十九世纪时还是中国江岸的一部分,直到二十世纪初被洪水冲刷出一个江汉子后才形成岛屿。过去我边民上岛打柴捕鱼苏军并未加干预，但二十世纪六十年代后，苏联边防军开始阻拦我军民上岛，不断制造纠纷。特别是一九六八年入冬后，苏联边防军一再出动装甲车运载武装军人上岛，拦截中国边防军上岛巡逻，并以棍棒加以殴打。曹建华老人说，边境斗争实际是一个主权之争，那时珍宝岛上没有驻军，但为了证明是自己的领土，我军会定期上岛巡逻，而苏联为证明该岛是他们的，也会出动部队驱赶我们，双方实际上是在打一场针锋相对的心理战。

随着事态不断扩大，沈阳军区指示合江军分区具体组织反击，并规定：反击严格限制在主航道中心线我国一侧，行动要迅速，不纠缠，不恋战，取得胜利后立即撤回有利地区，战场选择在珍宝岛。

曹建华老人说，这场战斗面临的困难太多了，首先是没办法看地形。我们完全暴露在对方观察范围内，只要上岛，不消三分钟，对方的装甲车就会冲过来，我们只能后退。打仗不看地形怎么部署部队！几年前他曾上过一次岛，在印象里岛南端有一段土堤可潜伏部队。他同曾三次上岛巡逻的孙玉国核实此事时，孙玉国却说没看见过。这下可麻烦了！情急之下，他冒着暴风雪连续走了十七个小时赶到边防站，要上岛核实。实在太危险了！孙玉国拉着他死活不让去。碰巧正好有一只野狍子掉进江汊的冰窟窿里，趁大家乱糟糟打捞狍子的时候，他一个箭步蹿上岛核实了地形，回来后凭印象绘制了地图，进行沙盘作业。在以后的战斗中，这段土堤发挥了很大作用。

其次是武器弹药严重不足。前线部队只有一半配有自动武器，无奈之下，他只得花钱将地方上民兵和武装部的武器弹药收购上来，集中了十三辆车。他带了七辆车赶到了前线，分区政委陈升带的六辆车却被红卫兵小将扣留了，说是合江军分区政委企图带六车军火叛国投敌！真是忙中添乱。武器运到后乱糟糟地堆在边防站的食堂里，没枪的战士都去抢，最后还剩下四具火箭筒没人要，曹建华让饶河勤务连的几个炊事员现学现卖。也正是这几个炊事员在后来的战斗中击毁了一辆装甲车。

三是敌情突然发生变化。观察哨报告，敌方巡逻车辆明显增多；拉饮用水的水车拉水次数增加，可能敌人增加了兵力。曹建华立刻派侦察员身着伪装抵近侦察，通过识别车号，发现敌人用四部装甲车围着公路绕圈子，给我们造成部队频繁调动的假象；拉饮用水增多是因有慰问团来演出，因而知道情况变化不大。

最后是在严寒下作战的防冻问题。冬季珍宝岛地区零下三十多摄氏度，如何防冻关系到战斗胜利。曹建华他们根据部队现有装备，将人埋在雪里，刚开始四十分钟就抗不住了。随着不断总结经验，最后延长到六个小时。那时部队防寒也就是大衣、棉衣、绒衣这类简单装具，更重要的是靠精神和意志。当时边防战士流行着这样的口号：为了保卫毛主席，粉身碎骨志不移！为了打倒新沙皇，愿做雪地邱少云！

战斗准备在紧张有序地进行。尽管战

场选择在珍宝岛，但如何掌握反击的开枪时机，军委和沈阳军区没有明确规定，只给了一个原则：“灵活掌握，先礼后兵。”

笔者在老人尘封的文档中看到了一九六九年一月二十五日，曹建华代表饶河前进指挥所起草的第一个作战命令。按部署：曹建华为一号区指挥，带领部队上岛潜伏，消灭入侵之敌；二号区是负责增援和火力掩护部队；孙玉国带领一部公开武装巡逻，诱敌至一号区潜伏点。命令中还对侧翼掩护、炮兵，机枪和救护所位置做了规定。省军区安怀副司令、合江军分区李清正司令坐镇二〇九高地指挥所。整个部署严谨周密，上报总参、外交部、沈阳军区后批准执行。

三月一日下午，反击部队开始集结，并严格控制了去前沿的车辆；所有进入饶河的军车实行闭灯行驶；采用有线电联络，实行无线电静默。晚二十点左右，曹建华率伏击组向珍宝岛作战地域运动。在地图上，珍宝岛地形看似不复杂，却处处暗藏杀机。由于江水长期冲刷，岸边、岛上布满沟壑沼泽，且被厚厚的积雪掩盖，稍不留神陷进去就休想爬出来。往往五十米距离要走十多分钟，没走多远浑身就热气腾腾。曹建华领着大家深一脚、浅一脚跌跌撞撞摸上岛，找到了那段土堤，架通了电话，规定了信号，留下观察哨，每人挖了个雪坑伪装起来。当时岛上气温零下三十多摄氏度，大家除了武器外，每人还带了一小包饼干，一小瓶散装老白干和一包止咳花；每人还做了几个雪球，发现有人睡觉，便用雪球砸……这真是难熬的一夜。

三月二日早上六点多钟，突然从苏联方向驶来一辆军用吉普车，开到珍宝岛对面的江岸边停下，从车上跳下两个军官，大家立刻警觉起来，这种情况是过去不曾有过的。只见那两个军官对着珍宝岛指手画脚了一番便跳上车开走了，曹建华预感今天“有情况”。

上午八点四十分，按预定方案，我军分成两组对珍宝岛进行巡逻。当边防站长孙玉国的第一组沿着中国境内冰道抵近珍宝岛时，江对面传来一阵马达轰鸣。苏联边防军从位于珍宝岛上游的下米海洛夫卡和下游的库列比亚克依内两个边防站，同时开出两辆装甲车、一辆卡车和一辆指挥车向我巡逻组合围过来。孙玉国带领第一路二十四人分三组从岛南航标处登岛；第二路九人从岛内侧（我方领土）一百多米处登岛；第三路七人在岛西侧上中部岸边与我巡逻二组对峙。和以往完全不同的是，过去苏军对我部进行驱赶时，都不戴钢盔，手持棍棒，斜肩大背着冲锋枪。而今天却头戴钢盔，平端着上了膛的冲锋枪直逼过来，看那架势是要动真格的了。此时我巡逻组和敌人仅距我潜伏组十余米，孙玉国当即向敌人提出严正警告，但敌人反而展开战斗队形向我包围过来，眼看就要吃亏，再晚，孙玉国这个组恐怕一个都回不来了。为了打响这自卫反击的第一枪，曹建华做了充分准备。珍宝岛属高寒地区，且长时间在冰雪中潜伏，枪栓很可能被冻住打不响，因此他在身边准备了三名冲锋枪手。就在敌人开火的一瞬间，曹建华果断下令"开火"！此时，三支冲锋枪同时吐出愤怒的火舌，弹雨像飞蝗般地向敌人倾泻过去。霸道惯了的敌人哪曾想我们会拼死反抗，一下被打蒙了。曹建华甩掉身上的大衣一跃而起，带领部队向敌人猛扑过去。此时岛上枪声大作，爆炸声震响一片。

此时第二组巡逻组正与苏军伊万上尉（瘸子上尉）十人相遇，听到枪声，班长周登国和巡逻组果断开火，将十人全部击毙；战斗中副连长王庆容、副连长陈绍光身负重伤，仍然指挥部队向敌人发起冲击，直到流尽最后一滴血；这时一辆装甲车边打边冲入内河，企图从侧后方攻击岛上我军，中国边防部队当即以猛烈火力将其击毁；在我反击部队遭受苏军火力压制时，战士于庆阳猛然跃起，几个点射打翻了几个敌人，突然敌人的一颗子弹击中了他的头部，他一头栽倒在雪地上。当卫生员扑上去救护时，只见子弹从他右边太阳穴进去，从后脑穿出来，脑浆和血水不断外溢，已经没有了脉搏。这时一阵激烈的枪声在他身边响起，惊人的一幕出现了。只见于庆阳突然站起，刷地一把撕掉头上的绷带，手中的冲锋枪吼叫着向敌人扫去，他向前冲出六步后轰然倒地。于庆阳生命的最后一跃成为珍宝岛战斗的经典，"生命不息，战斗不止"成为那个年代部队进行革命英雄主义教育的标志。

三月二日可以说是我军在有准备的情况下的一次遭遇战。从七时十七分打响，至十时三十分结束，历时一小时十三分钟。歼灭五十六人，其中击毙四十八人，击伤八人，击毁敌装甲车、指挥车、卡车各一辆，击伤装甲车一辆，缴获冲锋枪十四支，手枪两支，子弹和其他器材一部。我方伤亡五十四人（亡二十人，重伤八人，轻伤二十六人），战斗得手后，曹建华迅速组织部队撤出战斗。这时上级来电询问为什么没抓俘虏？有俘虏才好扩大宣传效果。曹建华急忙环顾了一下硝烟未尽的战场，除了跑回苏联境内的，哪还有活人？但他还是上岛清查了一番，在苏军的尸体堆中还真用脚踹出一个喘气的重伤员，他即刻让担架队往后送，无奈那家伙伤势太重，还没抬到救护所就断气了。

三月二日战斗后，敌我双方都在酝酿更大的军事行动。三月九日，沈阳军区全面接管前线指挥所，曹建华在作战组任副组长。

三月二日战斗后，苏军增加兵力，多次对珍宝岛进行袭扰。

三月十五日，我军使用约一个营的兵力和简陋的武器装备与苏军五十多辆坦克、装甲车和一个步兵加强团激战近九个小时，顶住了六次炮火急袭，粉碎了三次进攻，击毁敌坦克二辆，装甲车七辆，击伤四辆，毙伤敌六十余人。

三月十五日战斗后，被击毁在我国境内的苏 T-62 坦克成为双方争夺的焦点，这是苏联入侵中国领土的铁证。中央军委要求不惜一切代价将其抢回。苏联当然不干，双方展开激烈炮战。在此后的几天里，曹建华被接防的六十七师师长黄浩留下当顾问指挥炮战。双方你来我往反复争抢，最后炮弹将冰面炸裂，坦克沉入江底，被我们打捞上来后送到北京军事博物馆向全世界展出。

珍宝岛战斗规模不大，时间不长。但这一事件的战略规模之大，耗费之多，对国内的政治、经济的影响之深却超过了建国后历次军事斗争，是一场真正的战争较量。军事评论家认为，珍宝岛冲突是二战结束后，朝鲜停战以来最具有危险性的一次全面地区战争，甚至是一场核战争的导火索。在外交关系上，对中美、中苏关系都产生了重大而深远的影响。

珍宝岛冲突爆发后，苏联领导层反应十分强烈。以国防部长格列奇元帅、部长助理崔可夫元帅为首的军方强硬派主张“一劳永逸地消除中国威胁”。八月二十日，苏联驻美大使多勃雷宁奉命在华盛顿紧急约见美国总统国家安全事务助理基辛格博士，向他通报了苏联准备对中国实施核打击的意图。苏联的意图很明确，在中美矛盾也相当尖锐的情况下，如果苏联动手，美国不动手也应当至少保持中立。基辛格感到事态严重，立刻向尼克松总统做了汇报。尼克松紧急召开国防会议研究对策。通过紧急磋商后认为：美国最大的威胁来自苏联，一个强大中国的存在符合美国战略利益；苏联对中国的核打击，必然会招致中国的全面报复，到时核污染会直接威胁驻亚洲二十五万美军的安全。更为可怕的是，一旦让中苏两国打开潘多拉盒子，全世界将被核战争毁灭。美国认为：只要美国反对，苏联就不敢轻易运用核武器，同时应设法将苏联意图尽早通知中国。但做到这点很难，中美积怨三十年，如直接告诉中国，中国人不但不会相信，反而会以为美国人在玩花招。最后他们决定，让一家不太显眼的报纸把这个消息捅出去。在美国，无密可保是人所共知的事实。

八月二十八日，《华盛顿明星报》在醒目位置上刊登了一则消息，题目是《苏联欲对中国做外科手术式核打击》。文中说：“据可靠消息，苏联欲动用中程弹道导弹，携带几百万吨当量核弹头，对中国重要军事基地——酒泉、西昌导弹发射基地，罗布泊核试验基地，以及北京、长春、鞍山等重要工业城市进行外科手术式核打击。”一石激起千层浪，这则消息震惊了全世界。全国很快进入了“要准备打仗”的临战状态。大批工厂转向交通闭塞的山区、三线，实行“山、散、洞”配置。中央开始向外地疏散在京老干部，北京等大城市开挖地下工事。为了防止突然袭击，中国人民解放军全面进入临战状态……

后来的国际关系发生了微妙变化。中美加紧了华沙大使级谈判，双方改变敌对立场；一九六九年十月二十日，中苏边界谈判在北京举行，由珍宝岛事件引发的紧张对峙局面开始缓和，一场核危机与我们擦肩而过。

三门峡水库的教训

◎吕 峥

三门峡水利枢纽工程是一九五七年开工兴建的一项大型水利工程。三十多年来耗费了大量人力、物力、财力，最终却不得不回到原点——力争变成无库自然状态。《人民日报》主办的《文史参考》最近刊登吕峥的文章，对其作了介绍，现摘登如下——

一九六〇年六月，三门峡水库筑坝到了三百四十米，实现拦洪。九月，正式关闸蓄水拦沙，投入使用，就在举国上下为改造自然的胜利而欢呼时，悲剧拉开了序幕。

黄河无疑是世界上最难治理的河，历朝历代的统治者们面对黄河水患都是一筹莫展，只能眼睁睁看着泥沙不断淤积，下游河床日益抬高，形成高于地面的悬河。

历史上，黄河是航运大河。而被历代行船人视为畏途的三门峡，因为有着坚固的花岗岩河床，还可控制百分之九十二的流域面积上产生的洪水和泥沙，因此，到了民国，在三门峡筑坝的设想开始被人频频提起。

新中国成立后，中共第一代领导将目光投向黄河。

毛泽东第一次离京，巡视的就是黄河。面对黄河，他的雄心壮志几起几落，再也没有面对淮河时挥笔写下“一定要根治”的豪情，而是嘱咐一句“要把黄河的事情办好”。半是不服半是无奈。

一九五三年二月十五日，毛泽东启程去南方视察长江，顺路到郑州看一看黄河的情况。专列开动后，毛泽东看着图纸上的三门峡，问随行的黄河水利委员会主任王化云：“三门峡水库修起来，能用多少年？”王化云早在一九四九年八月就给时任华北人民政府主席的董必武上书，要求修建三门峡水库，被董必武否决了。新中国成立后，王化云一直坚持“筑坝拦沙”的治河主张，被毛泽东称为“能化云化雨”。

王化云回答说：“可以用三百年。”

毛泽东又问：“修了支流水库，做好水土保持能用多少年？”王化云说：“用一千年是可能的。”

在水利部和黄河水利委员会的要求

下，经周恩来与苏联方面商谈，决定将根治黄河列入苏联的援建项目。一九五四年一月，以苏联电站部列宁格勒水电设计院副总工程师柯洛略夫为组长的专家组来华。根据苏方的建议，国家计委于当年设立了黄河规划委员会。

一九五五年七月，全国人大一届二次会议召开。会上，人大将三门峡水库的修建上升到了政治高度，提出“黄河清，圣人出。圣人出而天下治”。这样一来，即使原先对工程持反对意见的人也只有噤若寒蝉了。决议的结果是全体人大代表一致举手通过修建三门峡工程。消息付出，举世瞩目，周恩来感慨道：“作了这么一个世界性的报告，全世界都知道了。”

周恩来具体负责三门峡工程机构的组建工作，成立三门峡工程局。然而工程局首先遇到的不是技术问题，而是政治问题，即由谁来领导，是水利部还是电力部？争论持续到了十一月二日。在当天举行的国务院常务会议上，周恩来确定了集中力量、共同负责的主导思想，调湖北省省长刘子厚任三门峡工程局局长，黄河规划委员会主任王化云任副局长，再从水利部和电力部分别抽调了许多工作人员。

就在工程局摩拳擦掌准备大干一场时，一个德国的水利专家来到三门峡坝址。经过勘测，他断言：“在三门峡筑起大坝，无疑是在修建一个祸害关中的死库！”

无独有偶，一九五六年五月，黄河规划委员会收到黄万里的意见书，反对修建三门峡水库。黄万里是时任全国政协副主

1981 年 4 月，黄万里在清华大学为教师和研究生讲课。

席黄炎培的儿子，毕业于美国伊利诺伊大学的工程学博士，在清华大学任教。

据黄万里当年的助教回忆：“黄先生最大的特点就是为人耿直，敢说敢言，不管什么时候，不管针对谁，他都是照说不误，有时可以说是口无遮拦。在他对三门峡工程的意见中，这种性格得到了体现。”

黄万里的意见书全面否定了苏联专家的《三门峡工程初步设计要点》，并指名道姓地说邓子恢副总理的人大报告“不正确”。一九五七年上半年，三门峡工程即将开工。黄万里孜孜不倦地在清华的课堂上给学生讲述他对三门峡工程的看法：一是水库建成后很快将被泥沙淤积，结果是将下游可能发生的水灾移到上游，成为人为的必然灾害。二是所谓“圣人出，黄河清”的说法毫无根据，缺乏最起码的科学精神。因为黄河下游河床的土质为沙土，即使从水库放出的是清水，也要将河床中的水土裹挟而下。

六月，由周恩来主持，水利部召集七十名学者和工程师在北京饭店开会，给苏

联专家的方案提意见。苏联专家的方案描绘了一幅三门峡水库建成后的美好图景。然而，由于黄土高原生态恶化，黄河上游的水土持续流失，泥沙只会越积越多。而下泄的清水冲量过大，会造成黄河下游改道的危险。这些都是苏联专家浪漫的方案里不曾提及的。并且，根据苏方的设想，三门峡的水库回水末端到达西安附近，关中平原需要大量移民。

黄万里给与会人员算了笔账：三百六十米的库区水位，意味着要淹没农田三百三十三万亩，移民九十万人，代价相当高昂。因此，他从根本上反对修建三门峡水利工程。

而时任电力部水电局高级工程师的温善章则提出了一个“低坝、小库、滞洪、排沙”的折中方案。低坝小库是为了减少受损耕地，滞洪排沙更是客观冷静的结论，因为黄河含水量之巨世人皆知，拦沙完全是螳臂当车，饮鸩止渴。待上游因泥沙淤积而河床升高，整个关中平原都有被淹之虞。

遗憾的是，正如梁思成挡不住北京城墙被拆的厄运一样，黄万里也拦不下三门峡工程的上马，那是一个用“阳谋”“引蛇出洞”的年代，谁也不敢在政治上落伍。于是，宁左勿右的学者们一边倒地选择支持苏联专家“高坝、大库、蓄水、拦沙”的方案。

当夜，黄万里写了篇小说《花丛小语》，愤然道：“文人多无骨，原不足为奇，主要还是因为我国学者的政治性特别强。章某(张光斗)原来有他自己的一套治理黄河的意见，等到三门峡计划一出来，他立刻敏捷地放弃己见，大大歌德一番，并且附和着说‘圣人出而黄河清’，从此下游河治。他竟肯放弃了水流必然趋向挟带一定泥沙的原理，而腼颜地说黄水真会清的，下游真会一下就治好，以讨好领导的党和政府。试想，这样做，对于人民和政府究竟是有利还是有害？他的动机是爱护政府还是爱护他自己的饭碗？这些人也就是我们的党和政府最喜爱的人才。”

一九五七年六月十九日，《花丛小语》在清华大学校刊上发表，毛泽东看过后，一次，遇见黄万里的父亲黄炎培，很不高兴地对他说：“你们家里也分左、中、右啊。《花丛小语》里把实行百花齐放政策和国内形势描绘成春寒料峭，雨声凄切，静悄悄，微言绝，这是什么话？”旋即，《人民日报》以“什么话”为标题展开了对黄万里的批判，黄万里的右派命运已经注定。“什么话”也被《人民日报》作为日后刊登口诛笔伐右派文章的专栏题目。

黄万里被打成了“反党反社会主义的右派分子”，一九六一年被下放到密云，同农民同食同劳。虽然三门峡工程的问题接踵而至，事实证明了真理站在黄万里一边，但那些颠倒黑白的人并没有给他翻身的机会。“文革”中，黄万里被贬到了三门峡挖厕所。

直到一九八〇年，在渡过了漫长的二十三年的右派生涯后，黄万里终于获得了平反。平反决定只有短短两行：黄万里同志原划右派问题属于错划。经中共北京市委批准予以改正，恢复政治名誉，恢复高教二级教授的工资待遇。

一九五七年四月十三日，三门峡水利枢纽工程隆重剪彩开工。然而，直到开工，争论仍然无休无止。陕西的领导一再要求重新商议设计方案。

一九五八年十一月二十五日，三门峡工程完成对黄河的截流。一九六〇年九月，实现关闸蓄水拦沙。然而，仅仅一年半的时间，水库就淤了十五亿吨泥沙，不仅三门峡到潼关的峡谷里淤起厚厚的泥沙，就是潼关以上，渭河和洛河的入黄口，也淤了“拦门沙”。问题的严重性已经引起各界的关注，议论颇多。首当其冲的陕西省反映最为强烈。他们多次向中央反映，甚至到毛泽东那里“告御状”。一九六二年四月，在全国二届人大三次会议上，陕西省代表呈交提案，要求三门峡工程增建泄洪排沙设施，以减轻库区淤积。会后，周恩来亲自召集有关人员研究办法。此前三门峡水库已由“蓄水拦沙”运用，改为“滞洪排沙”运用，但仍未制止淤积。到一九六四年十一月，总计淤了五十亿吨泥沙，潼关河床抬高了五米。黄河的最大支流渭河本来流得好好的，此时却变成“来水宣泄不畅”，逼得从无水患的渭河两岸也不得不修起了防洪堤。关中平原的地下水无法排泄，田地浸没，农民只见土地年年减产，却不知原因何在。事实上，他们的土地因为水库蓄水已经盐碱化。而最糟糕的还是河床的“翘尾巴”，即泥沙淤积向上游延伸，已威胁到以西安为中心的工业基地。

中央会议上，周恩来坦白地说：“三门峡的水利枢纽工程到底利多大，害多大，利害相比究竟如何，现在还不能作结论。原来泥沙多有问题，现在水清了也有问

1957 年 4 月 13 日。三门峡水利枢纽工程开工兴建，这是主体工程——拦河坝工程所在地。

题。水清了，冲刷下游河床，乱改道，堤防都巩固不住了……洪水出乱子，清水也出乱子。这个事情，本来我们的老祖宗有一套经验，但是我们对祖宗的经验也不注意了。”有人把建三门峡工程这件事都推到苏联头上。周恩来不同意：“三门峡工程苏联鼓励我们搞，现在发生了问题，当然不能怪他们，是我们自己做主的，苏联没有洪水和泥沙的经验。”他承认，现在看来三门峡工程上马是急了一些，一些问题不是完全不知道，而是了解得不够，研究得不透，没有准备好，就发动了进攻，这一仗一打，到现在很被动。黄河规划时间短了些，搞得比较粗糙。

一九六四年春，陕西对三门峡的淤积问题意见更大了，邓小平来到西安，把王化云叫到跟前询问解决办法。王化云说，要解决三门峡库区淤积，还得靠上游修拦泥水库，三年修两个，见效快，花钱也不多。邓小平回京后指示中央书记处找合并后的水电部定方案。当时，周恩来正出访非洲，彭真开会过问了此事。会上，刘澜涛和钱正英都不赞成修拦泥库的方案。周恩来出访归来，不顾旅途劳累，深夜打电话把钱正英找去，详细询问三门峡工程情况，要钱正英去现场勘察。毛泽东听到陕西省的反映，焦虑不安，又没见到解决的确定方案，便对周恩来说：“三门峡不行就把它炸掉！”

炸坝是否可行？陕西省有意见不说，水电部和黄委会的意见也不一致，周恩来决定专门开一次治黄会议解决淤积问题。会上，各方意见不一，讨论激烈。河南省科委的杜省吾怨愤道：“黄河本无事，庸人自扰之！”最终，会议确定改建方案，分两期进行。

一期改建被称为“两洞四管”。两洞是指一 — 八号施工导流底洞，这些孔黄万里曾请求保留，以备将来排沙之用。而中科院院士、清华大学副校长张光斗却执意按苏联设计用混凝土堵上。一堵一挖，耗资上千万。四管则是指将原本用来引水发电的四根管子改建为排沙管。二期改建耗时两年半，到一九七三年十二月，又开了八个施工导流底孔。大坝身上千疮百孔。然而，潼关河床仍然比建库前高出三米多。一九九二年八月，渭河、洛河的洪水入黄河不畅，漫堤决口，淹没农田六十多万亩，近十万人无家可归。曾几何时津津乐道的所谓效益：发电、灌溉、航运（维持下游水深 1 米）至此全部落空。

三门峡水库耗费了大量的人力、物力、财力，折腾了三十多年，最终却不得不回到原点——力争变成无库自然状态。同时，库区移民总计四十多万，其中十分之一被迁往宁夏、甘肃等偏远地区。这些世代居住在富庶河谷平原地带的人，二十多年来毁家远迁、困苦辗转。直到三门峡大坝降低了原来的蓄水高程，他们才得以返回家乡。然而，世代耕种的肥沃土地如今已被厚厚的泥沙覆盖，往日形容黄河滩人富足的民谣“三年一涨水，狗都要寻媳妇”也随风远去，只剩下一片静默的黄土，伴随着黄河的低吟浅唱，如泣如诉……

为什么“中国制造”在美国更便宜？

◎聂辉华

同样一件中国生产的产品，在美国购买居然比在中国还便宜。这是什么原因？山东人民出版社出版的《经济学家茶座》发表的《为什么“中国制造”在美国更便宜？》一文，对此作了解释，现摘登如下——

最近几年，中美两国之间物价的差异引起了很多人的关注。其中一个热门问题是：同样是在中国制造的产品，为什么在美国卖得比在中国还便宜？例如，我自己在波士顿市中心的梅西商场买了一件哥伦比亚(Columbia)牌子的羽绒服，上面明确标示“Made in China”(中国制造)，售价是六十九美元，折合人民币大约四百七十元。但是，一模一样的衣服在中国北京的王府井商场通常要卖一千元，比美国的两倍还高。同样是中国制造的苹果手机iPhone 3，在美国卖六百美元(约四千元)，在中国则高达六七千元。最近流行的苹果3G版平板电脑iPad，我在哈佛大学电脑专卖店里花六百七十美元(含税，四千五百元)买了一个，而这款产品在中国市场已经炒到了六千元以上。最广为人知的案例应该是著名的Coach(寇驰)皮包了。在美国郊区的品牌直销店(outlet)，一个普通的Coach包大概一百美元，但是在中国则售价高达一千五百元左右，翻了一番。类似的产品还有耐克、阿迪达斯、锐步等中国制造的服装和运动鞋品牌，它们在美国的售价往往不到中国的一半。

巨大的价格差必然导致大量的套利者。在美国，中国人采购队伍往往蔚为壮观，出手阔绰，横扫各大品牌，简直是如狼似虎。我就亲眼目睹一堆中国人从一个华人旅游大巴里出来，然后直接杀向商店，店门口排起了长队，因为Coach包价差太大，又非常畅销，所以往往一个中国人非得两手都拎满了包才出来。据说，一些地方的Coach店不得不规定，每个人最多只能买十个！那一刻，我甚至怀疑中国还是不是一个发展中国家。

我们知道，产品的成本包括生产成

本、运输成本和销售成本。按常识,中国制造的产品,在中国当地出售,其运输成本和销售成本肯定比在美国的成本要低,那么价格自然是中国的更便宜。产品的输出地居然比输入地还贵,这是一种逆向的价格差。那为什么一些在当地制造的产品在当地销售反而比外地更贵呢?这的确是一个耐人寻味的话题。

一些专家认为是中国的出口退税政策导致了中国制造的产品在国外更便宜。经过若干次调整,中国出口商品的综合退税率从当初的百分之九点八提高到了现在的百分之十三点五,部分高达百分之十七。一些专家认为,出口退税相当于政府给予了一些出口商品补贴,因此这些商品的成本和价格就可以低于国内同类商品。我认为这个观点缺乏说服力。首先,即使扣除退税补贴,美国商品仍然比中国商品便宜许多,这多出来的这些价差如何解释呢?其次,虽然这些出口商品享受了中国政府的出口补贴,但是美国政府还要对它们征收进口关税。假设美国关税与中国出口退税持平,那么一减一加,也算抵消了。

根据我自己的观察,我认为有四个方面的原因导致了这种逆向的价格差。

第一,品牌效应。在充分的市场竞争下,产品的价格等于成本加上行业平均利润。因此,假如两种商品成本相同,而价格不同,那么一定是市场结构不同导致利润不同。在供过于求的市场,产品的利润相对微薄;在供不应求的市场,产品的利润相对丰厚。这是最直接的一个解释。以广受中国女性欢迎的Coach包为例。中国作为一个发展中国家,消费潮流是跟着西方发达国家走的。有一句话说,西方国家的今天就是中国的明天。中国女性觉得Coach包时尚、潮流,把拥有这种名牌包作为一种身份的象征,因此导致中国国内的Coach包奇货可居,自然供不应求,从而使品牌拥有者获得暴利。在市场经济发达的美国Coach虽然是皮包名牌,但是至多只能算二线品牌,真正的一线品牌是Gucci(古奇)和LV(路易·威登)。Coach是美国本土名牌,Gucci是意大利名牌,而LV是法国名牌。和大部分奢侈品一样,真正领先潮流的产品还是在欧洲,而不是在美国。一个朋友打了一个有趣的比方,如果说Gucci是王府井大饭店,那么Coach只能是人大西门旁边的天使食府。美国人买Coach包,就好比买家用电器。因此,Coach包赚不到美国人的超额利润,只能去赚中国人的。其实,即便是Coach包,也分流行款式和普通款式。在打折直销店销售的,往往是普通款式,而流行的款式是不会立即打折出售的。这就造成一种错觉,中国人以为在美国捡了大便宜,其实就是捡了便宜货。耐克、阿迪达斯、锐步等运动类服装和鞋子,也符合类似的逻辑。

一个相关的问题是,像Coach包这样的产品,怎么说也算名牌,为什么它们在美国就赚不到暴利呢?我认为,这跟美国的产业结构有关。在一个充分竞争的市场上,一旦一个企业通过降低成本或者创新产品在竞争中胜出了,它就可以通过收购其他企业进行大规模扩张，因为其他企业根本不能生存下去。所谓“赢者通吃”其实就是充分竞争的必然结果。经过长期的生存竞争，每个行业就只剩下少数几个品牌可以相互抗衡。例如，运动服装业由耐克和阿迪达斯平分天下，碳酸饮料业由可口可乐和百事可乐分而治之，而皮包业由Gucci、LV、Fendi和Coach四强称雄。优胜企业一旦建立了品牌声誉，大举扩张，有了规模经济和范围经济，成本自然降低，因此售价也相应降低。例如全球五百强老大沃尔玛连锁店，靠的不是高利润，而是薄利多销。但中国是一个转型国家，很多国有企业亏损却不能退出，很多私营企业盈利但没钱扩张，资源存在很大程度的误置，从而难以形成大品牌、大扩张、低成本、低利润的良性循环。因此，同样是名牌产品，但是其在美国的品牌溢价低于在中国的品牌溢价。然而，如果一种中国制造的产品不是美国名牌，但在中国卖出比美国更高的价格，就需要有其他解释。

第二，交易费用。新制度经济学认为，制度决定交易费用。因此，同样的产品，即使生产成本相同，在不同制度的国家也会有不同的交易费用，从而形成不同的总成本。假定品牌的溢价完全一样，交易费用更高的国家就会有更高的产品售价。这里的交易费用主要指政府对市场的维护成本。假设广东东莞一个工厂生产了一批衬衫，它可以选择通过海运出口到美国，也可以选择通过陆路输送到北京。别看广州到北京相对较近，但据说有人做过比较，发现大陆沿途的各种收费和行贿所带来的运输成本居然超过了出口到美国的费用！我相信这不是天方夜谭，只要想想一路有多少收费站就可以理解了。其实，运输费用毕竟是确定性的，而更多的不确定性来自事前的交易费用和事后的交易费用。在关系横行的中国市场，一个工厂要拿到国内企业的订单，要花多少时间和财力去请客送礼？好不容易拿到订单，又要花多少时间和财力去拿到货款？相反，跟外国企业做生意，只要对方考察后确定了合作关系，一纸传真往往就解决了问题。与国内企业打交道的这些“攻关费用”，其实都要算进生产成本里。因此，简单地说同样的产品有同样的生产成本，这对国内销售企业很不公平。正是国内市场的不透明、不规范、不合理导致了高昂的交易费用和制度运行成本，从而侵蚀了国内产品的利润空间，价格只能水涨船高了。

第三，知识产权。前面提到的交易费用都是看得见的直接成本，可以直接计入价格。但是有一类成本是无法直接计算却必须包括在最终价格里的，这就是保护知识产权的成本。名牌产品之所以有溢价，主要是因为它品质更好。崇高的品质来自于企业持续不断的创新和巨大的人力和物质投资。如果一个国家缺乏保护知识产权的制度，企业就不敢冒险去创新，而只能去生产那些短平快的产品，获取短期薄利，或者干脆帮外国品牌代工，拱手让出大部分利润。美国有微软这样伟大的企业，是因为美国有保护知识产权的完善法律。微软曾经和美国三十个州以及联邦司法部对决公堂。要是在中国，按我一个大学班主任的话说，“一个派出所就可以把它灭了”。如果政府能保护好企业的知识产权，市场上就不会有那么多假冒伪劣商品，优势企业就可以实现市场扩张，从而像美国那样形成规模化生产，并最终通过降价让消费者得到好处。

第四，消费文化。中国人大概是穷怕了，所以一旦有钱，一定要炫富；即便没钱，为了表现得有钱，也要花大代价去炫富，这是一种畸形的文化。据说，很多在校读书的女生为了买一个LV的皮包，可以忍痛挨饿吃几个月的方便面。很多公司的低阶白领，领了工资就去买奢侈品，特别是皮包。想想看，假如一个普通职员有一天也买了一个Coach包，那么她的主管必定要扔掉以前的Coach包去买一个更贵的Gucci包，然后高层上司看到中层主管居然拿她一样款式的皮包，就不得不去买更贵的高档皮包了。这种盲目的、单一标准的攀比，正是收入不高的中国在奢侈品市场不成比例地大肆扩张的文化背景。去年由于金融危机，LV在全球的市场都在萎缩，但是在中国的市场却爆炸性地翻倍增长了。毕竟，有那么多中国人要炫富，有那么多中国人要送礼，真金白银盆满钵满也就不奇怪了。美国人也攀比，但他们更喜欢比不同。你有这种东西，我非得有另一种东西。这种追求个性的文化，杜绝了“全民都买LV”的低俗文化。

补白

华国锋并没有阻止邓小平出来工作

上世纪八十年代以来，在论及华国锋的相关著述中，无一不称华国锋坚持“批邓”、阻挠和拖延邓小平的再次复出。近些年披露的一些材料说明，事实恰好相反。一九七六年十月，抓捕“四人帮”后的一次政治局会议上，华国锋宣布了三条：第一条是请邓小平出来工作；第二条是要在中央会议上堂堂正正地出来；第三条是要为邓小平出来工作做好群众工作。会后，李先念、陈锡联、吴德一起去北京西山看望了邓小平，表达了中央请他出来工作的愿望。事实上粉碎“四人帮”之后，邓的境遇很快得到改善。据叶剑英办公室主任王守江回忆，粉碎“四人帮”之后，叶向他传达中央的指示，为邓小平今后工作的方便，由王给邓小平送阅中央文件。既然是“中央的指示”、“中央作出决定”，这不可能不经过作为中央主席的华国锋同意。

人民币上的头像是谁

◎池 游

人民币几乎是我们每天都要接触的。人民币上的图案我们也都很熟悉，可是，除了毛泽东的头像外，其他是些什么人呢？知道的人并不多。《时代邮刊》最近刊文对此作了介绍，现摘登如下——

自一九四八年十二月一日中国人民银行发行第一套人民币以来，至今已更迭五套。人民币上的人物，许多人都以为是画家“杜撰”出来的，殊不知真有其人。这些“熟悉的陌生人”当年怎么上了人民币，他们现在的生活又过得如何？

一九八〇年版的贰角人民币上，有两位美丽可人的少数民族姑娘。画面左边的土家族女孩名叫黄其萍，现已是湖南省农业厅的副厅长。

一九七九年四月，北京民族文化宫为举行全国民族工作展览，在各地挑选了一批少数民族讲解员。当年刚满二十岁的黄其萍作为湖南土家族的代表来北京参加了培训。

她先是在北京军事博物馆练习了半年普通话，然后才成为了民族文化宫的正式讲解员。那一年，黄其萍等人接待了数万名游客，其中包括几名新华社记者和专业摄影师。那次，黄其萍等四人被民族文化宫的教师挑中，配合摄影师拍摄了数十张头像照，此后一九八〇年版的贰角人民币便采用了黄其萍在那天拍下的照片。

回忆起年轻时在北京的时光，黄其萍

2004年，“贰角”人民币上的姑娘黄其萍当时正担任湖南省民委助理巡视员。右上是她的近影。

依旧显得兴奋难耐："当年同去的一百零四位讲解员分成两个班，我担任其中一班的班长和团支部书记，自然就多了很多参加重大政治活动的机会。一九八〇年和一九八一年的春节，我都是在人民大会堂与中央领导人一起度过的。"

后来，一些商家得知黄其萍便是贰角人民币票面上的主人公之后，纷纷上门找她谈合作，但凡带有功利性的活动，都被她一一谢绝。

贰角人民币上的另一位姑娘是吉林省延边朝鲜族自治州的苏春熙。一九八〇年夏天，同为讲解员的她得知有几名摄影师是银行方面派来拍摄新版人民币的，苏春熙特地在拍照那天精心地梳了头发，还系个朝下的领结。

卸任讲解员后，苏春熙先后在中央民族大学和北京大学进修了一段时间，二十世纪九十年代初期还去韩国工作了几年，如今正和丈夫子女一道在北京生活。

* * *

"这张人民币上的工人就是我的画像。"指着一张第一套人民币中的绿色拾圆纸币，八十六岁的杨琦老人笑着说。

一九四八年十二月一日，中国人民银行以华北银行为基础，合并北海银行、西北农民银行，在河北省石家庄市组建成立，并发行第一套人民币。杨琦是首套人民币的雕刻制版者，也是那张拾圆钞票上的工人原型。

出生于上海的杨琦当年在华北印钞厂专门从事解放区流通货币的设计、研制工作。一九四八年的一天，时任央行行长的南汉宸和印钞局局长杨秉超把杨琦和同事翟英找来，向他们秘密下达了重新设计、创作、雕刻人民币铜版的任务，还提出人民币票面应当尽量反映解放区和即将成立的新中国工农业生产蓬勃发展的局面。当时，杨琦和翟英经过反复思考，决定在拾圆人民币图案上设计工人和农民的形象。

由于人民币的设计负责制是在完全保密的情况下进行的，模特也只能在有限的范围里寻找，南汉宸和杨秉超就把杨琦和翟英当时的照片及档案报了上去，上级领导认为杨琦本来就是工人出身，翟英是农民出身，而且都长得人高马大、体魄健壮、外形英俊，当模特原型很合适，就这样，杨琦才幸运地成为了拾圆人民币上的工人模特。

"当时没有照相机，只能请画师画像后再制版。"杨琦回忆说。一九四八年四月初，北海印钞厂在山东五莲县红凝镇的一个偏僻小山村租借了两间放农具的房屋，开始了人民币的美术设计。杨琦穿上工人的工作裤，戴上一顶工作帽，肩膀扛上榔头；翟英穿上房东老乡的衣服，戴上一顶用竹篾片编的凉帽，肩膀扛上一把锄头，同时请来一位李画师为杨琦、翟英画肖像画，经过六天才完成。

随后，翟英负责工农并肩联合主景图设计创作，杨琦则负责人民币花边图案的设计创作。又经过两天，两人把主景图及吉祥、如意图案合并画在样稿上，一张拾圆人民币图案正式诞生。经过复杂的印钞工艺，北海印钞厂印制的第一套人民币终于在一九四八年秋完成，一九四八年十二月一日正式发行。

杨琦后来随军回到了故乡上海，一直在上海印钞厂工作，直到离休。如今他仍会天天动笔画国画。

* * *

一九六二年四月，我国发行第三套人民币。面值为壹元的纸币上是一位英姿飒爽的青年女拖拉机手。

她是哈尔滨市农机局原总工程师、教授级高级工程师梁军，也是新中国的第一位女拖拉机手。一九五〇年，梁军被评为全国劳模，受到国家领导人的接见。如今，当年这位英姿飒爽的女模范已年过八旬。

过去的许多年里，梁军曾无数次面对大家的好奇追问，“人民币上的女拖拉机手是你吗？”她总是摇着头说“不知道”。直到二〇〇三年，中央电视台的节目《小崔说事》几经多方采证，才最终确认了这件事。

梁军出生在黑龙江省阴水县的一个贫苦家族。十七岁那年，她说服家人来到德都萌芽乡村师范学校学习。一九四八年，学校决定办农场，准备派学员去北安参加拖拉机训练班学习，梁军第一个报了名。受梁军的影响，又有十一名女同学参加了学习班。她们毕业后，学校决定成立女子拖拉机队。一九五〇年六月，学校举行了隆重的命名仪式，宣布以梁军命名的新中国第一支女子拖拉机队成立。

此后，梁军作为一名女拖拉机手，与十万转业官兵一起参加北大荒的开发建设。一九五九年十一月，国产首批十三台“东方红—54”拖拉机运抵黑龙江，此前梁军驾驶的一直是进口拖拉机。当梁军第一次看到中国制造的拖拉机时，按捺不住激动，跳上“东方红”兴奋地兜了一圈。一名在场记者拍下了这个场面。

* * *

二〇〇七年，经过当地有关部门的调查，确认第四套人民币壹元纸币上侗家女子的头像原型是贵州江县庆云乡佰你村的村民石奶引，此事在当地引起了极大的反响。

小时候的石奶引便是寨

第三套人民币“壹圆”人民币上的人像取材于 1950 年黑龙江新中国第一位女拖拉机手梁军。左下是她当年的照片。

第四套人民币"壹圆"人民币上的头像为石奶引，年轻时是寨子里的"一枝花"，能唱歌，能刺绣。右上是她的近影。

子里楚楚动人的"一枝花"。不仅如此，她还心灵手巧，唱歌、刺绣、织布、染布，一学就会。

一九七八年前后，十六岁的石奶引和村里的伙伴们身着侗族盛装，去从江县洛香镇赶集。街上热闹非凡，石奶引和姐妹们挤在一个小摊位前购买做刺绣用的针线，突然有人从背后拉了她一把。石奶引吓了一跳，转头一看，是个陌生男子，满面笑容，身旁还站着两个人。该男子示意她走出人群，脸朝侧面站定，然后拿出笔和画夹，画了起来，也不知过了多久，对方放下笔，瞧瞧画夹，又瞧瞧她的脸孔，露出了满意的笑容。

"要不是后来有人说纸币上的女孩像我，这件事我恐怕早就记不起来了。"石奶引说。

二十二岁那年，媒婆将石奶引介绍给了佰你村的石学海。经过几次"行歌坐月"（情歌对唱），双方渐生情愫。二十三岁那年的腊月，双方父母做主，为他们举办了婚礼。

补 白

黄维最不愿意见到的两个人

原国民党第十二兵团中将司令黄维，被作为战犯关押了二十七年后获得特赦。黄维是一个认真、耿直的人。特赦后专注于在全国政协文史资料研究委员会的工作。他晚年最不愿意见到的有两个人。一个是郭汝瑰，郭是潜伏在国民党军队中的共产党员，曾是国民党国防部的中将作战厅厅长，他受命设计国民党军的作战计划，诱使蒋介石改变徐州"剿总"固守蚌埠的作战方案，把黄维引进了包围圈。另一个就是黄维突围前极度信任的中共党员廖运周，他率部阵前起义，顿时乱了黄维的阵脚。黄维看到这两人总是瞪大眼睛、狠狠地盯住，还梗着脖子不和他们说话。

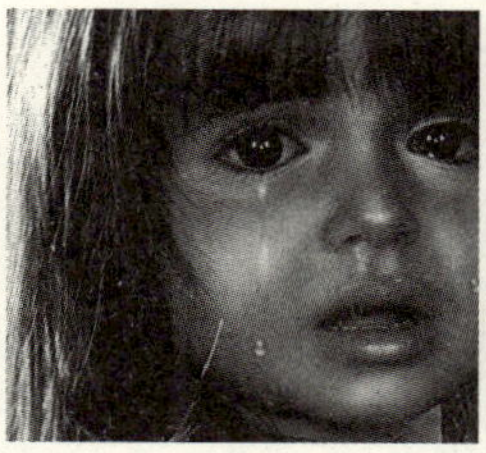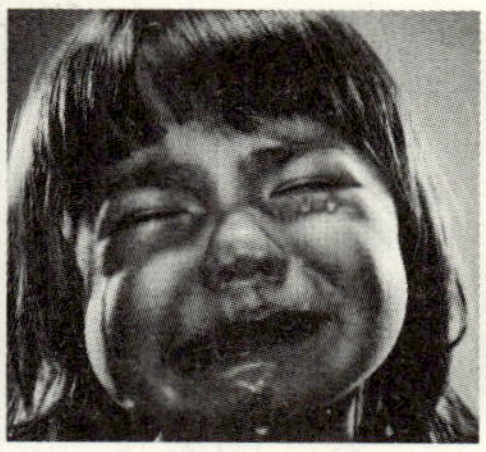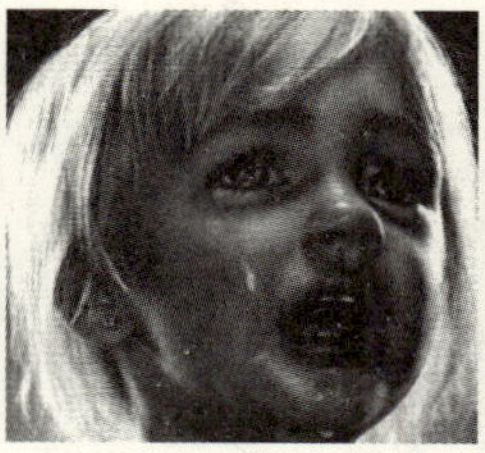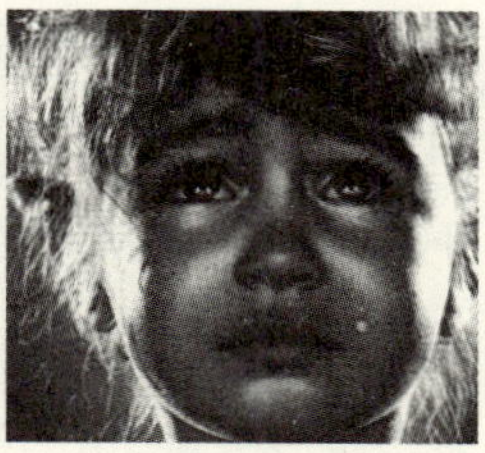

哭泣的历史

◎栗月静

在现代人看来，眼泪是有性别的，女人天生比男人爱流泪。其实除了生理的原因之外，文化的教导起了关键作用。古代人对眼泪的态度与我们截然不同。如果说过去的人放纵我们的泪腺，让泪水奔流的话，那现代社会的人就走进了眼泪枯竭的世纪。刊登在《看历史》上的《哭泣的历史：我昼夜以眼泪为食》一文对此作了分析介绍，现摘登如下：

哭泣是人类共有的情绪，不论古今，不分中外。哭泣也是人类独有的行为。对人类而言，哭泣常常发生在情感强烈，言辞难以表达的时刻。有些眼泪的意思十分明确：身体受伤，失去亲人……有的眼泪则让人迷惑难解：有时候流泪是因为愉悦，有时候是为了掩人耳目，有时候别有用心……哭泣这种行为可以达到许多不同的目的，不只是表达痛苦，也表达要求；不只表现被了解的欲望，也避免被看穿的可能。假惺惺的眼泪还可以用来引诱、迷惑、勒索或者欺骗。

每个人都流泪，但我们对哭泣却所知甚少。一七六〇年，诗人埃德加·杨要求大家研究“泪水的哲学”，因为它是一门还未在学校殿堂里探讨的科学。我们对眼泪最主要的了解并非来自医学和心理学，而是出于难以计数的诗歌、小说、戏剧、绘画、雕塑和电影对人类哭泣行为的描述与再现。

从古至今，眼泪一直是神话、宗教、诗歌和小说中的主角。对眼泪最早的记录可以追溯到公元前十四世纪的迦南泥板，这些泥板刻录着一首叙事诗，描述大地之神巴力之死，其中有块泥板上刻着巴力的妹妹女神安娜特听到兄弟死后："淹没在眼泪中，仿如饮泪如酒。"据说，安娜特的举止和古迦南的一种哭笑仪式有关：每年春天降临后，全族人都步入沙漠，一起开始缓缓呻吟哭泣，由呜咽、哭泣到哀号，持续数天，达到近乎疯狂的状态，最后哭笑不分，大笑狂欢，再演变为格格轻笑，最后恢复常态。

后来来到迦南的希伯来人把哭泣仪式留在了《圣经》的诗篇里，比如"愿流泪播种者欢笑收割"，《旧约》的信念在《新约》中再次强调。《路加福音》说：你们哀哭的人有福，因为你们将要欢笑。《诗篇》第四十二篇中说"我昼夜以眼泪为食"，不仅创造了繁复的精神譬喻，而且也暗示了一般人对情感之泪的态度，认为它们有滋养之效。

早期的基督教会对各种不同的眼泪提出详尽的理论，其中一个理论把眼泪分为四种：忏悔的眼泪、悲伤的眼泪、欢乐的眼泪和感恩的眼泪。圣奥古斯丁在《忏悔录》中求上帝告诉他"为什么泪水对痛苦的人如此甘甜"？公元四世纪的圣哲罗姆在信中描述宗教的欢喜之泪："在大哭一场之后，我抬眼望天，觉得自己仿佛置身天使之中，欢喜歌唱。"

在古希腊，亚里士多德告诉我们，人们观看悲剧时感到悲哀和恐惧。舞台上的演员假装哭泣，台下的观众以真实的眼泪回应。大约在公元前五百年，希腊瓶画和墓碑上出现了表现失望和悲哀的姿势。当基督教统领世界之后，哭泣变得更加普遍，《圣经·诗篇》中写道：每个夜晚，我用泪水洗涤我的床铺，浸湿我的床单。这些哭泣者当然包括男人，甚至大部分是男人。

自从希波克拉底和他的学生们提出"女人比男人忧郁两倍"的观点后，女人爱哭这个问题似乎终于找到了明确的答案。但是事实并非如此，在古代，英雄们会大声地表现自己的痛苦。《伊利亚特》中所有的英雄人物都会哭，他们泪洒战场，阿喀琉斯为战死的好友帕特洛克罗斯发出的痛哭声还在现代人耳边回响。尤利斯西在《奥德赛》里试图克制无法隐藏的泪水。

在启蒙运动的文学沙龙里，大师们讲述那些让听众感动落泪的故事。甚至伟大的哲学家伏尔泰也因悲哀的故事而哭过。启蒙运动的先驱狄德罗曾经目睹一位男性朋友阅读小说时的情景：那一刻，他攥紧了书，退缩到一个角落开始阅读。我静静地观察他，刚开始，他流下了几滴泪，之后，他暂停，独自哽咽，突然，他站起来，漫无目的地踱来踱去，大声地哭出来，好像遭受灾难一样，他以最恶毒的方式诅咒书中的恶人。

舒伯特的乐曲《眼泪礼赞》由德国浪漫派大诗人施莱格尔填词，歌中唱道：言词算什么？一滴清泪就胜过千言万语。这些浪漫主义的英雄们都是多愁善感，感情泛滥的。浪漫主义时期的男人们哭得更厉害了，这是一个十分奇怪的时期，肖邦、缪赛、以及夏布多里昂们对于抹眼泪乐此不疲，他们哭哭啼啼的同时，对着这个狂乱的世界大声喊叫他们的悲情诗学。肺结核夺取了最后一批忧郁男人的生命，这些人在短暂生命历程中洒满了泪水。

十八世纪，读者因为卢梭的人物单纯，因为他们的纯洁，或者因为他们的欢乐而哭。他们留下愉悦的泪、欣喜的泪、温柔的泪和疯狂的泪。有的读者不能坚持读完卢梭的小说《新爱洛伊斯》因为他们哭得太凶，泪水流成了滂沱大雨，流成了溪流和洪水，让人觉得他们就要崩溃了。

很快，哭泣就从小说传到戏剧，又从戏剧扩散到日常生活。法国历史学家安妮·芭沃德研究大革命以来浪漫主义时期法国人的情绪问题及表达感情的模式，在其著作《眼泪的历史》中，芭沃德认为在大革命之后的法国，哭泣是一种平凡无奇的情绪表现。情人们在阅读图书时，泪水渗透了信笺，友人们相拥而哭，旁观的人因快乐而敞开心扉。

在现在的人看来，这样的眼泪未免太小题大做了。在日常生活中，我们被教导不要感情用事。那些不顾社会禁忌在公共汽车或者超市里嚎啕大哭的人，常常被当作神经不正常。我们所处的时代是一个眼泪如此枯竭的世纪。

《绘画与眼泪》的作者詹姆斯·埃尔金斯也认为，十七世纪和十八世纪的人们流下的是"思考之泪"，美德、哲学、宽容和感恩都可能成为哭的原因。眼泪反映出人的思想，表示沉思、祈祷，有时甚至是一种和上帝交流的方式。二十世纪留下的是反应受阻、头脑简单的哭泣。只有当我们遇到悲伤时才会哭泣，似乎哭泣只是源于悲哀。

哭泣已经失去了它的日常氛围。人们远离它，在一般人看来，眼泪代表着任性、女人气和软弱。在浪漫主义之后的两百年里，我们的内心已经萎缩。从社会学的角度讲这真是一场灾难。我们很快就会生活在一个没有感情的社会：我们不再放声大笑，不会放声大哭，人们安静地、科学地、乏味地活着。

在今天的艺术作品中，充盈着嘲讽，但激情之火已经消灭。人们不会为明显是现代主义或者后现代主义的小说而哭，比如卡夫卡、博尔赫斯、卡尔维诺，人们也不会因为现代和后现代主义风格的电影而哭，比如罗伯-格里耶、布努埃尔。

人们只会因为浪漫主义风格的小说而哭泣，如果阅读的并非经典之作，那么哭泣的几率会更高。大部分高票房的电影和畅销小说所采用的思想、象征、叙述模式、甚至心理刻画都可以追溯到十九世纪早期的浪漫主义。好莱坞的电影就是如此，甚至当我们知道电影极为无聊，极为幼稚、表情夸张做作、剧本粗制滥造的时候，就像巴甫洛夫的小狗一样，即使我们不想哭，但还是身不由己，自然地有所反应。好莱坞的爱情大片，就适合让普天下好哭族同哭一场。

法国哲学家罗兰·巴特问，"谁来为眼泪撰写历史？"答案是我们每一个人。没有哭泣就没有生活。

帝王养生术

◎刘 武

中国古代的皇帝，大多寿命不长。但也有一些皇帝能延年益寿，活得很久。这些长寿者有什么秘方呢？尽管历代皇帝的养生方法具有时代的局限性，但我们也可从中得到一些借鉴。《读者欣赏》刊登的《帝王养生术》一文，对此作了介绍，现摘登如下——

乾隆：帝王之中的长寿冠军

乾隆皇帝下江南的故事，几乎家喻户晓，但他是个老寿星却未必妇孺皆知。乾隆寿高八十九岁，是中国皇帝中的长寿冠军。他经历了康熙、雍正、乾隆、嘉庆四朝，享受了数代同堂的天伦之乐。乾隆一生养生有法，年近九十尚思路清晰，自号“十全老人”。

爱好广泛，顺其自然

乾隆喜欢“旅游”人所共知。他六下江南，三上五台，游览名川大山、古刹旧寺，不少城乡留有他的足迹，杭州十景均由他御笔题碑。通过这些活动，乾隆将自己置身于自然界的山林河湖之中。在这人与景融为一体的境界中，他锻炼了体魄，陶冶了情操，开阔了心胸。

乾隆皇帝像

乾隆爱好广泛，学识渊博。他爱读书，是封建帝王中少有的多才多艺的皇帝。他情趣甚广，懂满、蒙、维、藏、汉五种文字；

他喜书法，字尊赵体，圆润遒丽；他喜诗文，据传他一生写文一千三百多篇，作诗四万余首；他还喜欢听戏、观灯、看杂技、滑冰等。

饮食有节，起居有常

乾隆的起居饮食很有规律。他早上约六点多起床，先洗漱后用膳。早餐后，处理政务，然后与大臣议事，午后游览。晚饭后，看书习字，作文赋诗，然后就寝。饮食多以新鲜蔬菜为主，少食肉类、野味，并且从不过饱。乾隆喜喝茶，对饮用水(御用西山泉水)十分讲究。他还效法祖父康熙，从不吸烟。

养生四诀

乾隆根据自身体会，总结了养生四诀：吐纳肺腑，活动筋骨，十常四勿，适时进补。其中“十常”为：齿常叩，津常咽，耳常弹，鼻常揉，睛常运，面常搓，足常摩，腹常捋，肢常伸，肛常提。“四勿”为：食勿言，卧勿语，饮勿醉，色勿迷。

汉武帝：养生重预防

具有雄才大略的汉武帝刘彻，不仅是中国历史上一位颇有作为的皇帝，也是西汉十四位皇帝中的长寿之君。西汉诸帝平均寿命还不足三十八岁，唯独汉武帝活过了古稀之年。

九不吃

在穿衣方面，汉武帝总是随着气温的变化不断地适时更换各种衣服，做到凉时不至于挨冻，温时不至于燥热。

在饮食方面，他崇尚“食不厌精，脍不厌细”的主张，坚持“九不吃”原则：腐败的粮食不吃，腐烂的鱼肉不吃，颜色难看的食物不吃，气味难闻的食物不吃，烹调不当的食物不吃，不到就餐时间不吃，肉类切割不得法不吃，酱醋调料调味不当不吃，市上食品未检验不吃。此外，他还强调对很想吃的食物也不能多吃。

五不坐卧，五不睡

在坐卧方面，汉武帝亦学习孔子，做到“五不坐卧”，即风口处不坐卧，坟墓旁不坐卧，潮湿处不坐卧，恶臭处不坐卧，危险物旁不坐卧。

在睡眠方面，他不仅采用屈膝侧卧的睡姿，还坚持“五不睡”：露天不睡，有风吹头不睡，张灯不睡，脚凉不睡，床头朝北不睡。

重视药枕

此外，汉武帝还从泰山一老者处学来了一个养生保健的妙方——药枕。资料表明，药枕伴随汉武帝直至寿终正寝。他之所以成为西汉十四位皇帝中唯一的高寿者，在很大程度上受益于药枕。直至现在，人们仍将汉武帝视为中华养生预防医学的开拓者，“武帝药枕”也被视为养生保健之妙品。

唐玄宗：“风流皇帝”的养生术

唐玄宗李隆基因和杨贵妃有一段可歌可泣的爱情故事而至今被人传说。其实，他除了多情外，还是帝王之中为数不多的一位长寿皇帝。

爱好马球，强壮体魄

唐玄宗青少年时期便喜爱打马球，而

且球艺精湛。他曾和吐蕃使者进行比赛，“东西驱突，风回电击，所向无敌”，迫使吐蕃队的技术不能得到发挥。

此外，唐玄宗常常在华清宫的北绣门外的球场上与羽林军将士或随行官员打马球。唐玄宗的球瘾很大，在安禄山迁入新宅的喜庆日子里，他想在楼下击球，于是圣旨一下，立即罢戏，宰相赶紧去布置。

注重食疗，喝养生酒

玄宗醉色于杨贵妃，“春宵苦短日高起，从此君王不早朝”。太医面奏：“臣东游，闻伏牛山中一老翁，一百四十余岁。”玄宗奇而召之，见乃翁乌发童颜，举止若壮。询问其奥秘何在。翁告之道：“乃系百花之精，万药之神，五眼泉之水酿造美酒，常饮所致。”玄宗大喜，遂与贵妃同饮此酒，数日后，精神倍爽，故起名“养生酒”。

在唐代，食疗方已有相当发展。据说安禄山献给唐玄宗的一味药膳名叫“鹿肾长龟汤”，服之有效。

温泉养生，洗铅华而长寿命

西安华清池边，有一株烂漫的老石榴树，传说是唐玄宗为杨玉环在西绣岭所栽石榴树的千年遗株。遥想当年，唐玄宗每年十月都要接杨贵妃到华清宫过冬，沐浴嬉乐，尽情享受温泉浴的乐趣。

对于温泉的疗疾养生作用，唐玄宗多有认识，“阴谷含神爨，汤泉养圣功。”他认为汤泉是圣泉，温泉沐浴不但能延年益寿，而且可治疗疾病。

梁武帝：清心寡欲养天年

梁武帝，名萧衍，是南北朝时期的一位皇帝。他的政治、军事、文学才能在南朝诸帝中堪称翘楚，而他在养生方面也颇有建树。

爱读书，书做良医身忘老

梁武帝小时候就很聪明，而且喜欢读书，是个博学多才的少年。建梁称帝后，他素性不减，经常招集文人学士，以赋诗为乐。他把儒家的“礼”、道家的“无”和佛教的“因果报应”糅合在一起，创立了“三教同源说”，在中国古代思想史上占有重要的地位。

节饮食，饥不择食养脾胃

梁武帝一上台就做出简朴帝王的样子：一日三餐粗茶淡饭，不喝酒，有时一天只吃一顿饭，举行宴会也全部是素食，原因是他崇信佛教，戒杀生。他每天天不亮就起床，批阅奏折，生活很有规律，这就与大多数帝王昏庸懒散、花天酒地的生活形成了鲜明对比。

淡房事，保精护气养天年

梁武帝曾四次舍身入寺，因而被称为“和尚皇帝”、“菩萨皇帝”。历代帝王往往由于房事过度，以致身体各器官功能失调、早衰。梁武帝年过半百就停止了房事，以保精护气，颐养天年。

武则天：一代女皇，养生之皇

从一个不起眼的低等妃嫔逐渐爬上皇帝的宝座，她在唐代政治舞台上潮起潮落了五十多年。而且直到晚年，她仍然耳聪目明、齿发不衰，拥有靓丽的容颜，不能不说是一个奇迹。

情志养生，修身养性

武则天兴趣广泛，喜欢大自然的风光，三十二岁被封为皇后之后，最大的乐趣就是“伴君游”。她在嵩山、少林寺等许多名胜古迹留下了自己的足迹。她能歌善舞，喜欢笙竹翠弦，长于音律和棋艺。武则天虽然日理万机，一生中历经了万千坎坷，但尽量想方设法调整自己的心态，防止因七情有恙而影响健康。

为人开朗，宽容大度

武则天为人开朗，宽容大度，处变不惊，是她延年益寿的又一因素。公元六八四年，南蛮动乱，骆宾王写了一份讨伐武则天的“檄文”，其中列出了武则天的二十大罪状。年过六旬的武则天读后不仅不怒，反而被骆宾王驾驭文字的能力和过人的才华所打动。武则天如此心胸不仅备受推崇，而且对她的健康长寿大有好处。

尚武习文，习禅悟道

武则天习武尚文，十分好动，是她长寿的又一原因。武则天从小随父母练过多种功夫，特别长于养身气功，自小到老习练，从不间断。她能骑善射，不仅给以武德感昭天下的太宗皇帝留下美好的印象，而且给了她一个健康的体魄。唐太宗归天之后，她在被贬到感业寺为尼的岁月，更是练功不止。

补白

“有坏人，要提高警惕……”

陈长江是建国后担任毛泽东警卫时间最长的警卫队长。据他回忆，“九一三”事件发生后的某一天，天将破晓，毛泽东睡不着，出去散步。到了门口，毛泽东看到门卫哨兵，便问：“长江，你们哨兵带枪和子弹没有？”毛泽东这么一问，陈长江不由一惊。因为在陈长江印象当中，毛主席很少过问执行警卫任务的哨兵带不带武器弹药这种问题，因为毛主席极少担心自己的安全，甚至明确表示不喜欢警卫装备荷枪实弹。因此，在中南海负责毛泽东安全的警卫，人数一般不多，哨兵大都身着便装，不带明枪只配短枪。毛泽东面前的这个便衣哨兵，两手空空，就像一个无所事事的闲人一般。当然，熟悉情况的毛泽东一眼望去，就知道他是一位地地道道的警卫战士。

对于主席的提问，陈长江回答说：“带了。不仅带了手枪，还带了冲锋枪和机关枪呢，子弹也带了很多，敌人来一百两百，能对付得了！”毛泽东听了，满意地点了点头，说：“有坏人，要提高警惕……”

不时收到读者来电来信，反映无法购得《悦读》，经联系，以下书店为《悦读》的部分代销点，读者可就近选购。

1	北京三联韬奋图书中心	北京市东城区美术馆东街22号
2	长春联合图书城	长春市芙蓉路1号
3	哈尔滨市学府书店	哈尔滨市南岗区学府路74号
4	南昌市青苑书店	南昌市金域名都1-21号
5	成都市求知书店	成都市商业街50号
6	大连市图书城博林书社	大连市沙河口区路西安路107号图书城A区2号
7	山东东营万叶书城	东营区济南路供销商场对面
8	上海季风书园	地铁陕西南路站站厅
9	江苏大众书局	南京市热河路50号阅江广场四楼
10	辽宁文史书店	沈阳市和平区文化路44号书刊市场2-91号
11	青岛现代青少年书店	青岛市峄县路3号(文化市场520号)
12	厦门对外图书交流中心	厦门市湖滨南路809号外图厦门书城
13	漳州博文书店	漳州市水仙大道华港花园2225号
14	济南东方学林书店	济南市马鞍山路46号文化市场305号-248号
15	福建省越洋图书文化城	福州市古田路22号(五一广场西北侧)
16	无锡三联书店	无锡市向阳路32号南禅寺书城A1-1
17	珠海市文华书城	珠海市拱北粤华西路中珠大厦一楼
18	长沙市叶洋书社	长沙市定王台书市1-16号
19	深圳友谊书城	深圳市龙华人民北路338号
20	重庆夏山书店	重庆市菜园坎书刊市场A区58号
21	杭州翰香图书有限公司晓风书屋	杭州登云路文化商城325号

告读者

《悦读》要办好，关键在于作者和读者的关爱与支持，竭诚欢迎各位踊跃提供稿件与信息。来稿来信可寄：江西省南昌市子安路75号 二十一世纪出版社《悦读》编辑部 （邮编：330009）。

Email: yuedumook@126.com Blog: http://blog.sina.com.cn/yuedumook

《悦读》创办以来，不时有读者来电来信询问何处能购到此书。读者如在当地书店无法购到，可与本社邮购部联系，电话：0791-6512056，

地址：江西省南昌市子安路75号 二十一世纪出版社图书发行公司邮购部。（邮编：330009）